위리 이야기 ②

위리 이야기

2

모로 지음

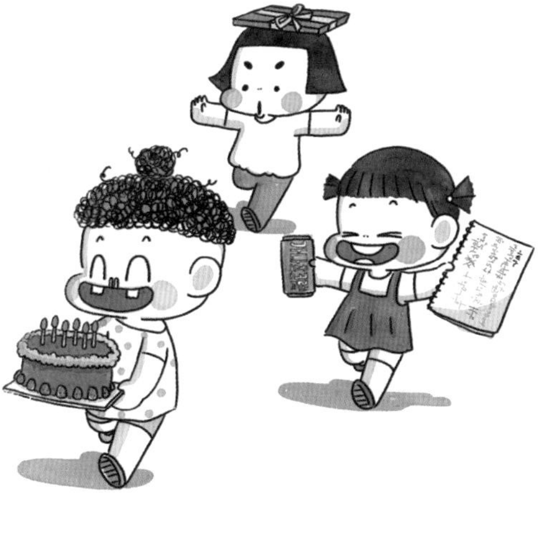

우리학교

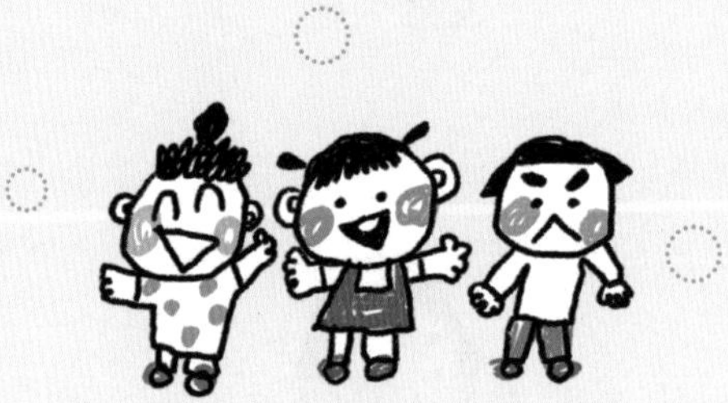

차례

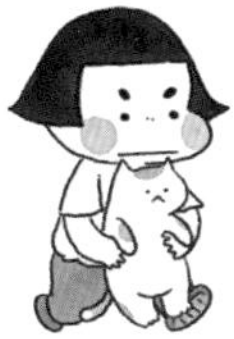

고마워2

내가 네 친구여서 고마워.

내가 필요할 때 네가 있어 줘서 행복한 게 아니라
네가 힘들 때 내가 손 내밀 수 있어서 행복해.

그래서
'넘어져도 돼.', '실패해도 돼.'라고 말해 줄 수 있어.
내가 그래 봤기 때문에 너를 기다려 줄 수 있거든.

일어날 걸 알고 있거든.

네 옆에 있을 수 있어서 내가 더 고마워.

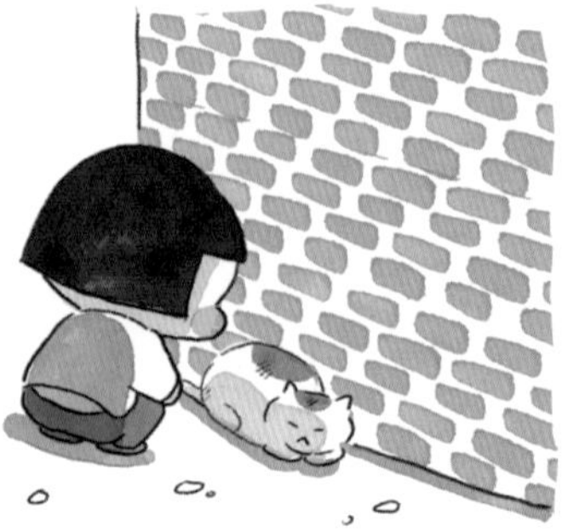

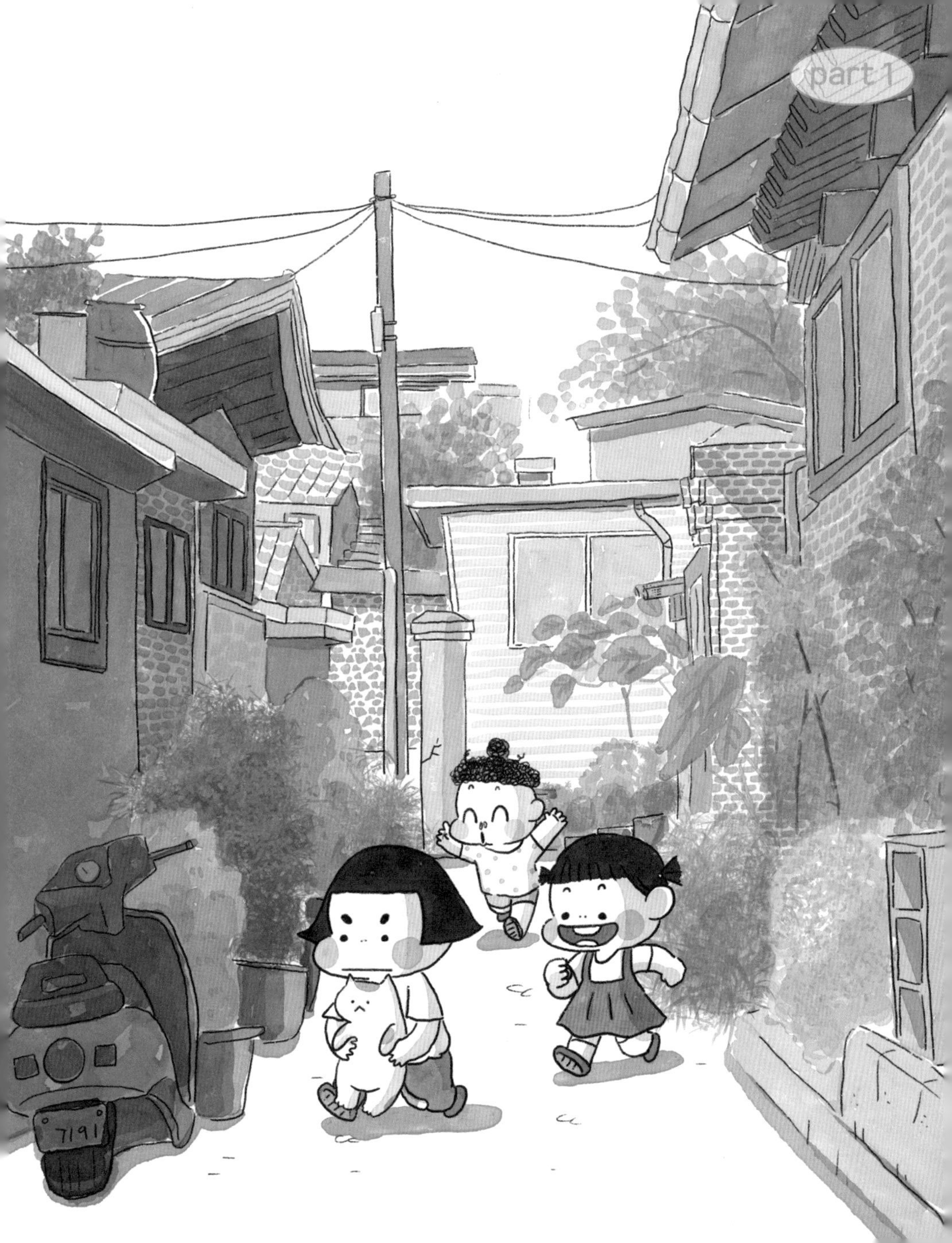
part 1
7191

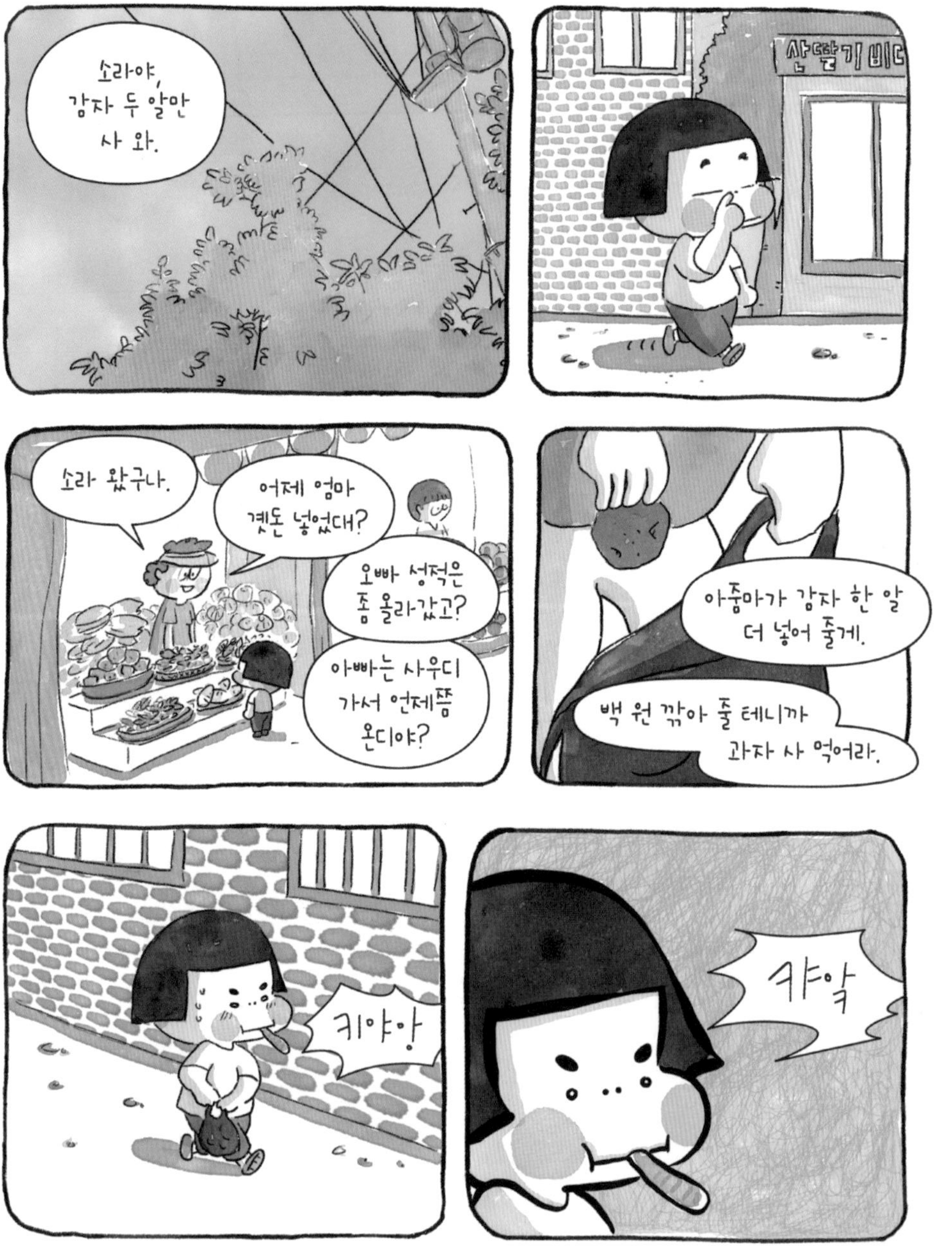
소라야, 감자 두 알만 사 와.
산딸기 비디
소라 왔구나.
어제 엄마 곗돈 넣었대?
오빠 성적은 좀 올라갔고?
아빠는 사우디 가서 언제쯤 온디야?
아줌마가 감자 한 알 더 넣어 줄게.
백 원 깎아 줄 테니까 과자 사 먹어라.
키야앙
캬악

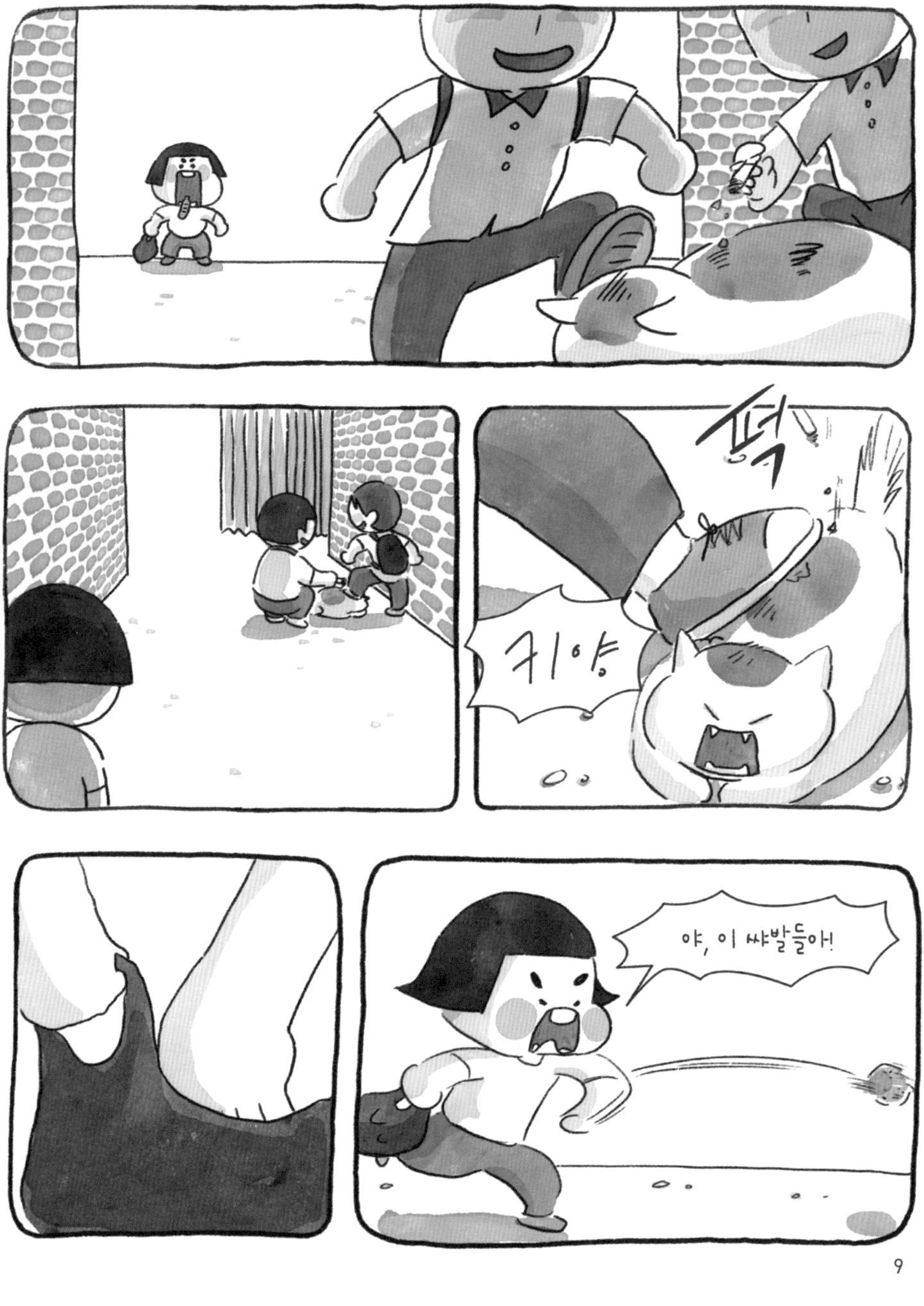
퍽
키양
야, 이 싸발들아!

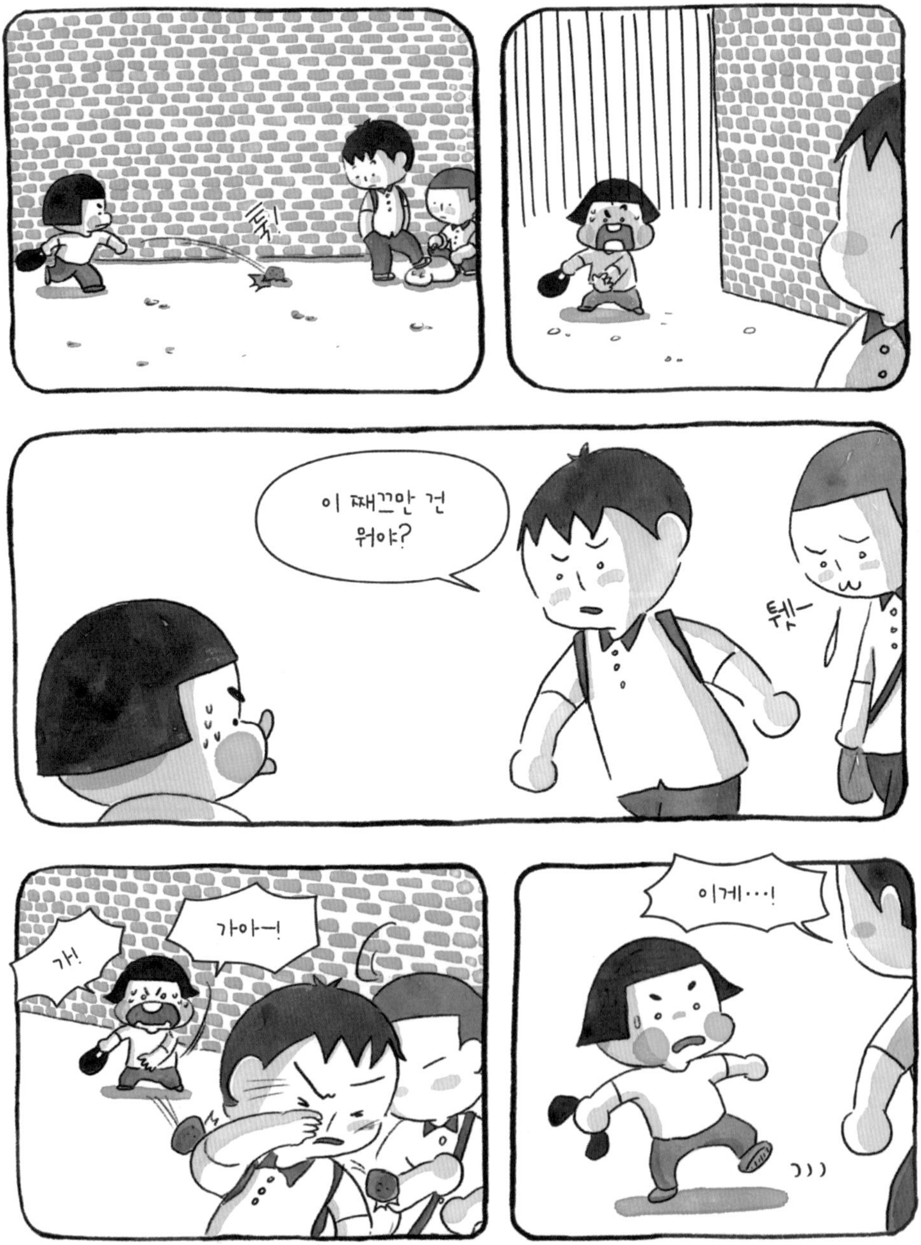
툭!
이 째끄만 건
뭐야?
튀ㅅ—
가!
가아—!
이게…!

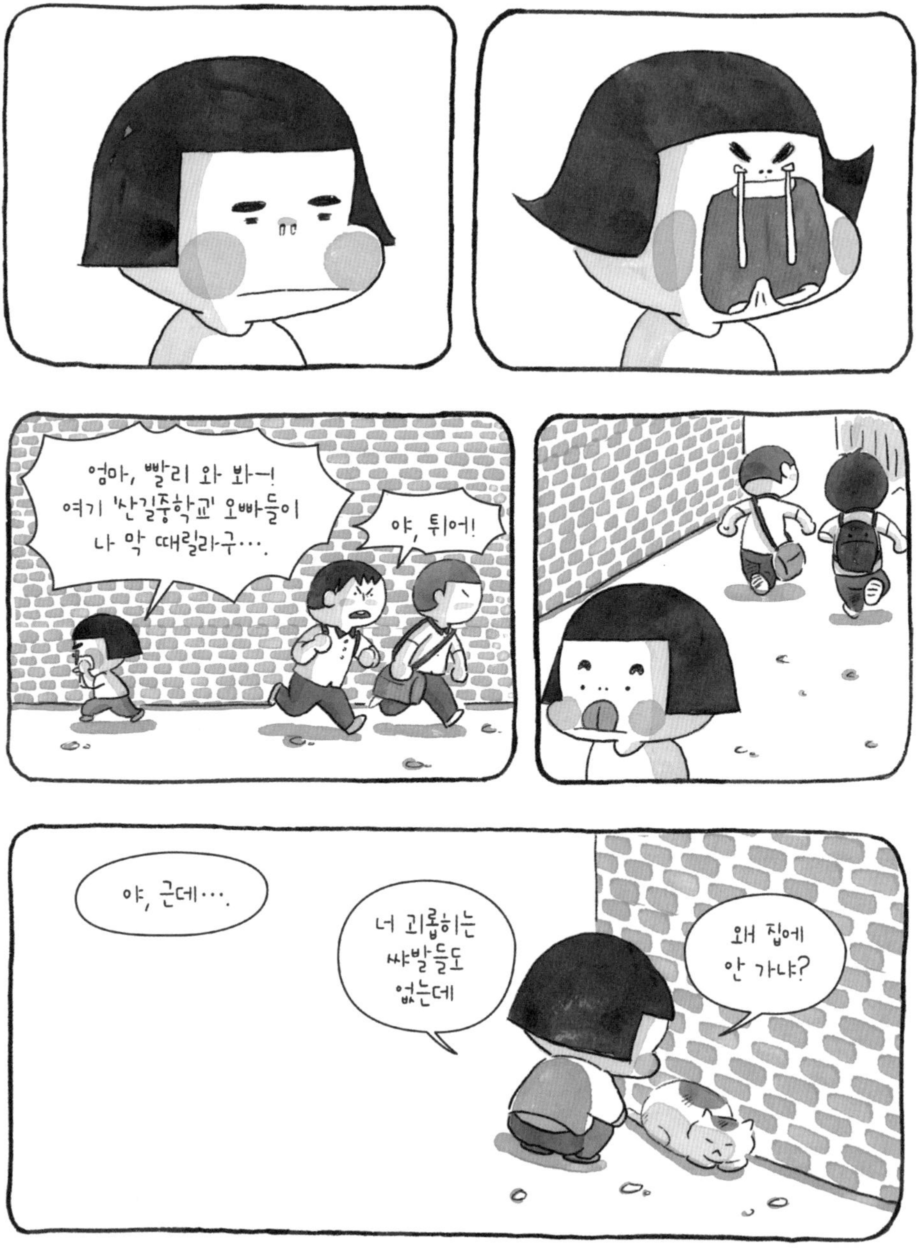
엄마, 빨리 와 봐ㅡ! 여기 '산길중학교' 오빠들이 나 막 때릴라구….
야, 튀어!
야, 근데….
너 괴롭히는 싸발들도 없는데
왜 집에 안 가냐?

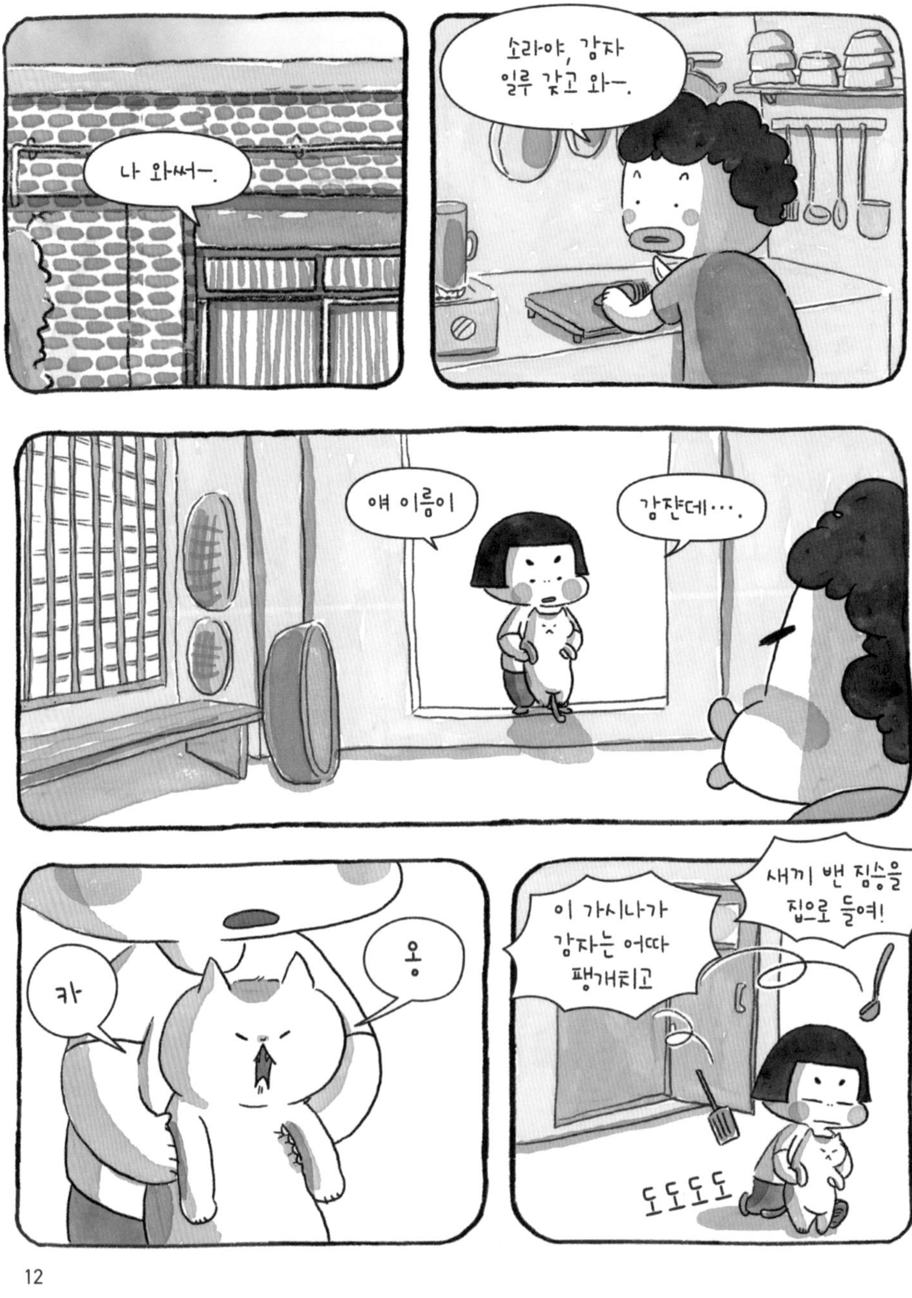
나 와써—.
소라야, 감자
일루 갖고 와—.
야 이름이
감쟌데….
카
옹
이 가시나가
감자는 어따
팽개치고
새끼 밴 짐승을
집으로 들여!
도도도도

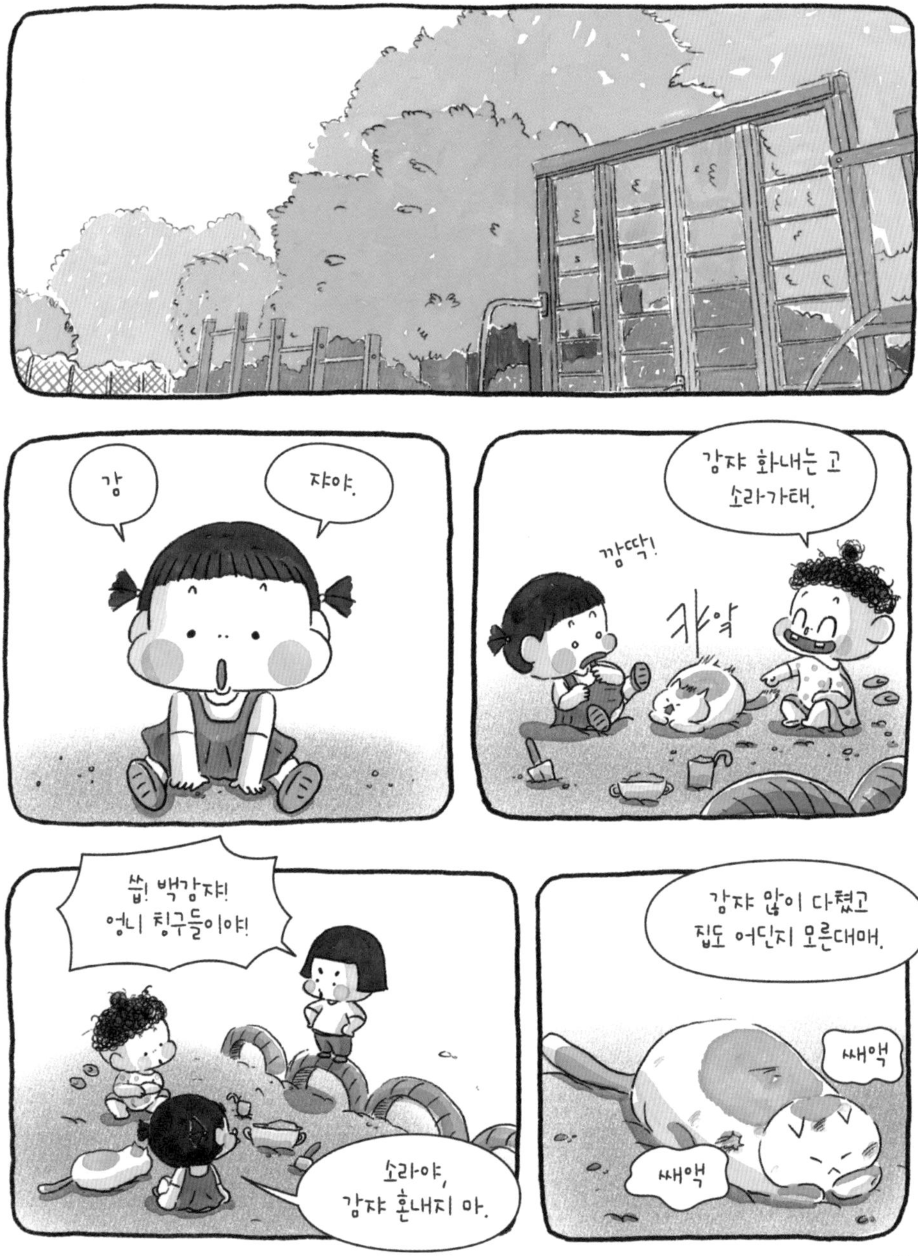
강
쟈야.
감쟈 화내는 고
소리가태.
깜딱!
캬악
쉽! 백감쟈!
엉니 칭구들이야!
소라야,
감쟈 혼내지 마.
감쟈 압이 다쳤고
집도 어딘지 모른대매.
쌔액
쌔액

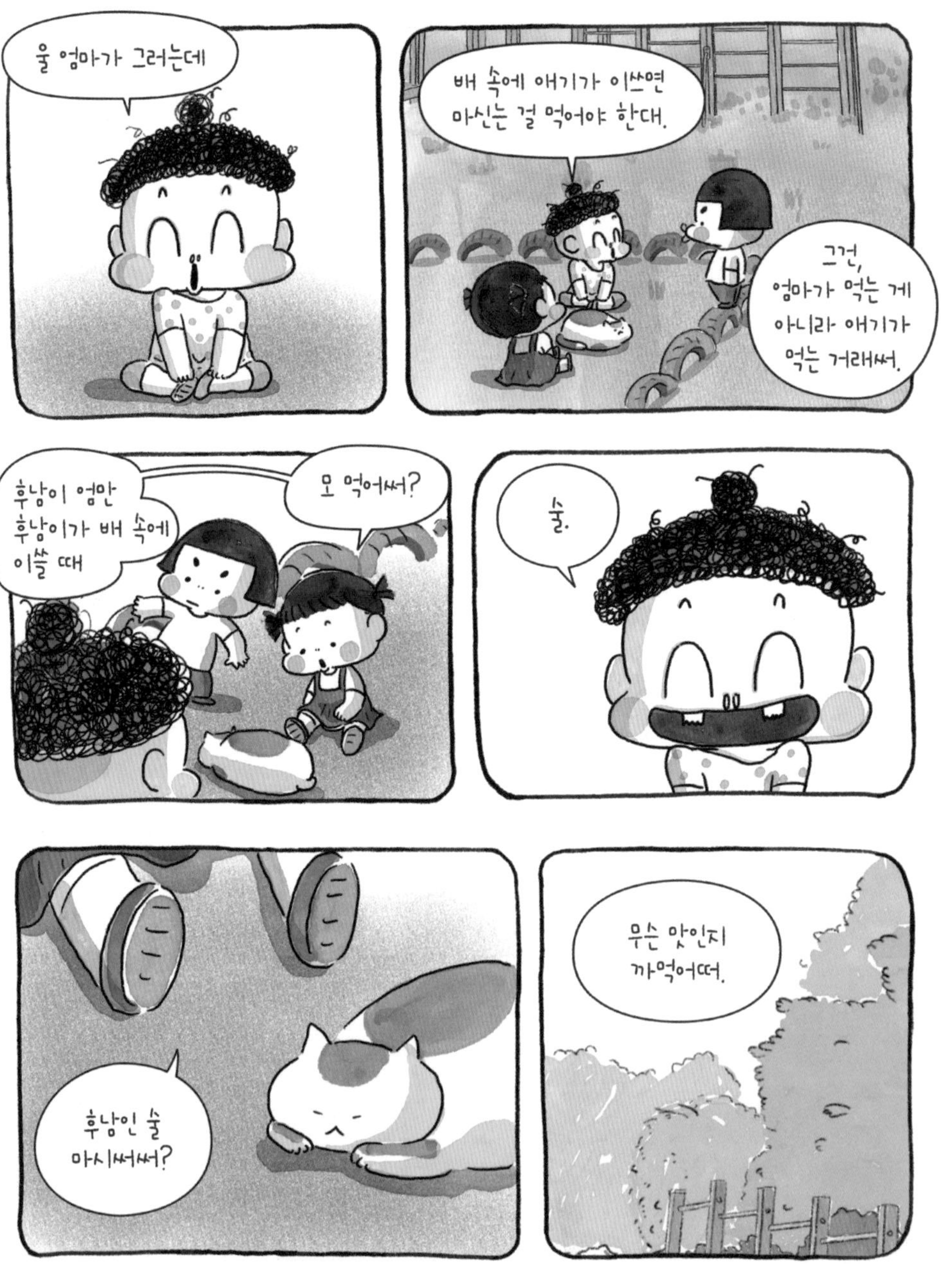
울 엄마가 그러는데
배 속에 애기가 이쓰면
마시는 걸 먹어야 한대.
그건,
엄마가 먹는 게
아니라 애기가
먹는 거래써.
후남이 엄만
후남이가 배 속에
이쓸 때
모 먹어써?
술.
후남인 술
마시써써?
무슨 맛인지
까먹어떠.

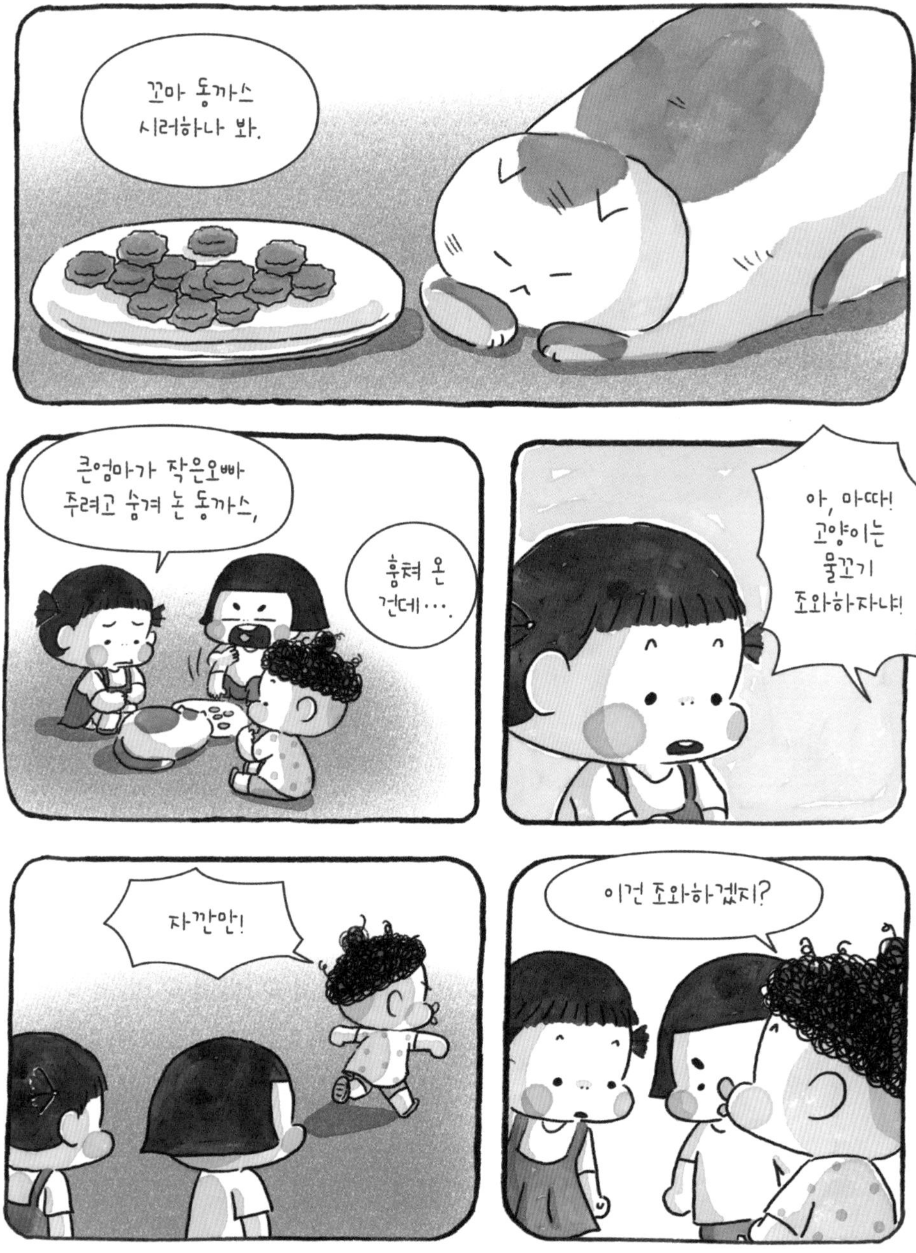
꼬마 동까스
시러하나 봐.
큰엄마가 작은오빠
주려고 숨겨 논 동까스,
훔쳐 온
건데….
아, 마따!
고양이는
물꼬기
조와하자나!
자깐만!
이건 조와하겠지?

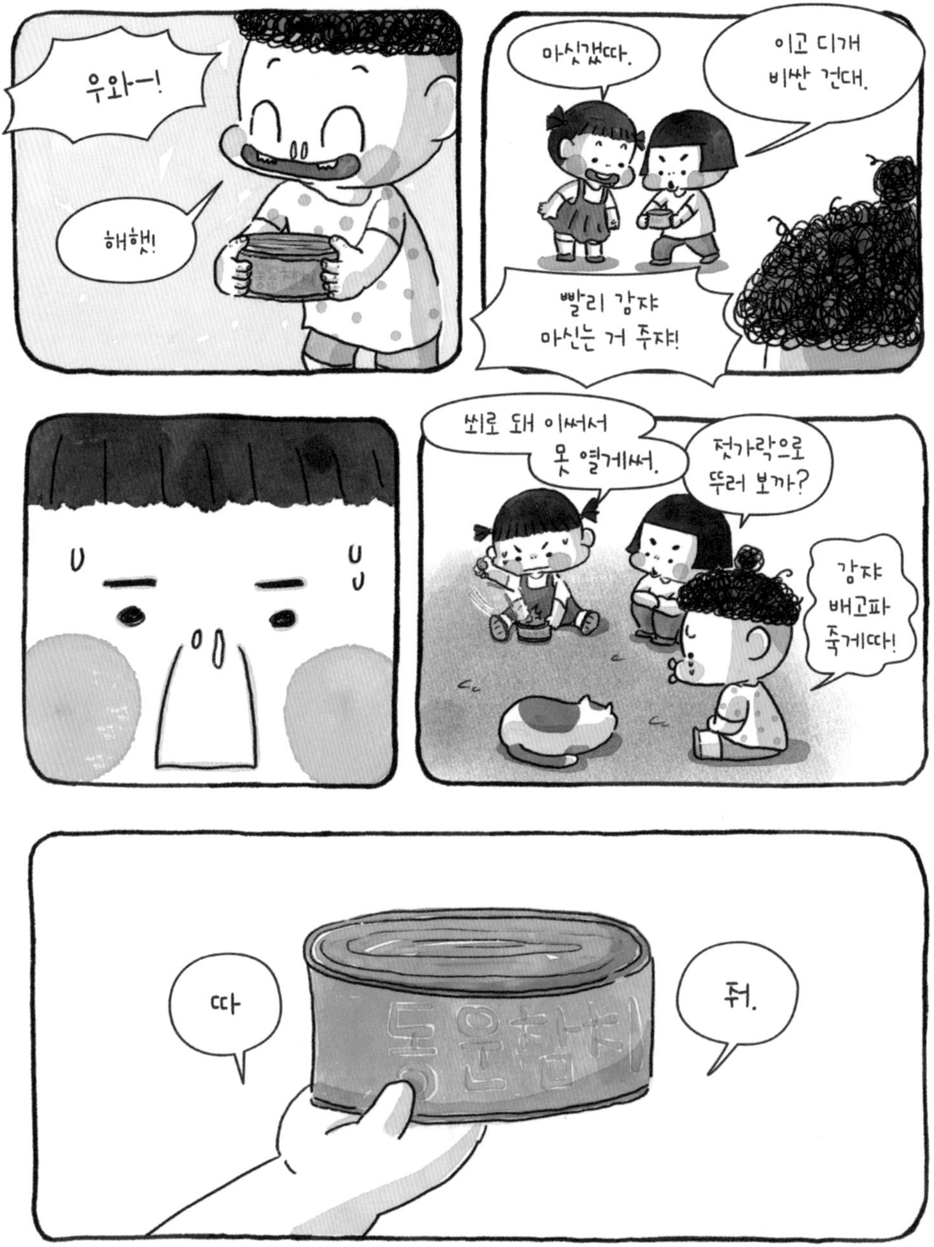

우와ㅡ!
해햇!
마싯갰따.
이고 디개
비싼 건대.
빨리 감쟈
마신는 거 주쟈!
씌로 돼 이써서
못 열게써.
젓가락으로
뚜러 보까?
감쟈
배고파
죽게따!
따
줘.

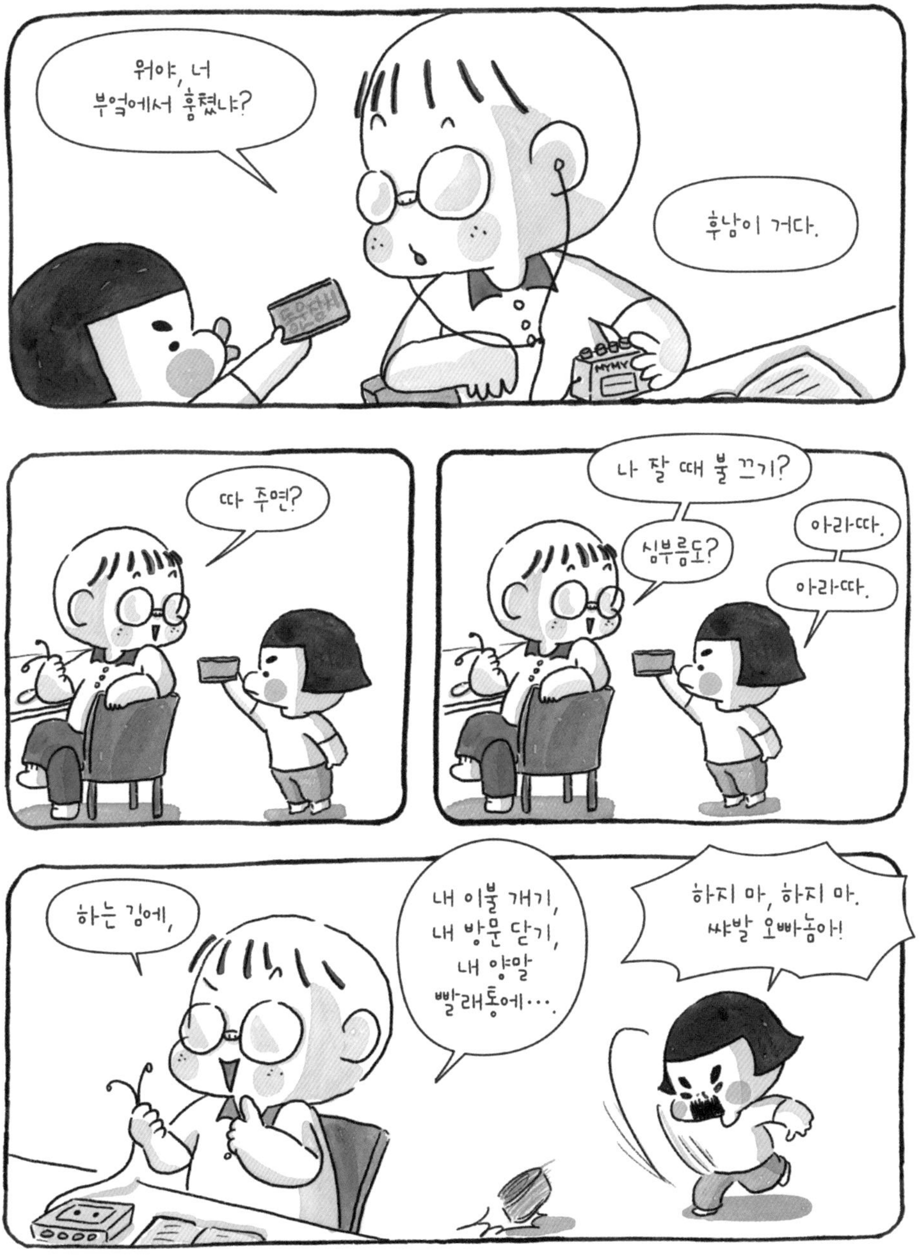
뭐야, 너
부엌에서 훔쳤냐?
후남이 거다.
MYMY
따 주면?
나 잘 때 불 끄기?
아라따.
심부름도?
아라따.
하는 김에,
내 이불 개기,
내 방문 닫기,
내 양말
빨래통에….
하지 마, 하지 마.
쌰발 오빠놈아!

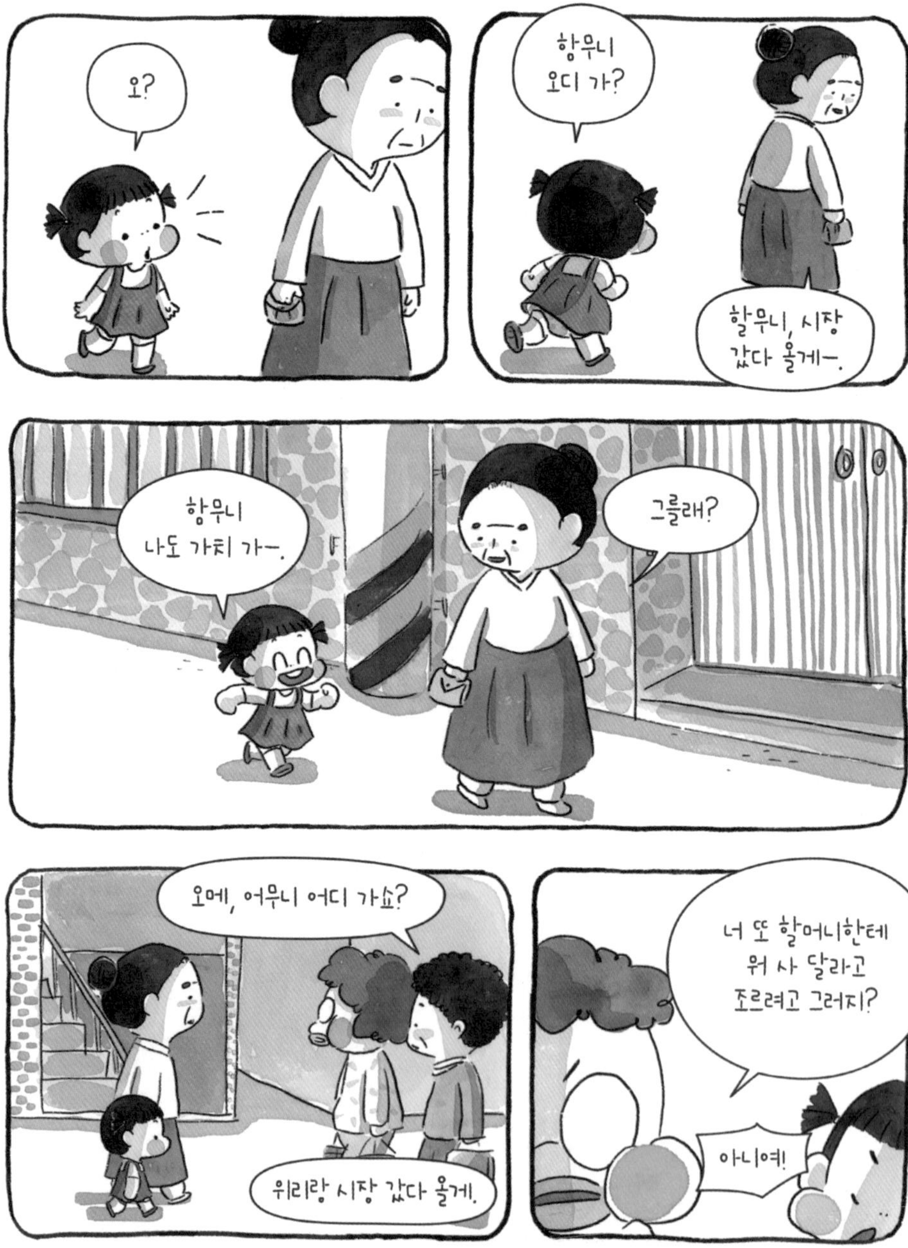
오?
함무니 오디 가?
할무니, 시장 갔다 올게ㅡ.
함무니 나도 가치 가ㅡ.
그를래?
오메, 어무니 어디 가쇼?
위리랑 시장 갔다 올게.
너 또 할머니한테 뭐 사 달라고 조르려고 그러지?
아니여!

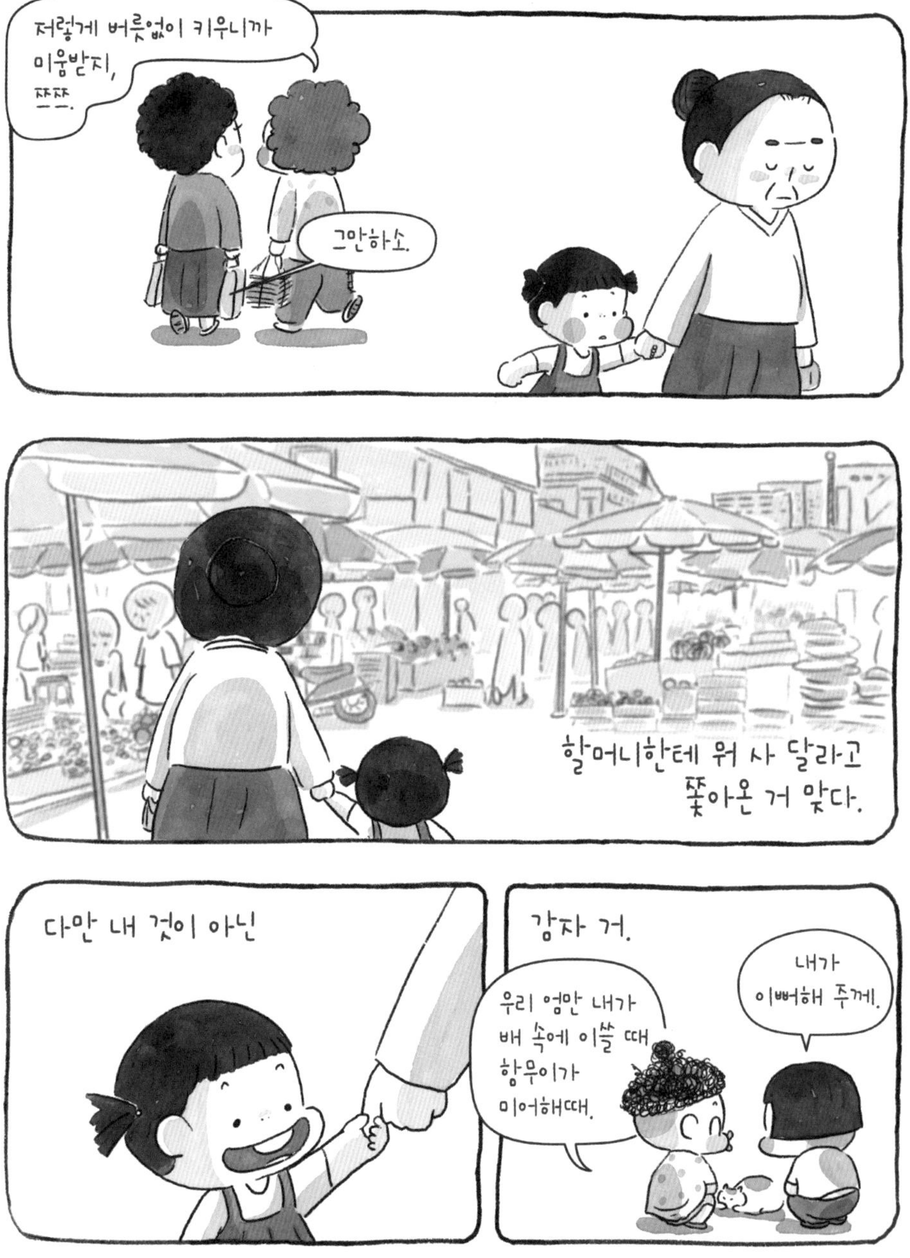

저렇게 버릇없이 키우니까 미움받지, 쯧쯧.
그만하소.
할머니한테 뭐 사 달라고 쫓아온 거 맞다.
다만 내 것이 아닌
감자 거.
우리 엄만 내가 배 속에 이쓸 때 함무이가 미어해때.
내가 이뻐해 주께.

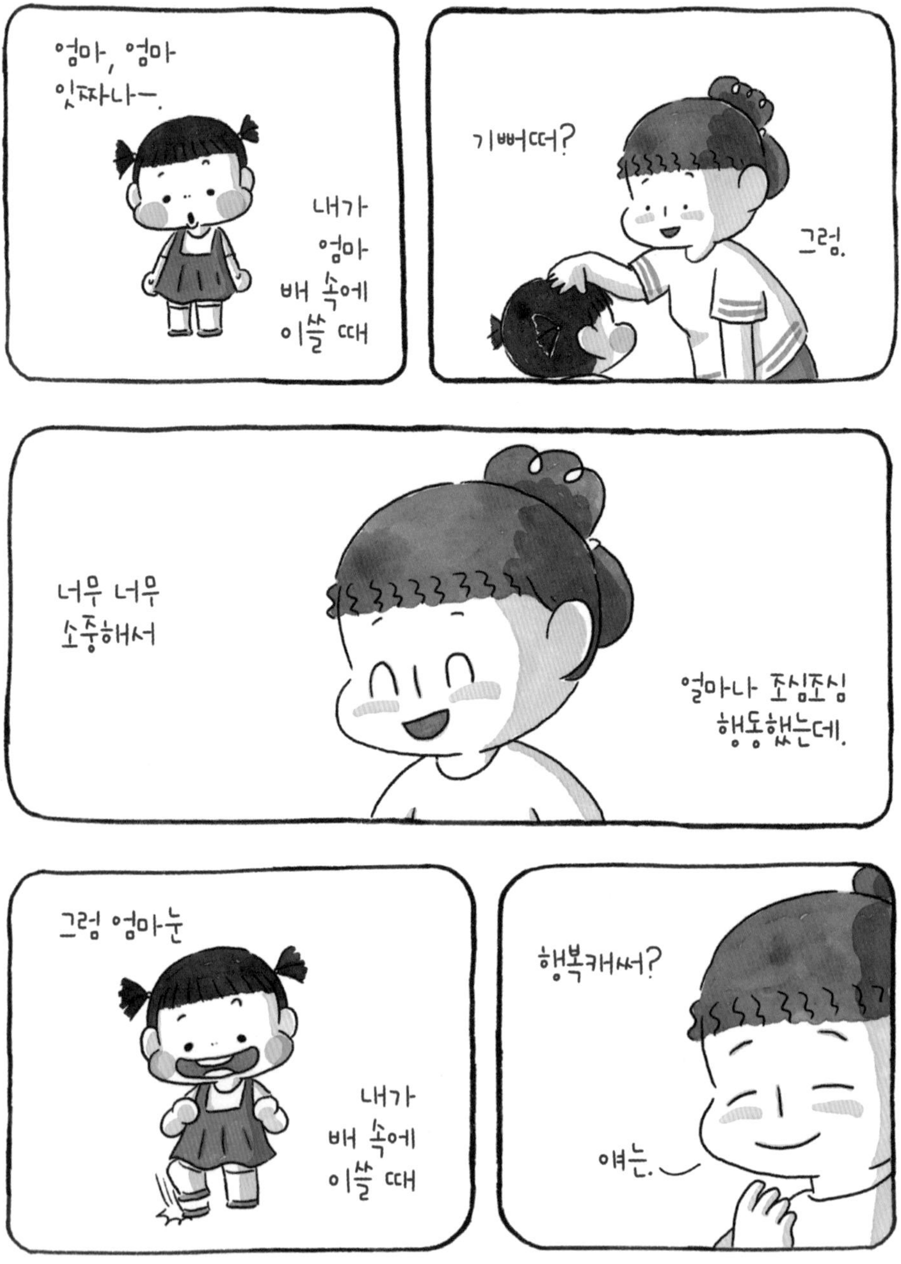
엄마, 엄마
잇짜나ㅡ.
내가
엄마
배 속에
이쓸 때
기뻐떠?
그럼.
너무 너무
소중해서
얼마나 조심조심
행동했는데.
그럼 엄마눈
내가
배 속에
이쓸 때
행복캐써?
얘는.

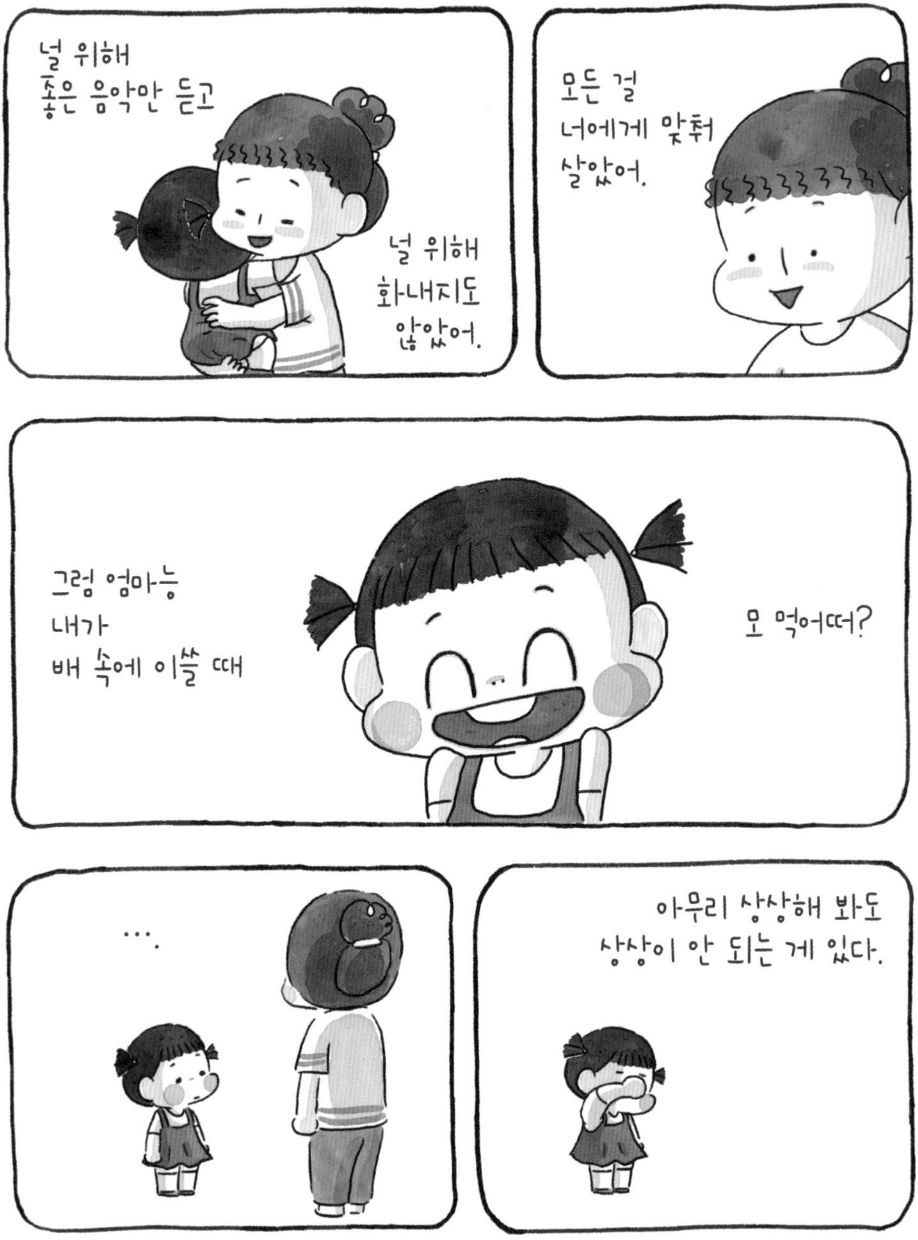
널 위해
좋은 음악만 듣고
널 위해
화내지도
않았어.
모든 걸
너에게 맞춰
살았어.
그럼 엄마능
내가
배 속에 이쓸 때
모 먹어떠?
....
아무리 상상해 봐도
상상이 안 되는 게 있다.

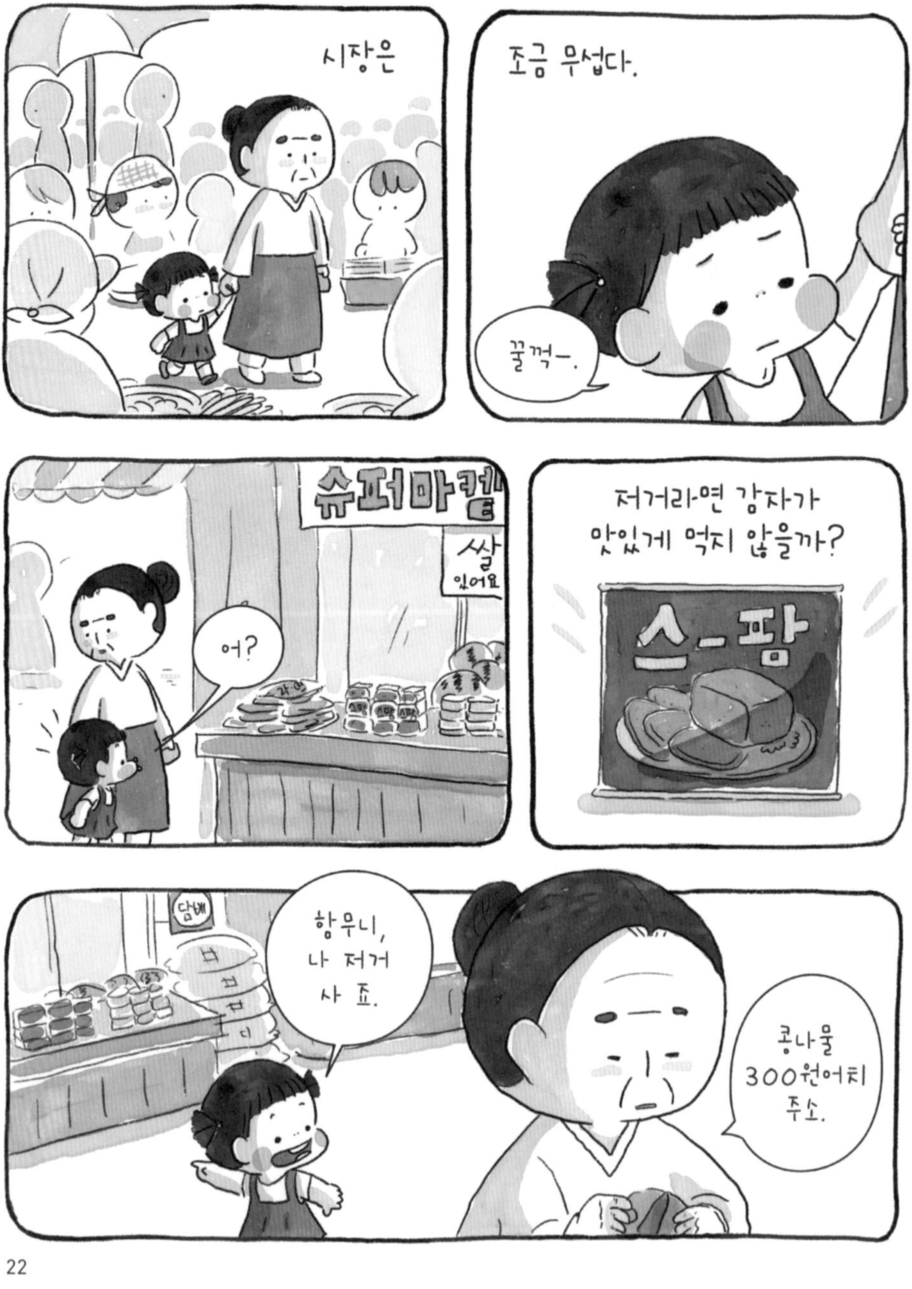

시장은
조금 무섭다.
꿀꺽-.
슈퍼마켓
쌀 있어요
어?
저거라면 감자가 맛있게 먹지 않을까?
스-팜
담배
함무니, 나 저거 사 죠.
콩나물 300원어치 주소.

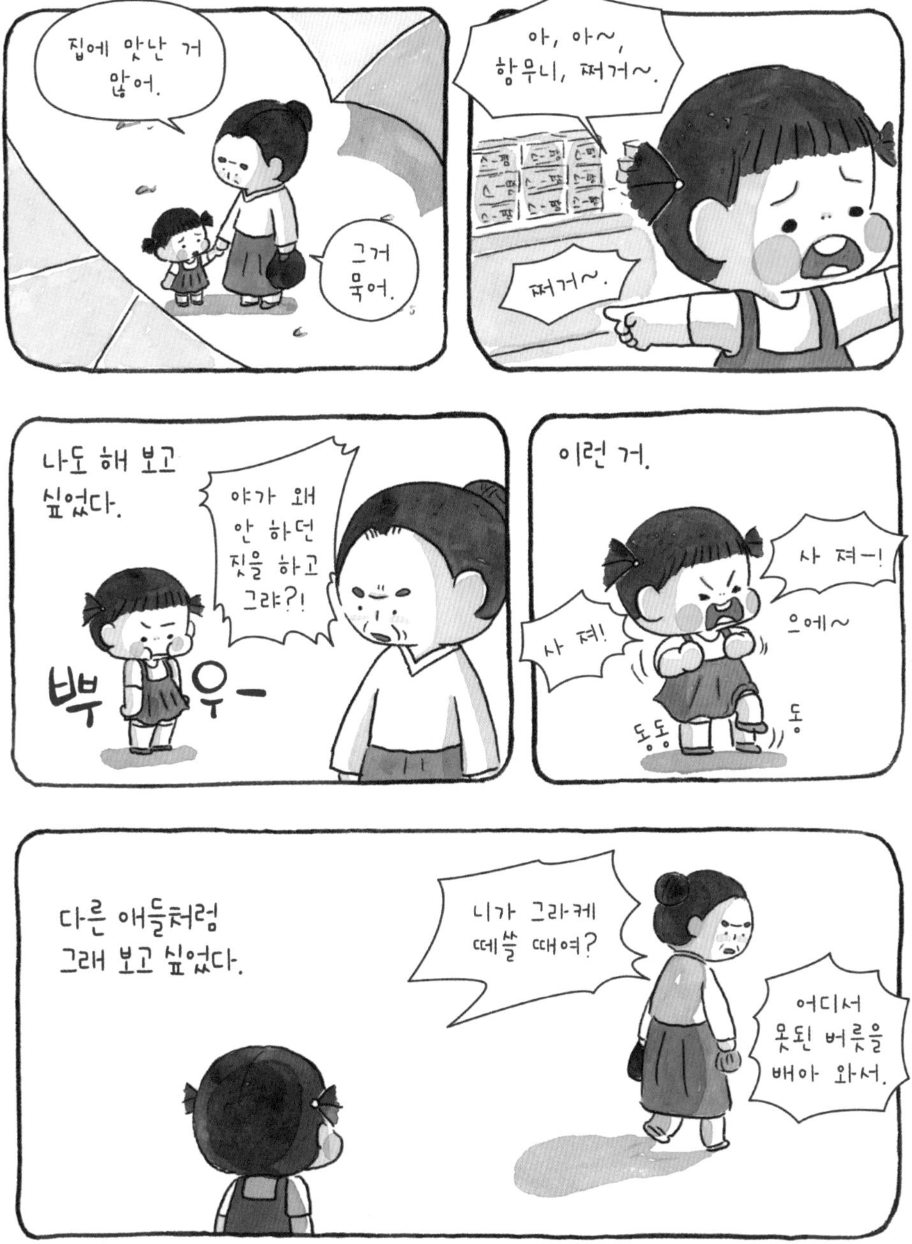
집에 맛난 거 많어.
그거 묵어.
아, 아~, 함무니, 쩌거~.
쩌거~.
나도 해 보고 싶었다.
야가 왜 안 하던 짓을 하고 그랴?!
뿌우-
이런 거.
사 져-!
사 져!
으에~
동동
동
다른 애들처럼 그래 보고 싶었다.
니가 그라케 떼쓸 때여?
어디서 못된 버릇을 배아 와서.

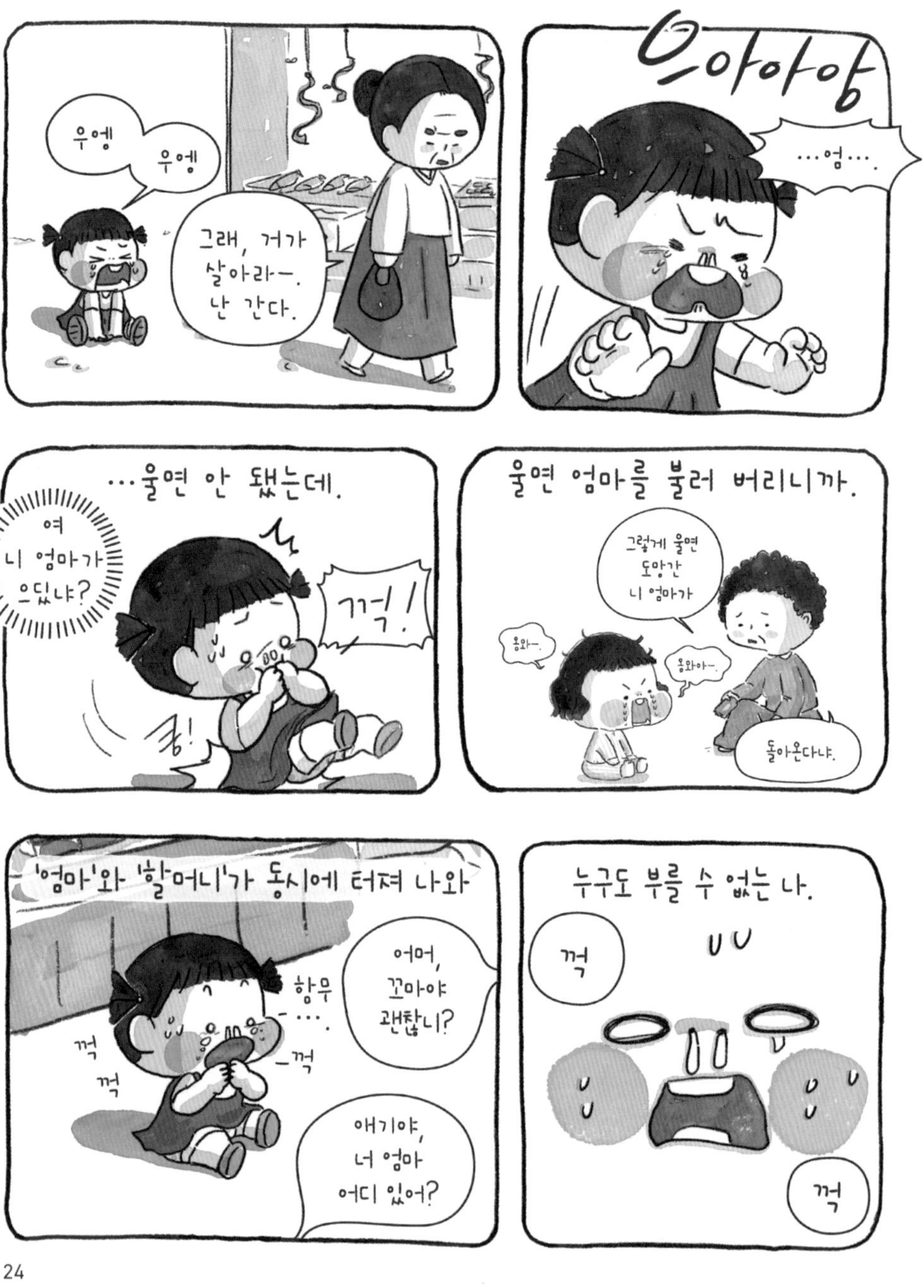

우엥
우엥
그래, 거가 살아라ー. 난 간다.
으아아앙
…엄….
…울면 안 됐는데.
여 니 엄마가 으딨냐?
끄윽!
쿵!
울면 엄마를 불러 버리니까.
그렇게 울면 도망간 니 엄마가
옴와ー.
옴와아ー.
돌아온다냐.
'엄마'와 '할머니'가 동시에 터져 나와
어머, 꼬마야 괜찮니?
함무ー….
꺽
꺽
ー꺽
애기야, 너 엄마 어디 있어?
누구도 부를 수 없는 나.
꺽
꺽

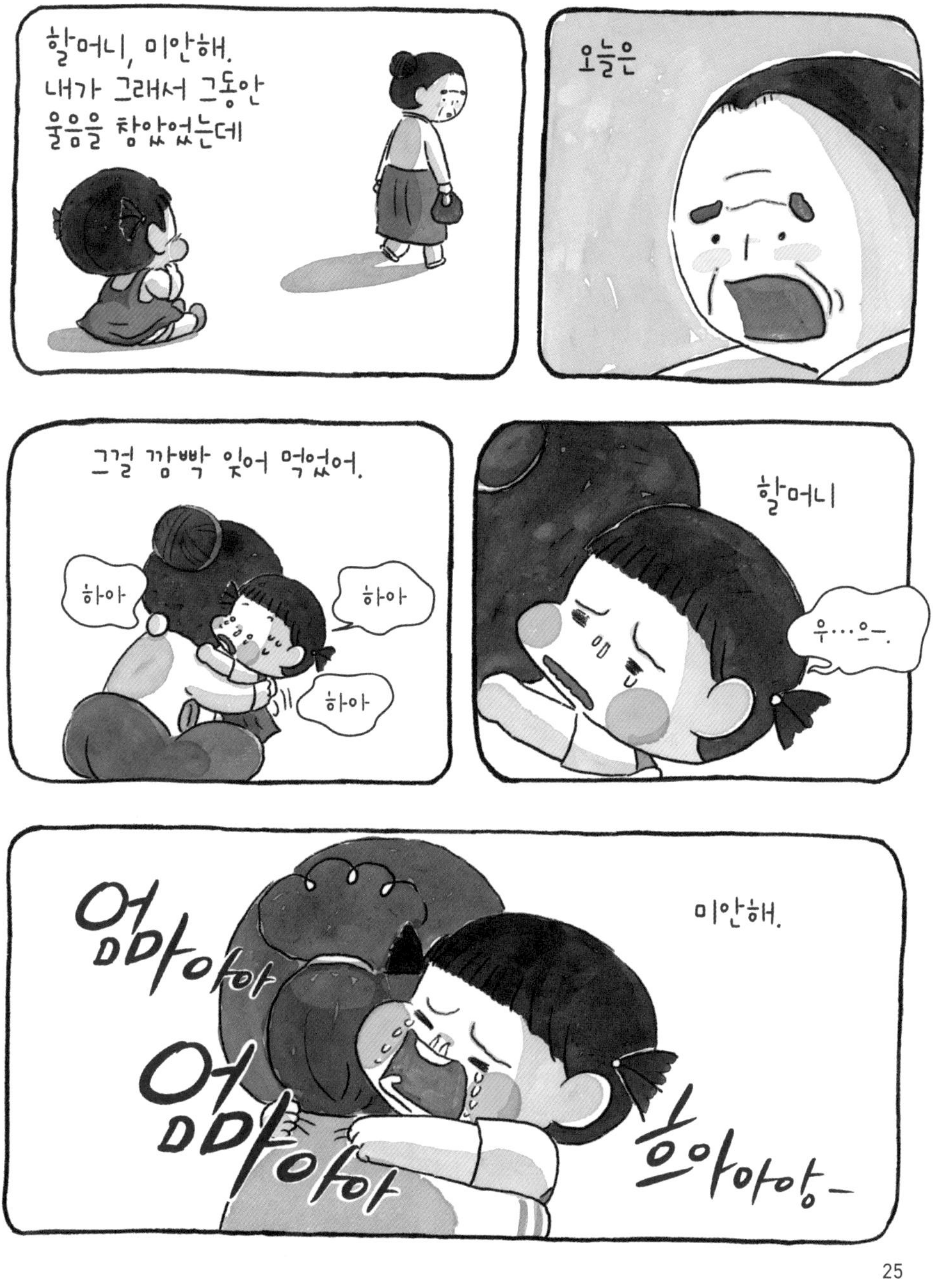
할머니, 미안해.
내가 그래서 그동안
울음을 참았었는데
오늘은
그걸 깜빡 잊어 먹었어.
하아
하아
하아
할머니
우…으-.
미안해.
엄마아아
엄마아아
으아아앙-

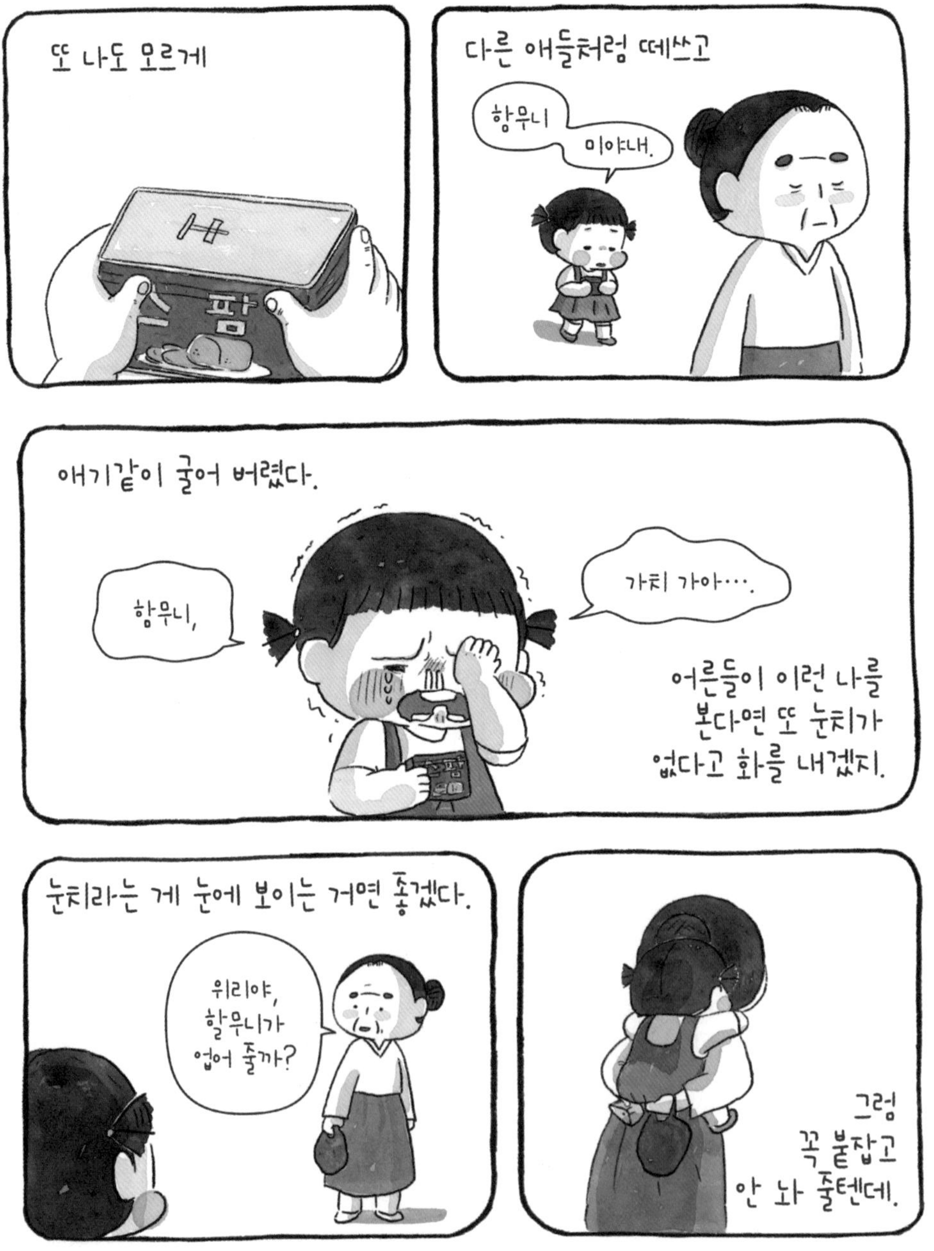
또 나도 모르게
다른 애들처럼 떼쓰고
함무니
미야내.
애기같이 굴어 버렸다.
함무니,
가치 가아….
어른들이 이런 나를 본다면 또 눈치가 없다고 화를 내겠지.
눈치라는 게 눈에 보이는 거면 좋겠다.
위리야, 할무니가 업어 줄까?
그럼 꼭 붙잡고 안 놔 줄텐데.

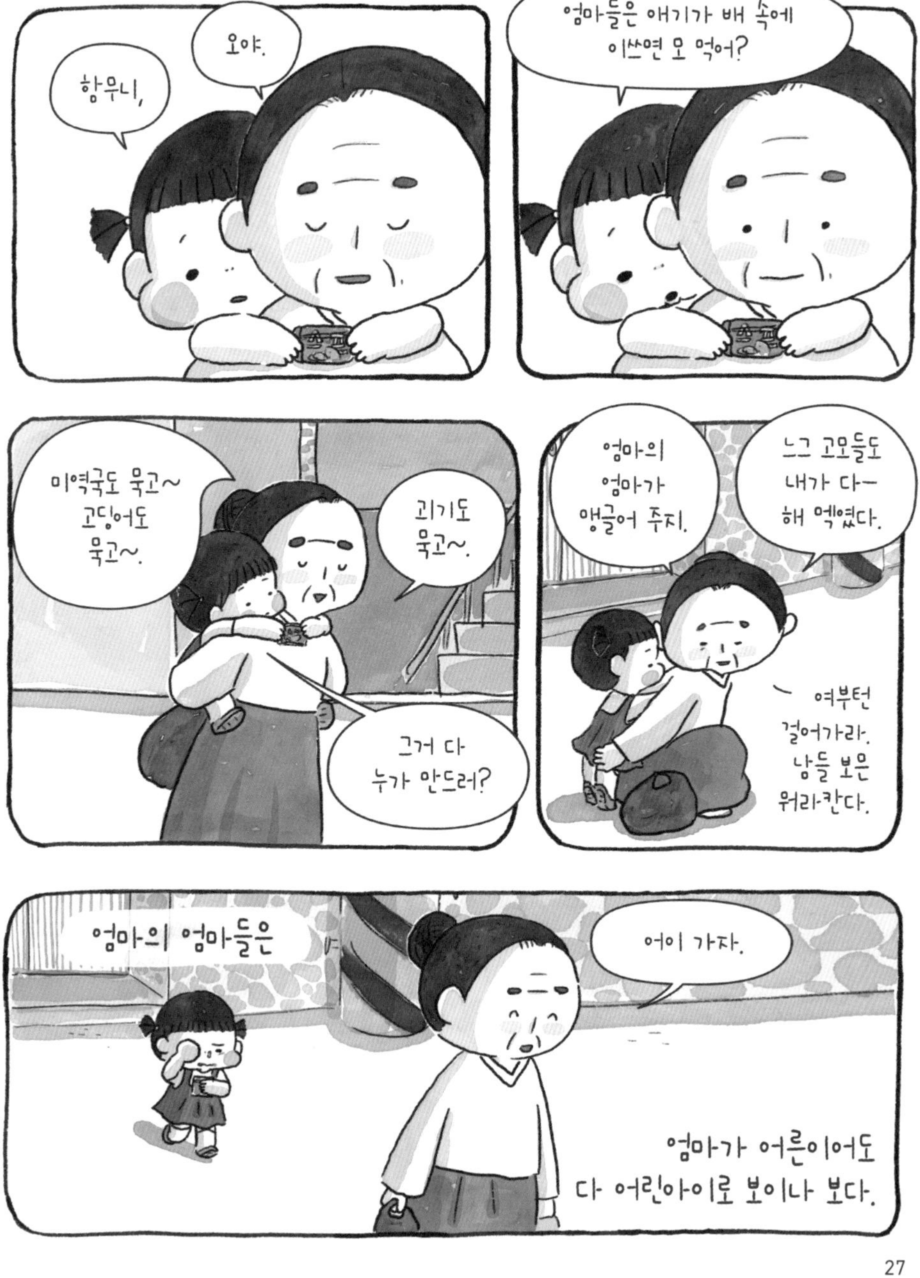
함무니,
오야.
엄마들은 애기가 배 속에 이쓰면 모 먹어?
미역국도 묵고~ 고딩어도 묵고~.
괴기도 묵고~.
그거 다 누가 만드러?
엄마의 엄마가 맹글어 주지.
느그 고모들도 내가 다~ 해 멕였다.
여부턴 걸어가라. 남들 보믄 워리칸다.
엄마의 엄마들은
어이 가자.
엄마가 어른이어도 다 어린아이로 보이나 보다.

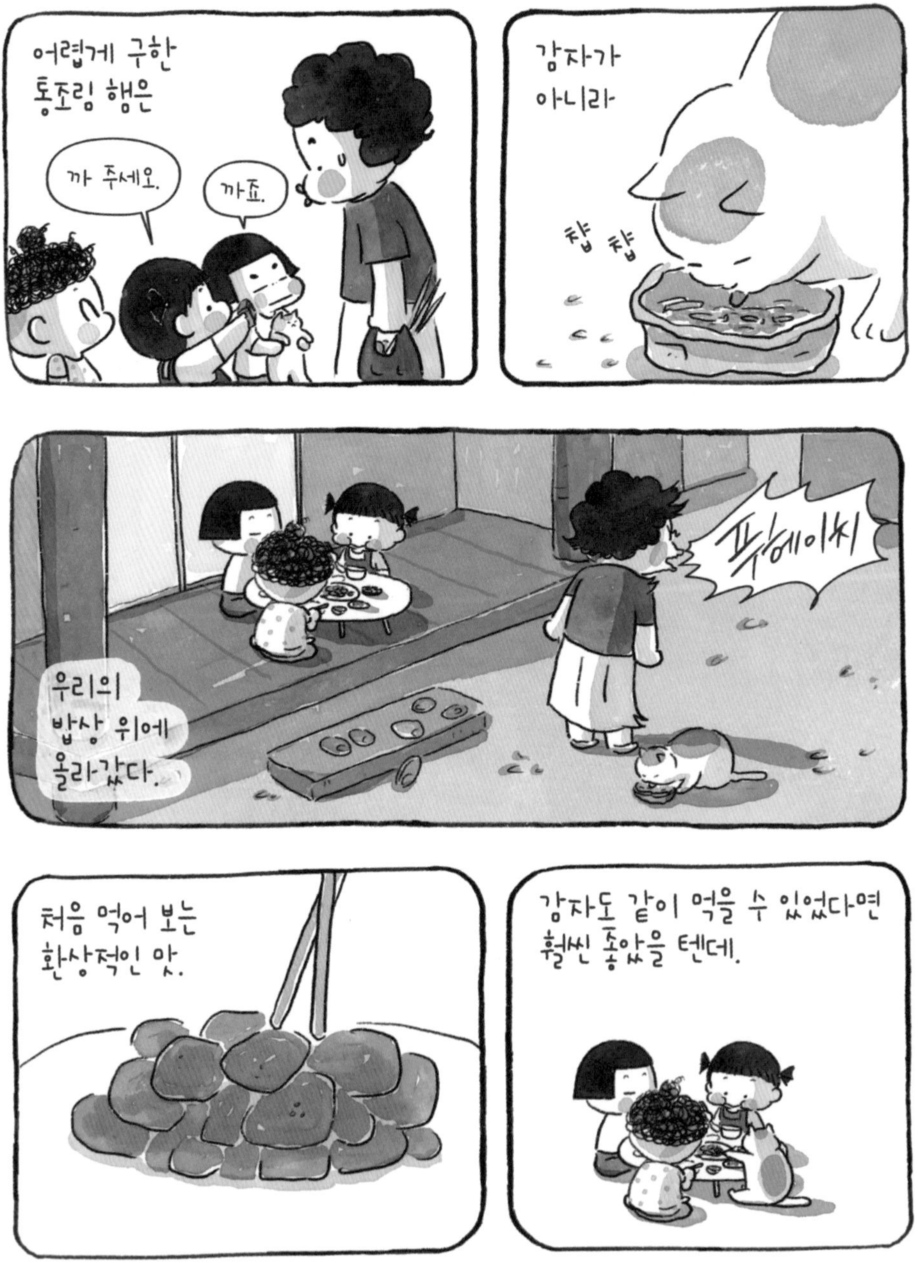

어렵게 구한
통조림 햄은
까 주세요.
까죠.
감자가
아니라
챱 챱
우리의
밥상 위에
올라갔다.
처음 먹어 보는
환상적인 맛.
감자도 같이 먹을 수 있었다면
훨씬 좋았을 텐데.

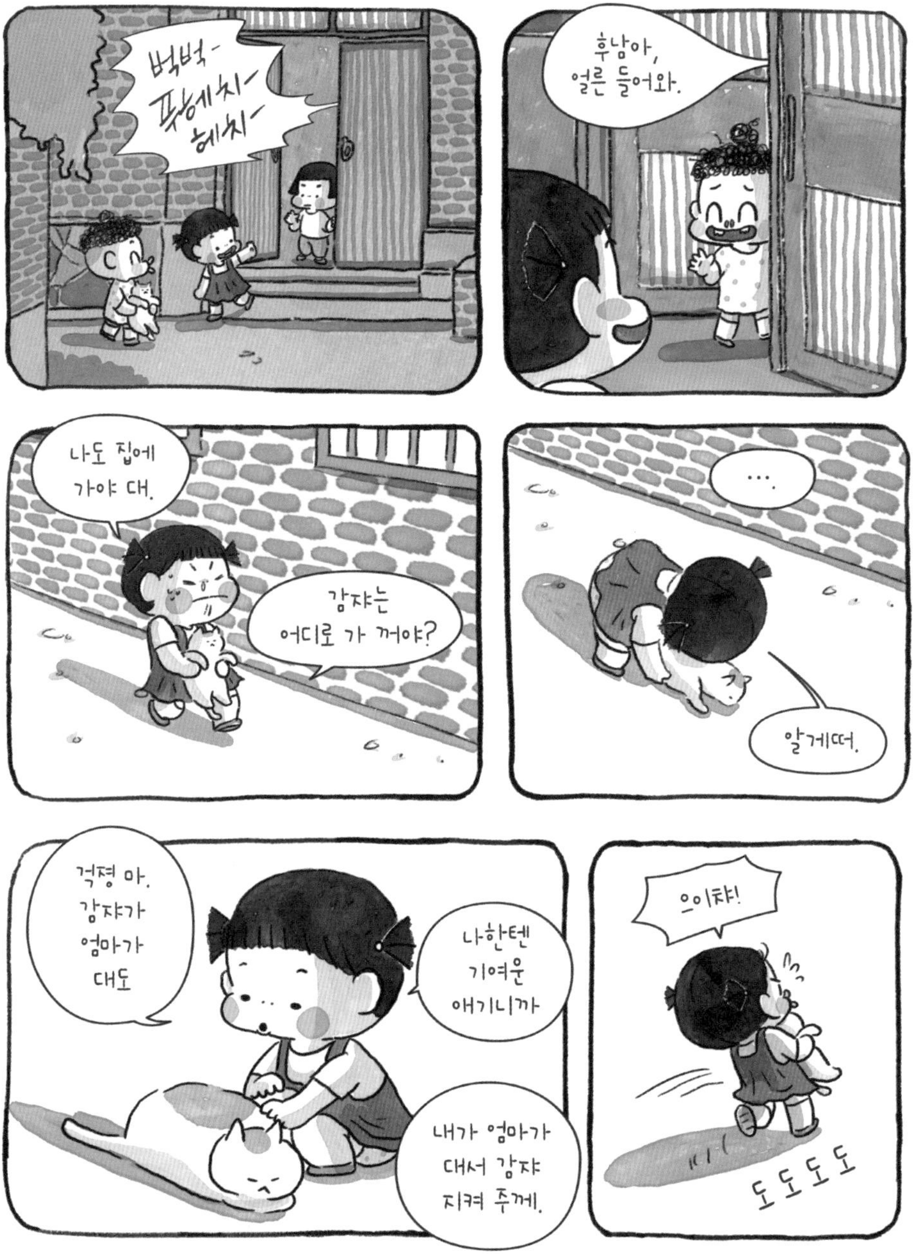
벅벅-
푸헤치-
헤치-
후남아,
얼른 들어와.
나도 집에
가야 대.
감쟈는
어디로 가 꺼야?
….
알게떠.
걱졍 마.
감쟈가
엄마가
대도
나한텐
기여운
애기니까
내가 엄마가
대서 감쟈
지켜 주께.
으이챠!
도도도도

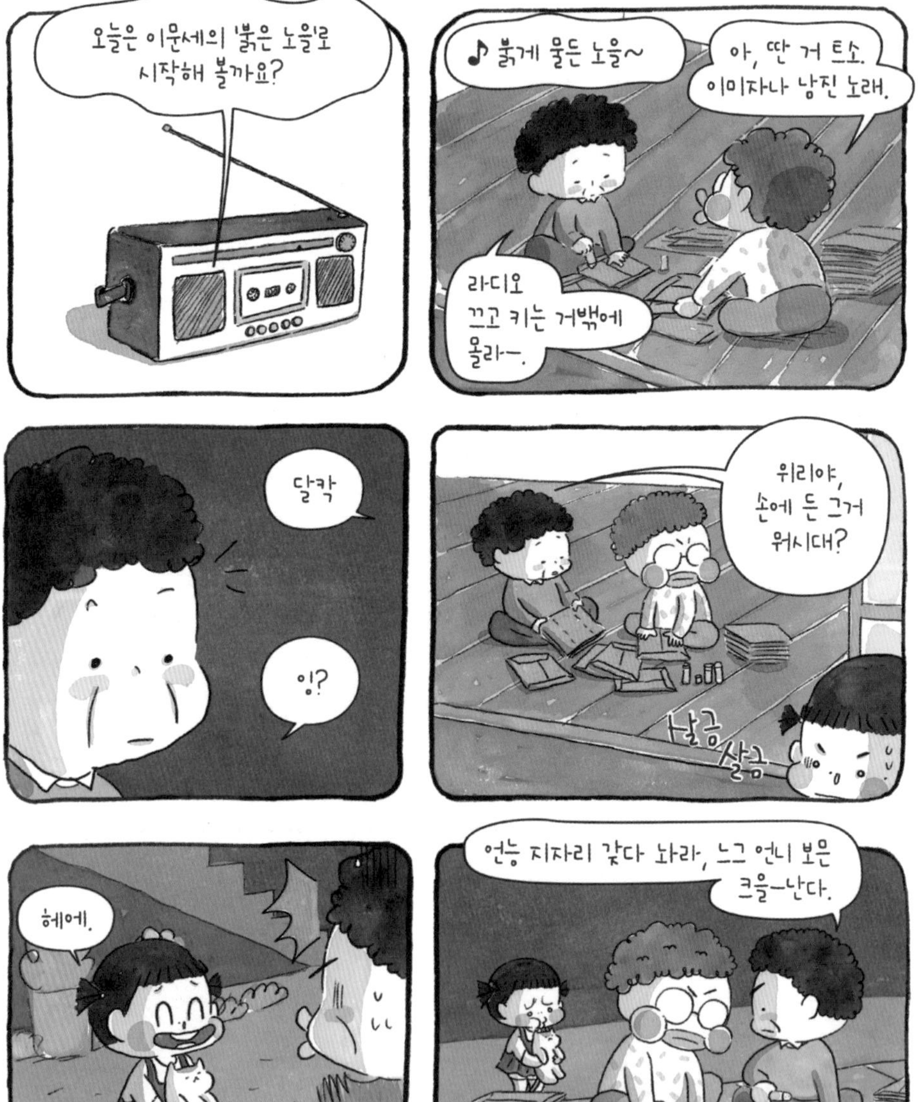

오늘은 이문세의 '붉은 노을'로 시작해 볼까요?
♪ 붉게 물든 노을~
아, 딴 거 트소. 이미자나 남진 노래.
라디오 끄고 키는 거밖에 몰라ㅡ.
달칵
잉?
위리야, 손에 든 그거 워시대?
살금 살금
헤에.
워여, 그건!!
언능 지자리 갖다 놔라, 느그 언니 보믄 크을ㅡ난다.
에휴, 쟈만 보면 속터져.

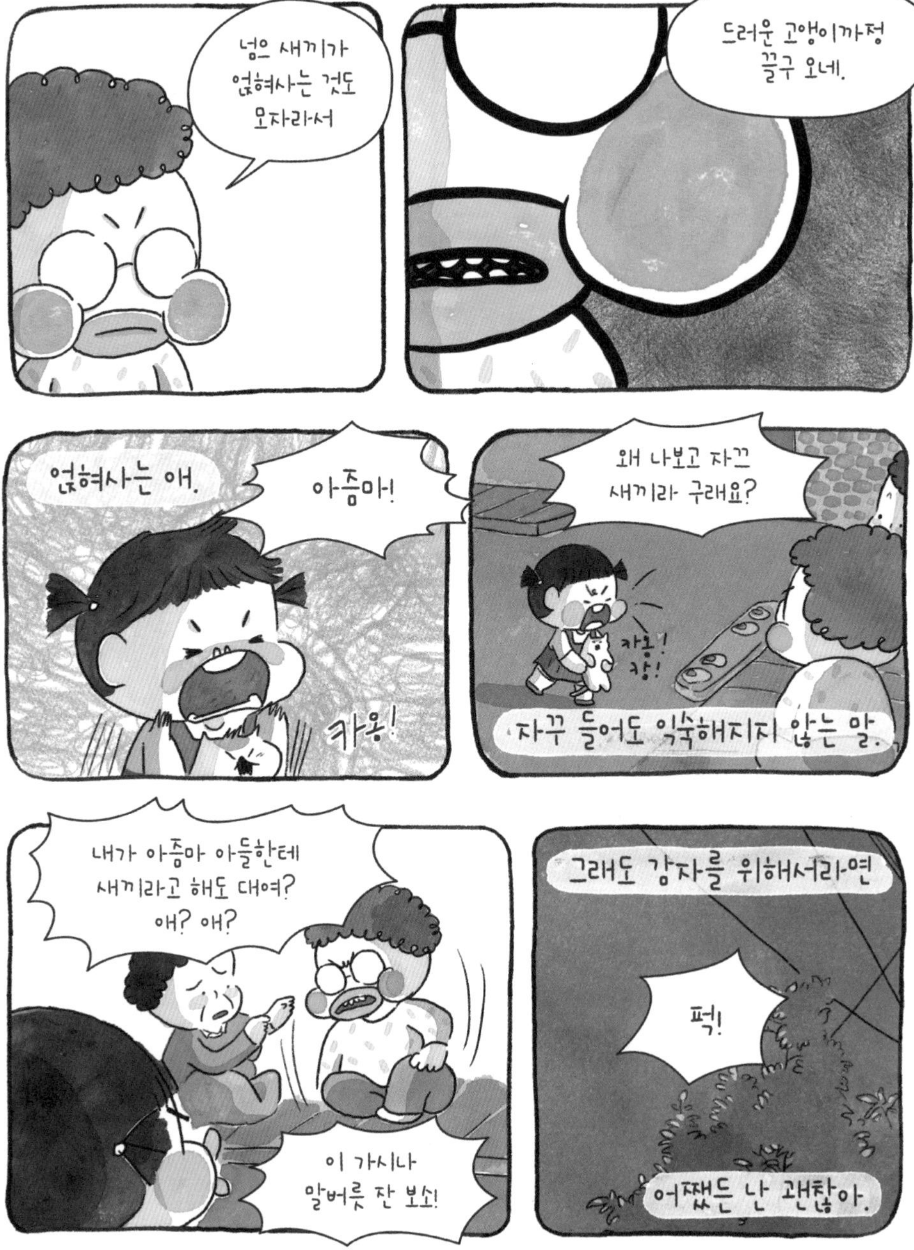
넘으 새끼가 얹혀사는 것도 모자라서
드러운 고앵이까정 끌구 오네.
얹혀사는 애.
아즘마!
카옹!
왜 나보고 자꾸 새끼라 구래요?
캬옹! 캉!
자꾸 들어도 익숙해지지 않는 말.
내가 아즘마 아들한테 새끼라고 해도 대여? 애? 애?
이 가시나 말버릇 잔 보소!
그래도 감자를 위해서라면
퍽!
어쨌든 난 괜찮아.

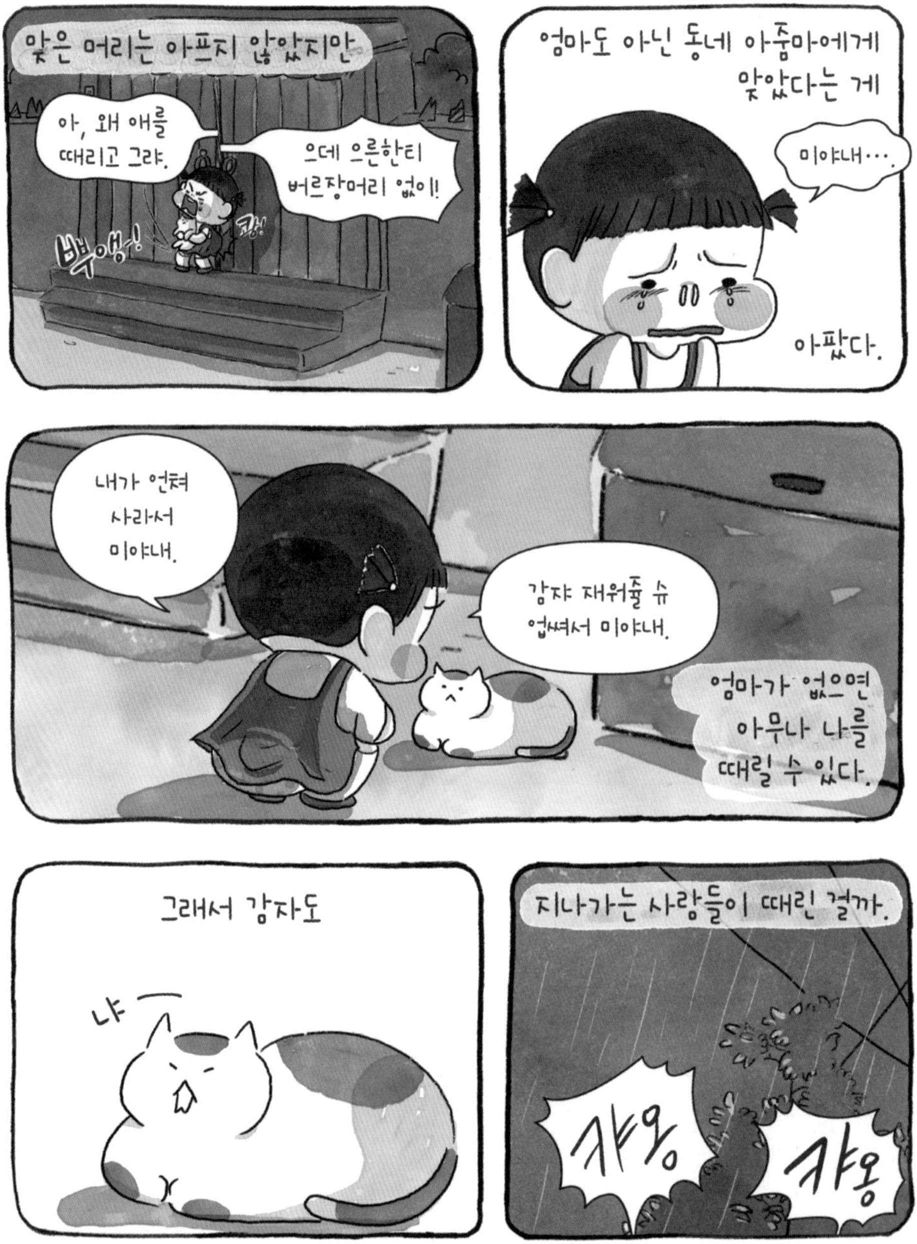
맞은 머리는 아프지 않았지만
아, 왜 애를 때리고 그랴.
으데 으른한티 버르장머리 없이!
빼애애!
쾅!
엄마도 아닌 동네 아줌마에게 맞았다는 게
미야내….
아팠다.
내가 언쳐 사라서 미야내.
감쟈 재워줄 슈 업써서 미야내.
엄마가 없으면 아무나 나를 때릴 수 있다.
그래서 감자도
냐ㅡ
지나가는 사람들이 때린 걸까.
캬옹
캬옹

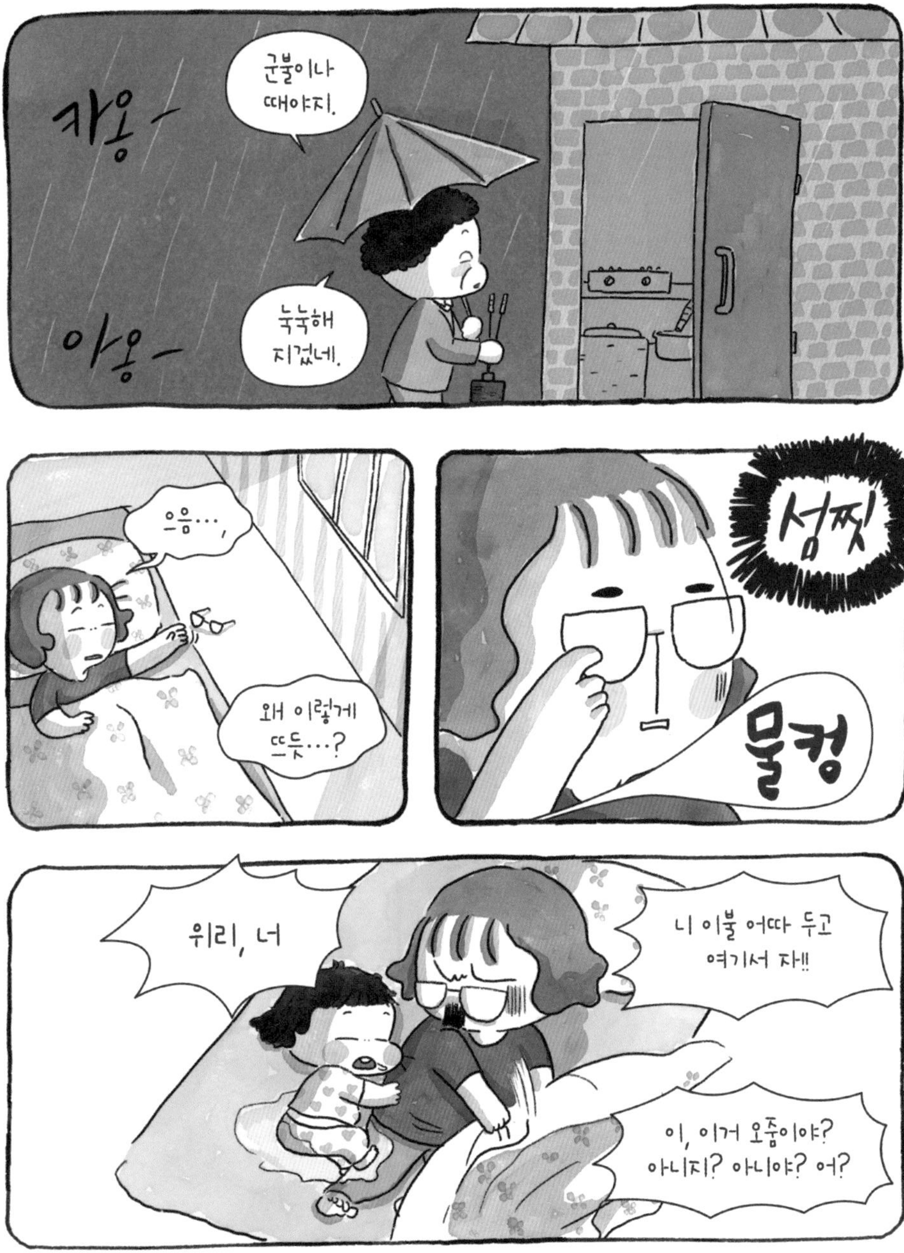

카옹-
군불이나 때야지.
아옹-
눅눅해 지겄네.
으음…,
왜 이렇게 뜨듯…?
섬찟
물컹
위리, 너
니 이불 어따 두고 여기서 자!!
이, 이거 오줌이야? 아니지? 아니야? 어?

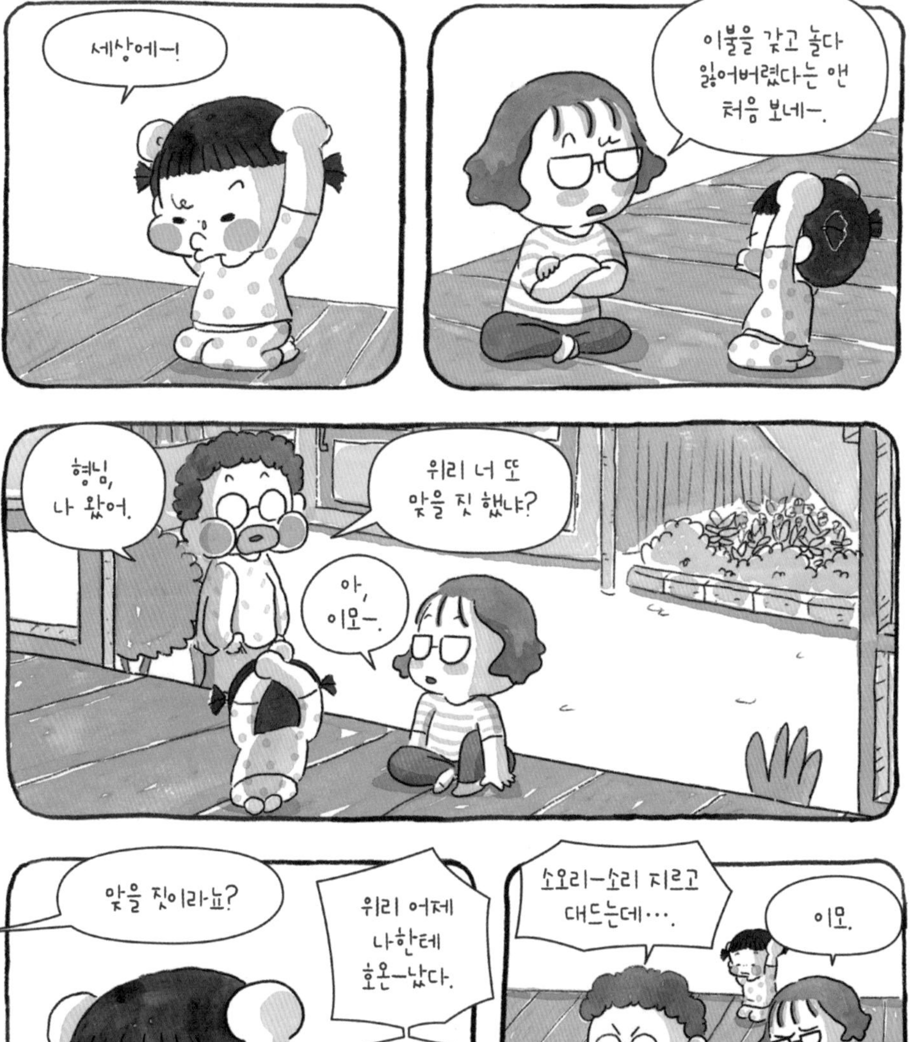
세상에ㅡ!
이불을 갖고 놀다 잃어버렸다는 앤 처음 보네ㅡ.
형님, 나 왔어.
위리 너 또 맞을 짓 했냐?
아, 이모ㅡ.
맞을 짓이라뇨?
위리 어제 나한테 호온ㅡ났다.
어디서 도둑괭이 하나 주서 와서
꿀
꺽
소오리ㅡ소리 지르고 대드는데….
이모.
이래서 어리겁은 짐승은….

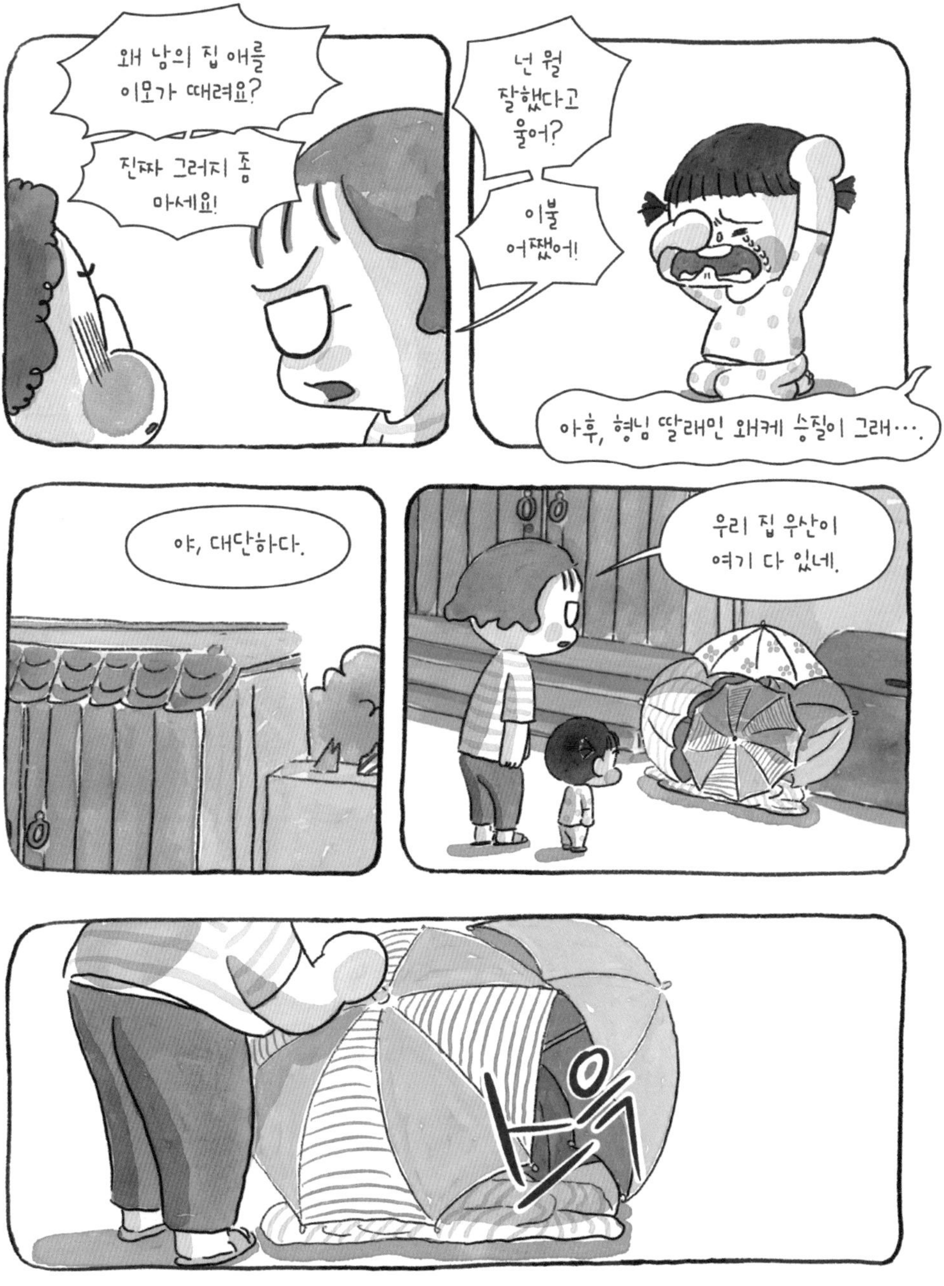
왜 남의 집 애를
이모가 때려요?
진짜 그러지 좀
마세요!
넌 뭘
잘했다고
울어?
이불
어쨌어!
아후, 형님 딸래미 왜케 승질이 그래….
야, 대단하다.
우리 집 우산이
여기 다 있네.

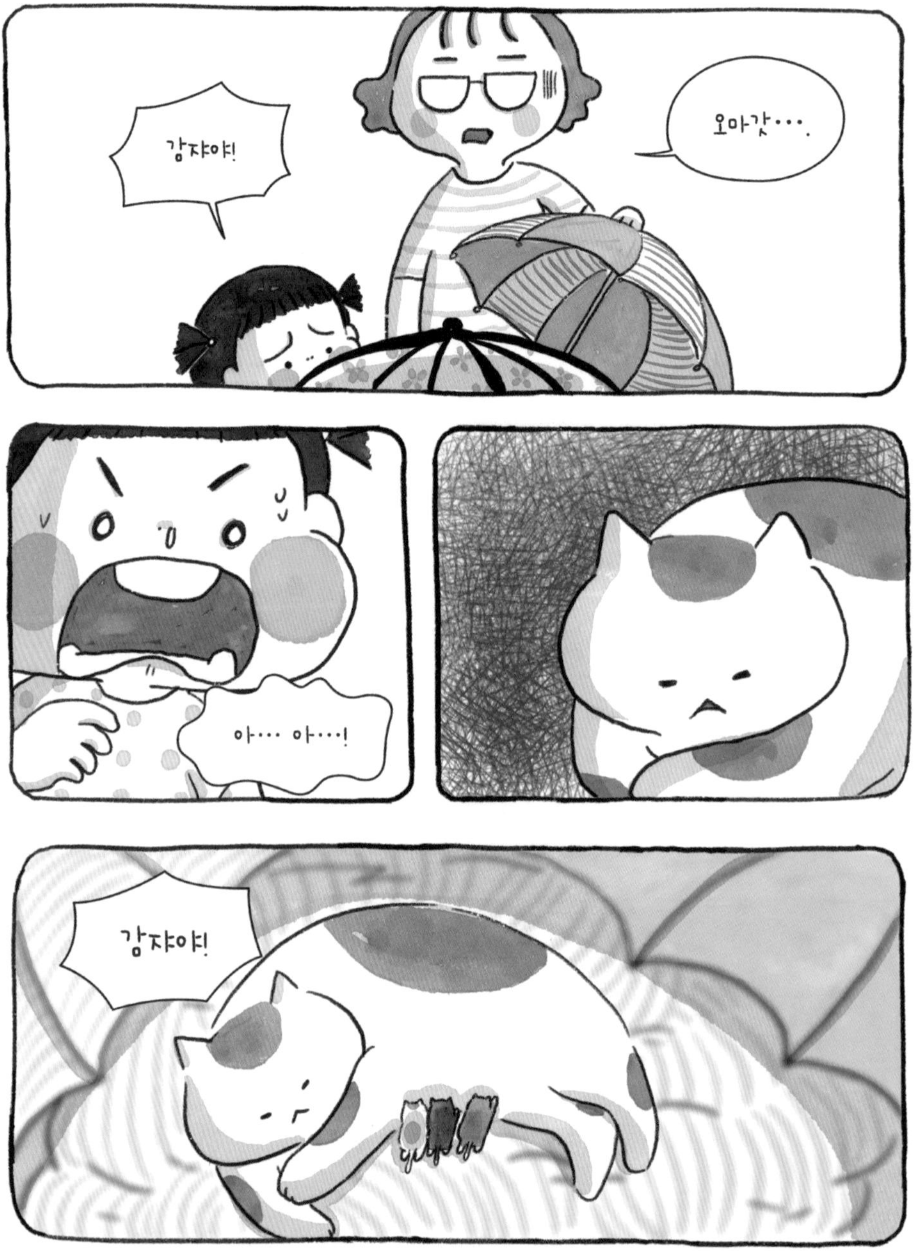

감자야!
오마갓….
아… 아…!
감자야!

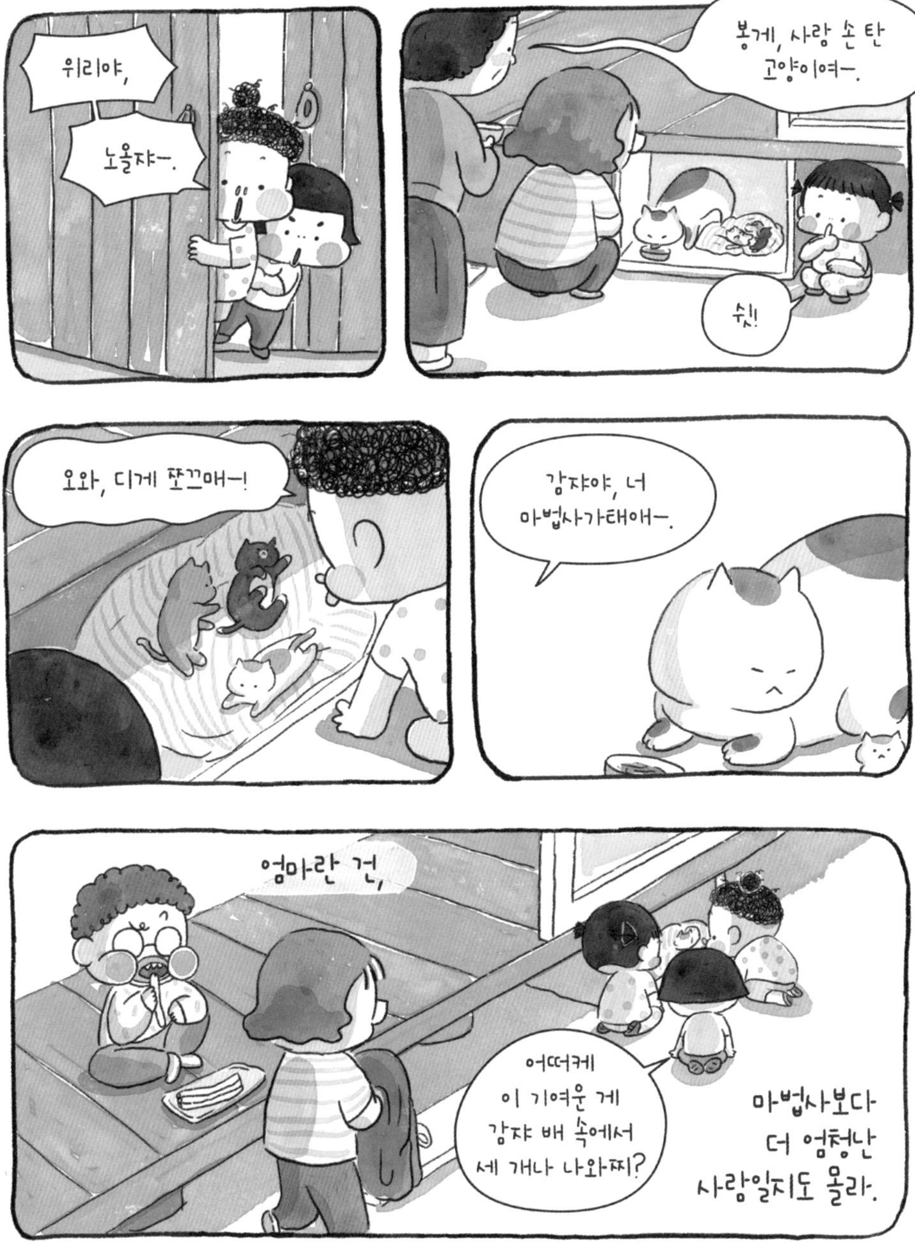
위리야,
노올쟈ㅡ.
봉게, 사랑 손 탄 고양이여ㅡ.
쉿!
오와, 디게 쪼끄매ㅡ!
감쟈야, 너 마법사가태애ㅡ.
엄마란 건,
어떠케 이 기여운 게 감쟈 배 속에서 세 개나 나와찌?
마법사보다 더 엄청난 사람일지도 몰라.

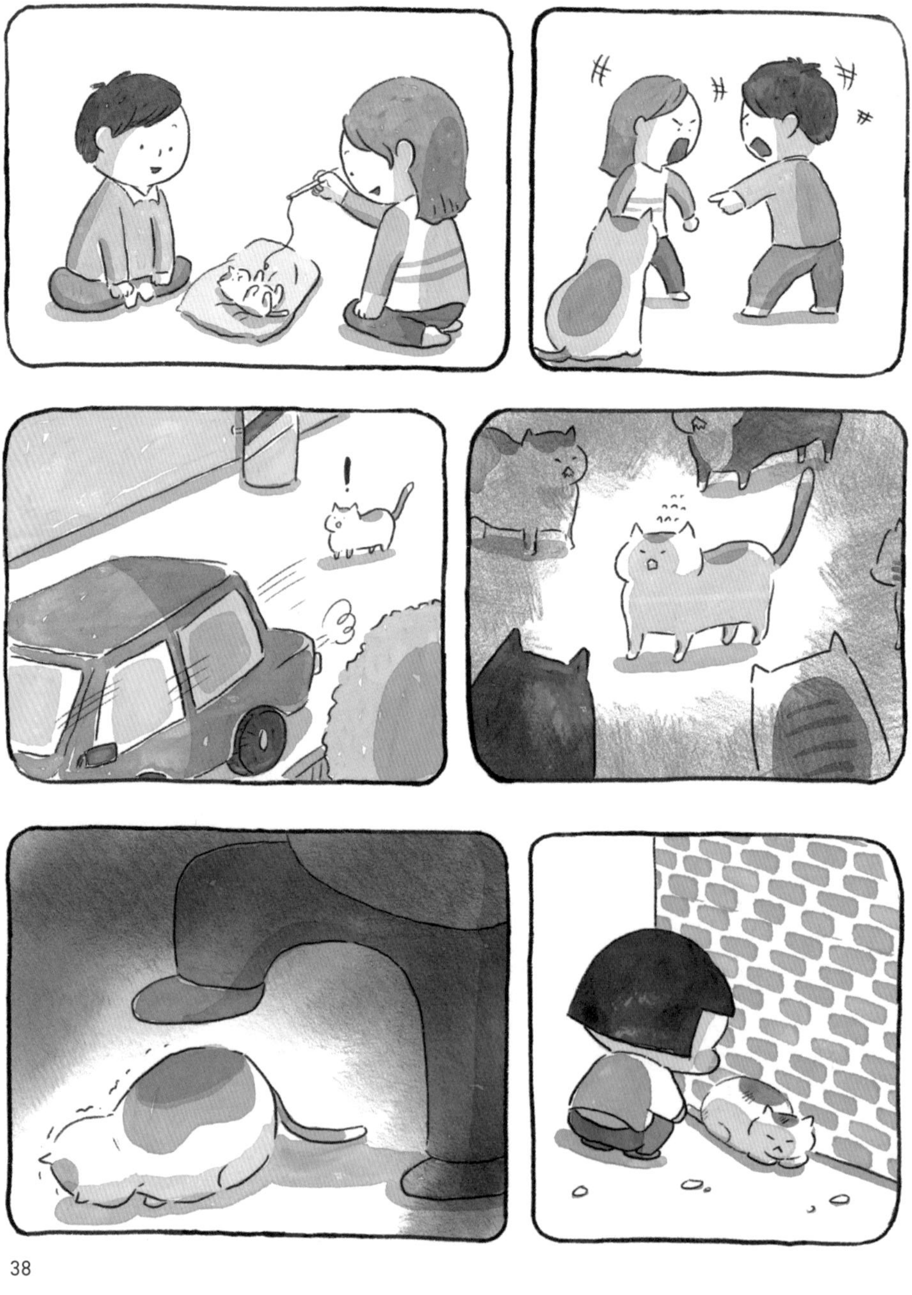

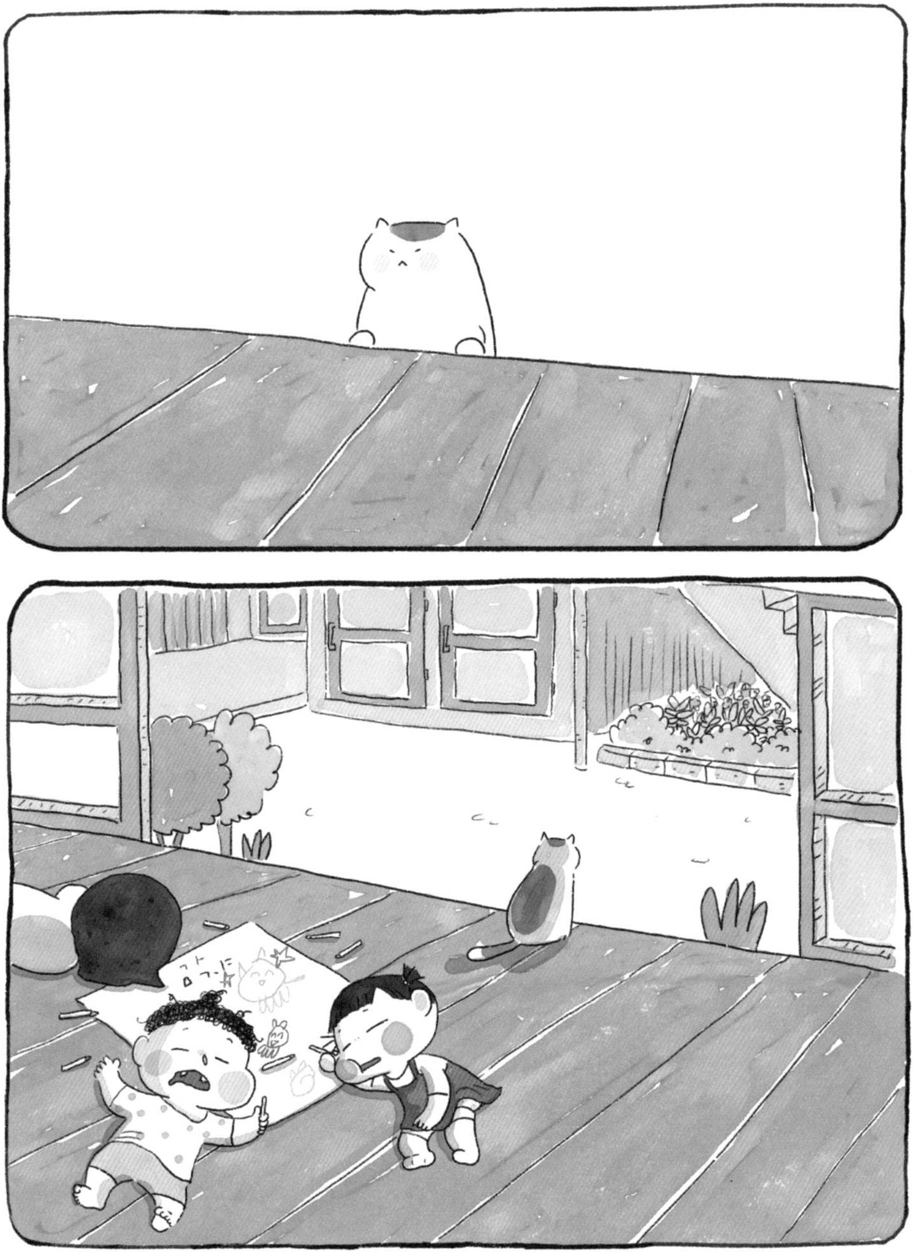

내 편

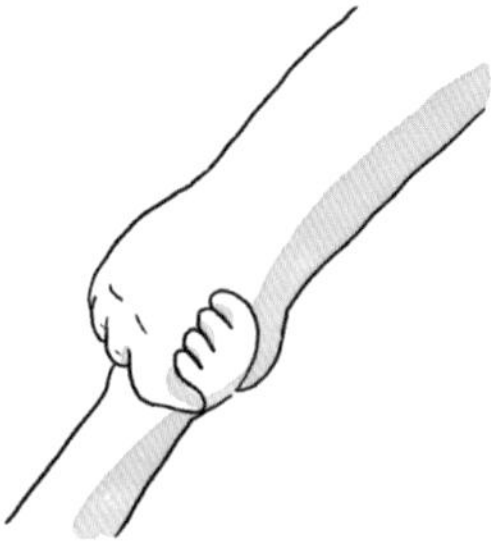

모든 사람들이 다 나를 멀리해도
단 한 명이 내 편이 되어 줘서
나는 여기까지 견디고 이겨 낼 수 있었다.

또 다른 힘든 이의 편에 서서
그 우주에 숨을 불어넣어 줄
단 한 명이 나였으면 좋겠다.

한 사람의 힘이
또 다른 이의 우주를 보호할 수 있는
히어로 같은 능력이다.

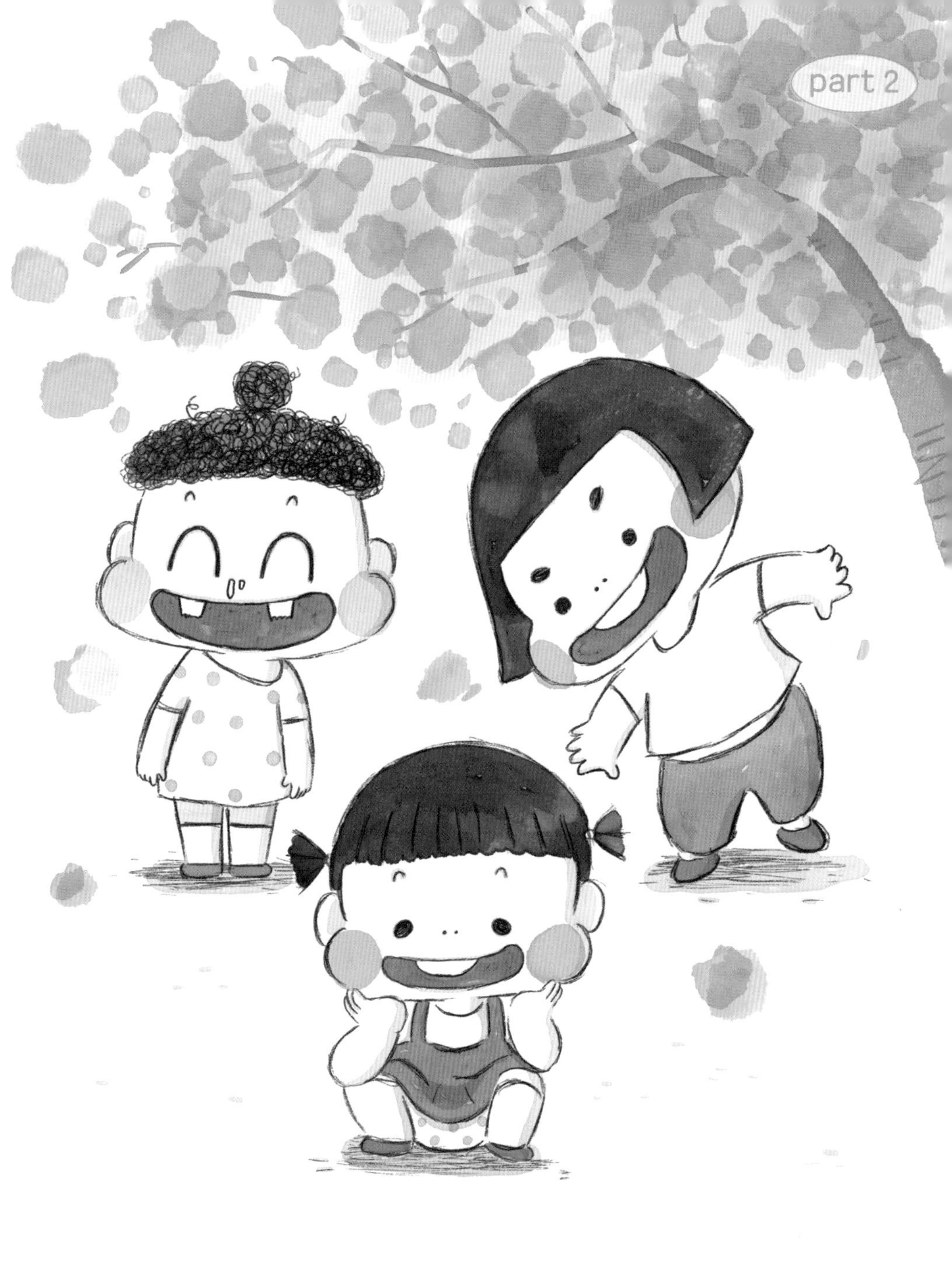
part 2

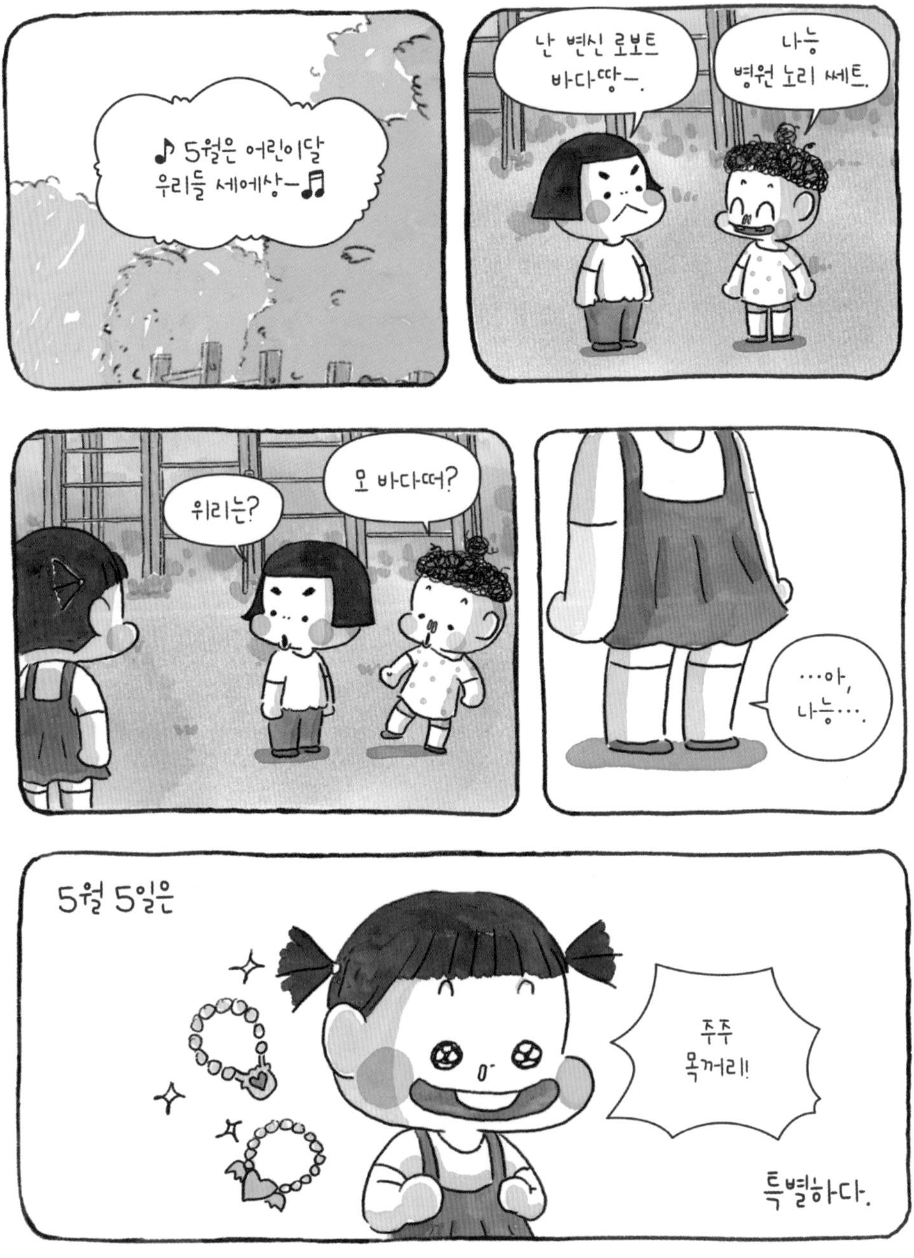

♪ 5월은 어린이달 우리들 세에상-♫
난 변신 로보트 바다땅-.
나능 병원 노리 쎄트.
모 바다떠?
위리는?
…아, 나능….
5월 5일은
주주 목꺼리!
특별하다.

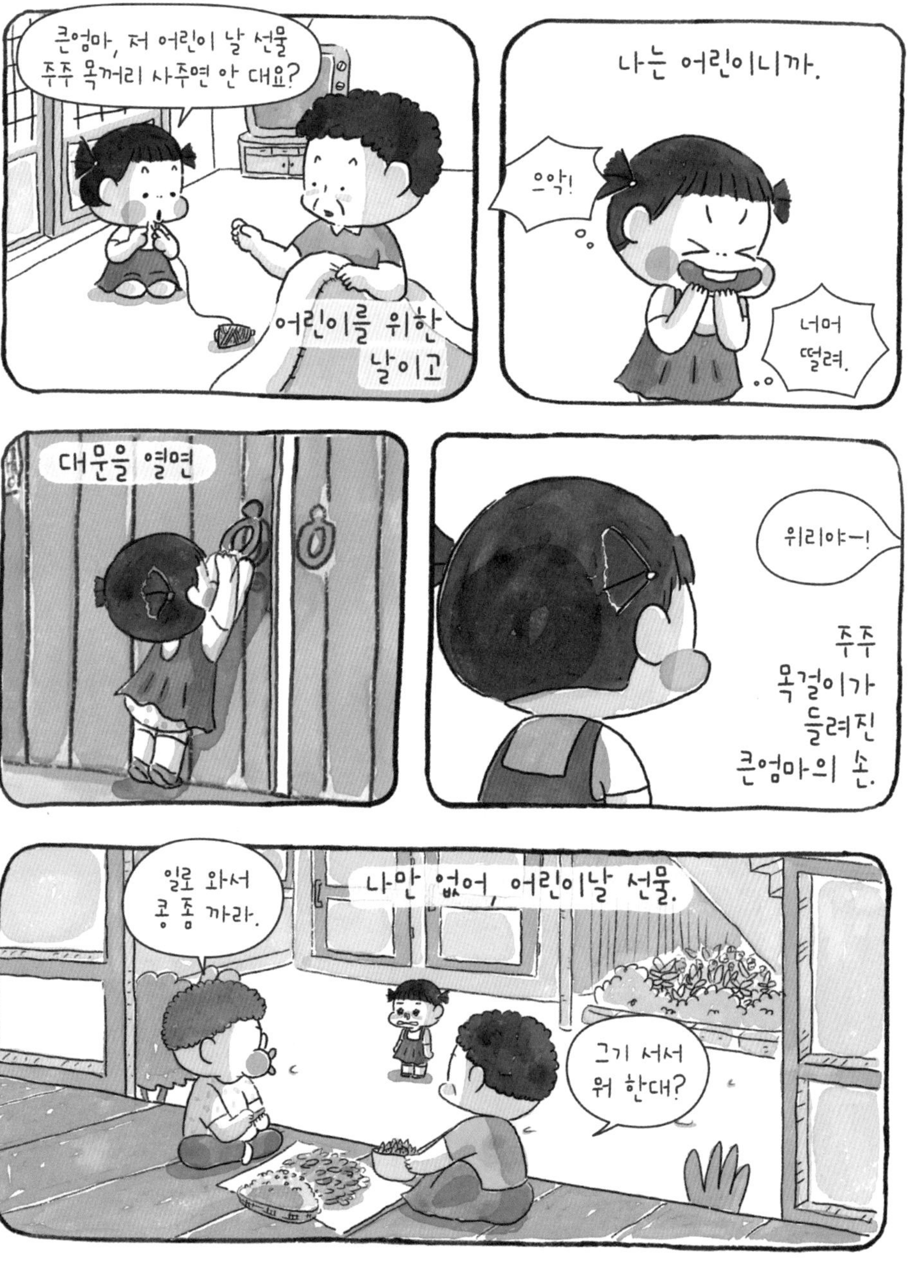

큰엄마, 저 어린이 날 선물 주주 목꺼리 사주면 안 대요?
어린이를 위한 날이고
나는 어린이니까.
으악!
너어 떨려.
대문을 열면
위리야ㅡ!
주주 목걸이가 들려진 큰엄마의 손.
일로 와서 콩 좀 까라.
나만 없어, 어린이날 선물.
그기 서서 뭐 한대?

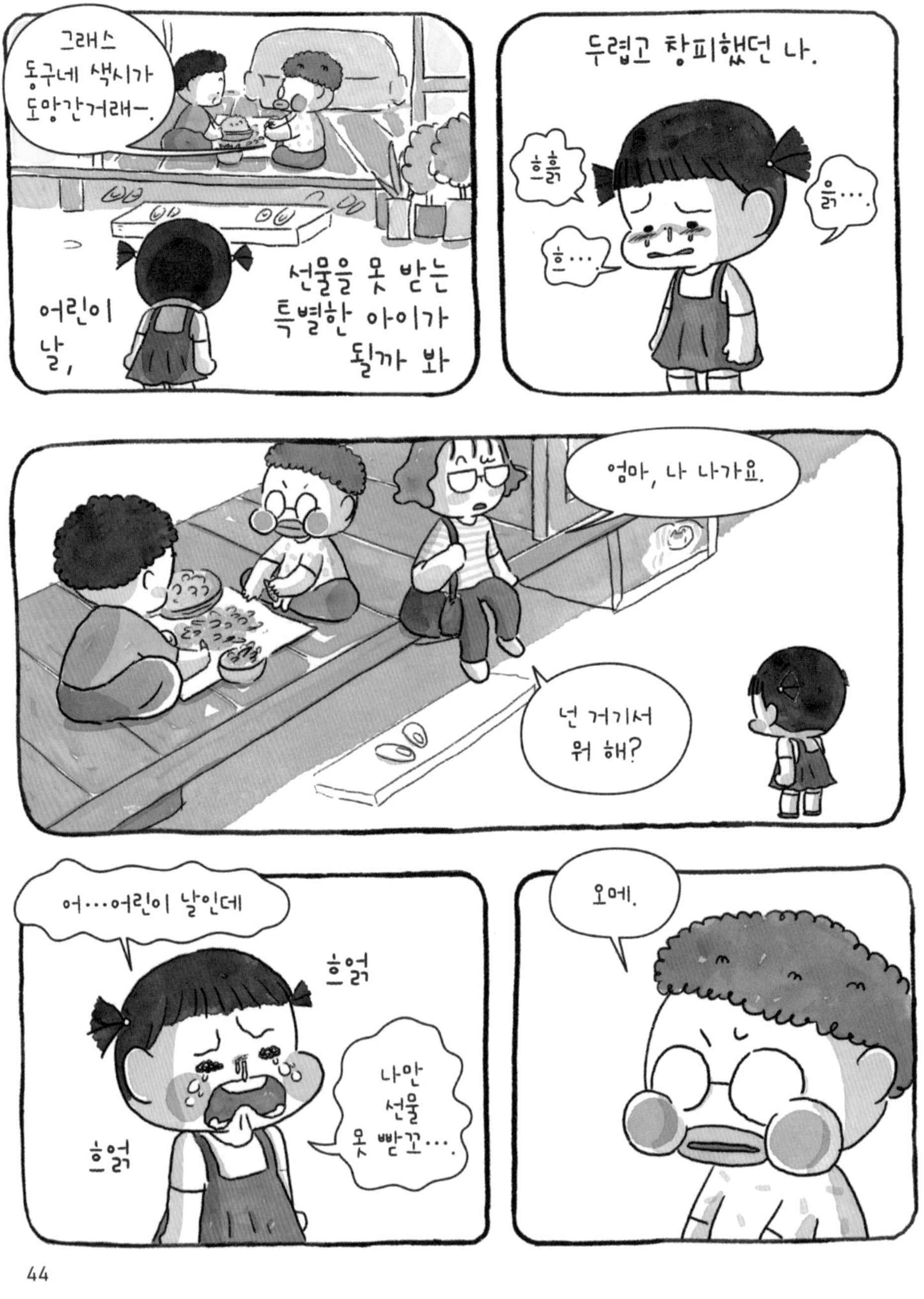
그래스
동구네 색시가
도망간거래ㅡ.
어린이
날,
선물을 못 받는
특별한 아이가
될까 봐
두렵고 창피했던 나.
흐흙
흐….
읅….
엄마, 나 나가요.
넌 거기서
뭐 해?
어…어린이 날인데
흐얽
나만
선물
못 빧꼬….
흐얽
오메.

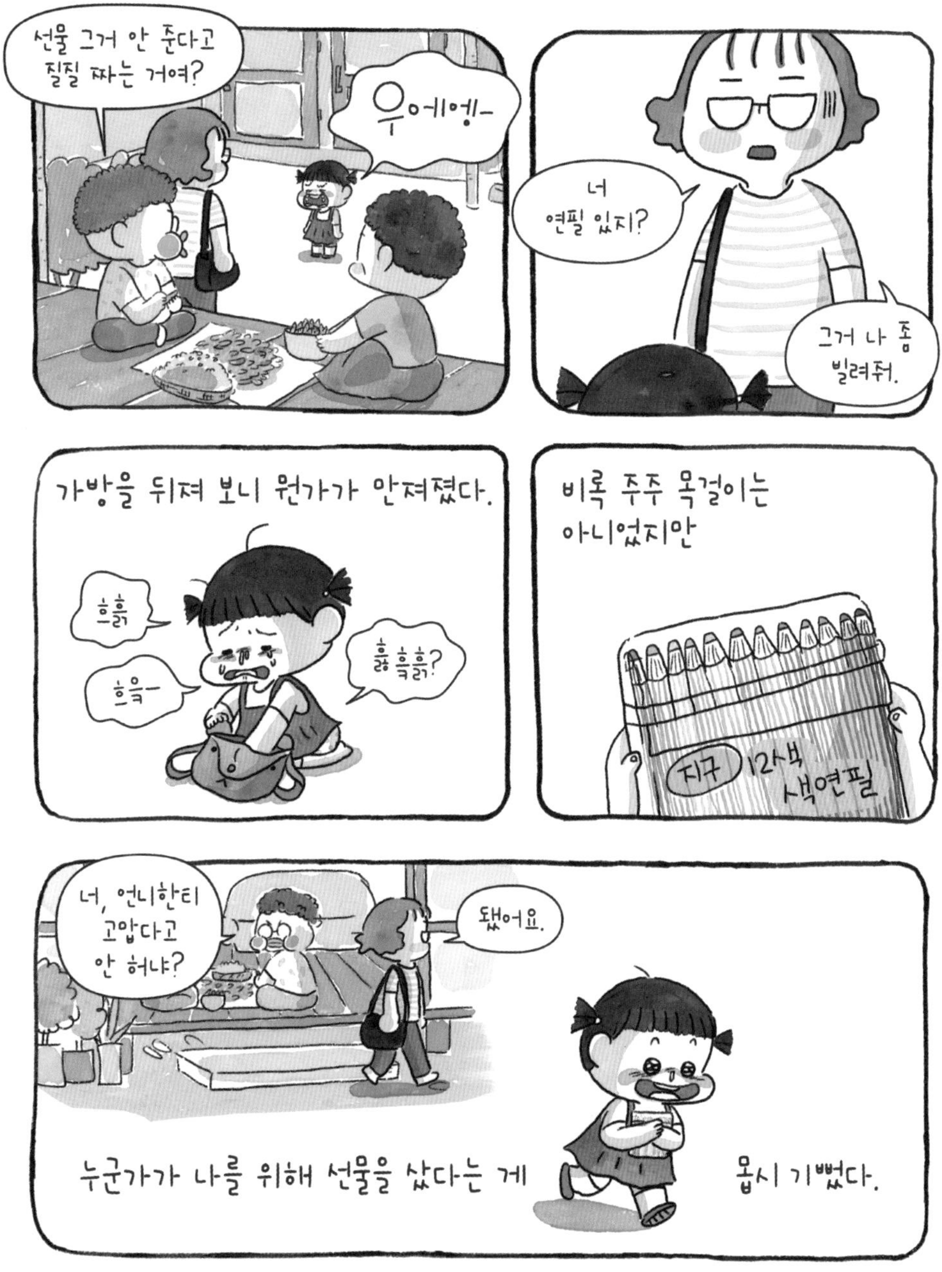
선물 그거 안 준다고 질질 짜는 거여?
우에엥-
너 연필 있지?
그거 나 좀 빌려줘.
가방을 뒤져 보니 뭔가가 만져졌다.
흐흙
흐윽-
흙 흑흙?
비록 주주 목걸이는 아니었지만
지구 12색 색연필
너, 언니한테 고맙다고 안 허냐?
됐어요.
누군가가 나를 위해 선물을 샀다는 게
몹시 기뻤다.

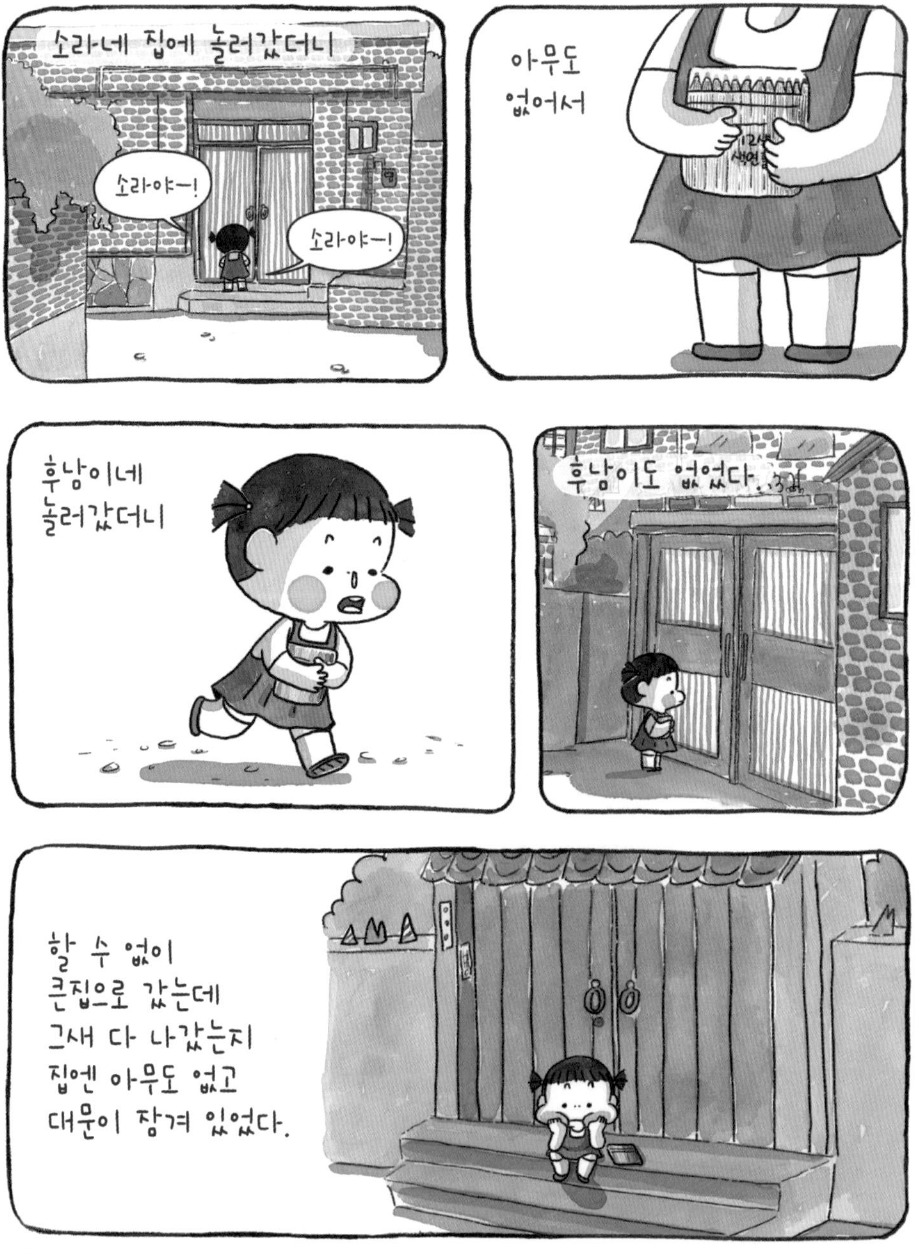
소라네 집에 놀러갔더니
소라야-!
소라야-!
아무도
없어서
후남이네
놀러갔더니
후남이도 없었다.
할 수 없이
큰집으로 갔는데
그새 다 나갔는지
집엔 아무도 없고
대문이 잠겨 있었다.

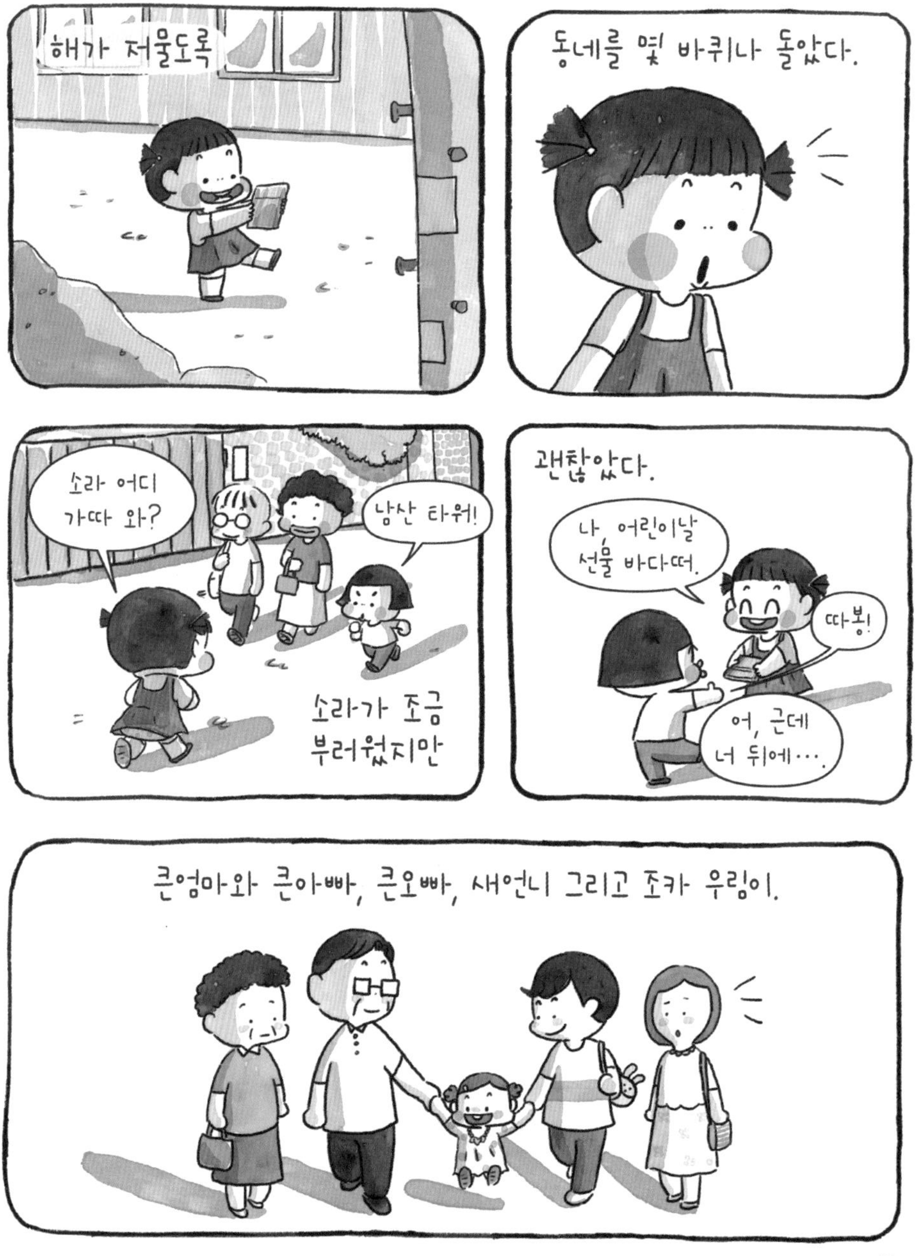

해가 저물도록
동네를 몇 바퀴나 돌았다.
소라 어디 가따 와?
남산 타워!
소라가 조금 부러웠지만
괜찮았다.
나, 어린이날 선물 바다떠.
따봉!
어, 근데 너 뒤에….
큰엄마와 큰아빠, 큰오빠, 새언니 그리고 조카 우림이.

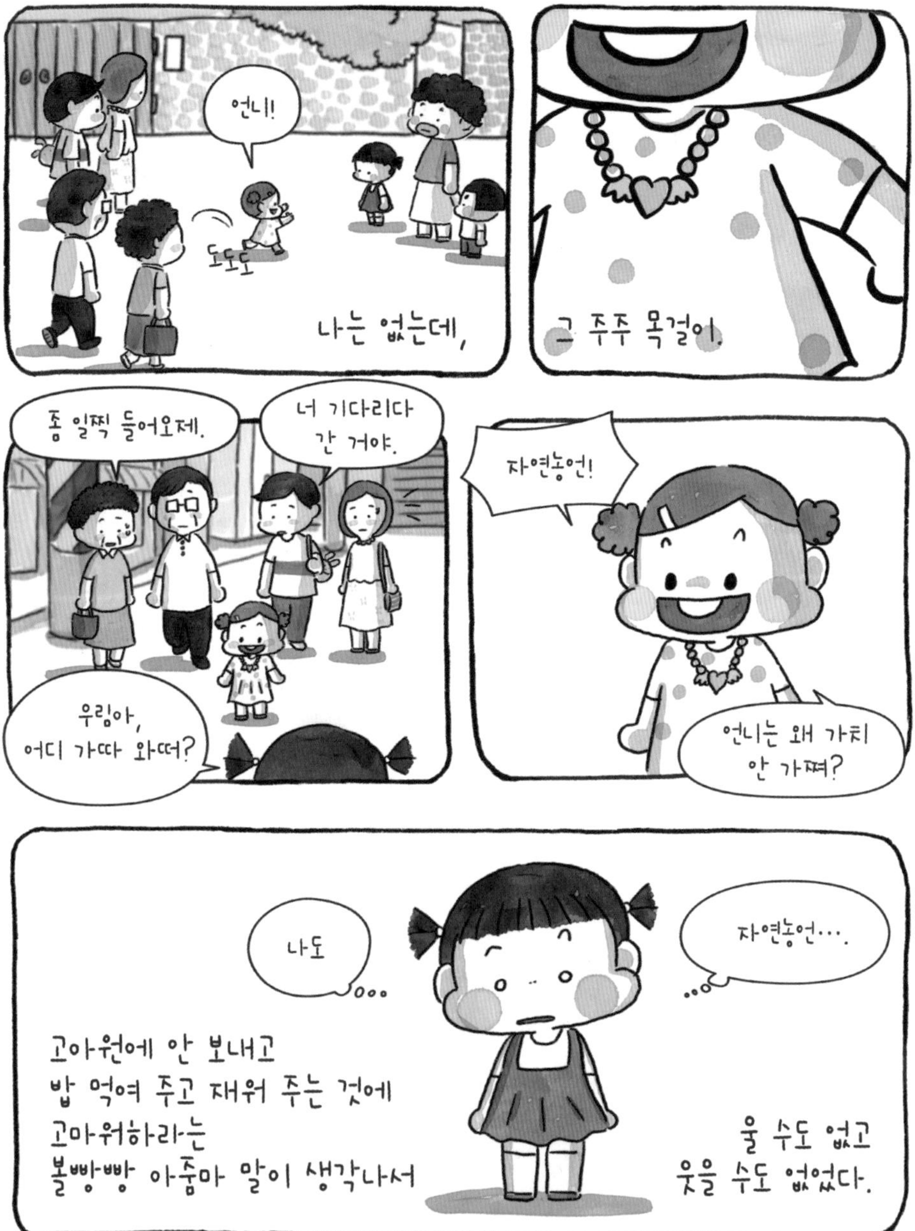

언니!
도도도
나는 없는데,
그 주주 목걸이.
좀 일찍 들어오제.
너 기다리다 간 거야.
자연농언!
우림아, 어디 가따 와떠?
언니는 왜 가치 안 가쪄?
나도
자연농언….
고아원에 안 보내고
밥 먹여 주고 재워 주는 것에
고마워하라는
볼빵빵 아줌마 말이 생각나서
울 수도 없고
웃을 수도 없었다.

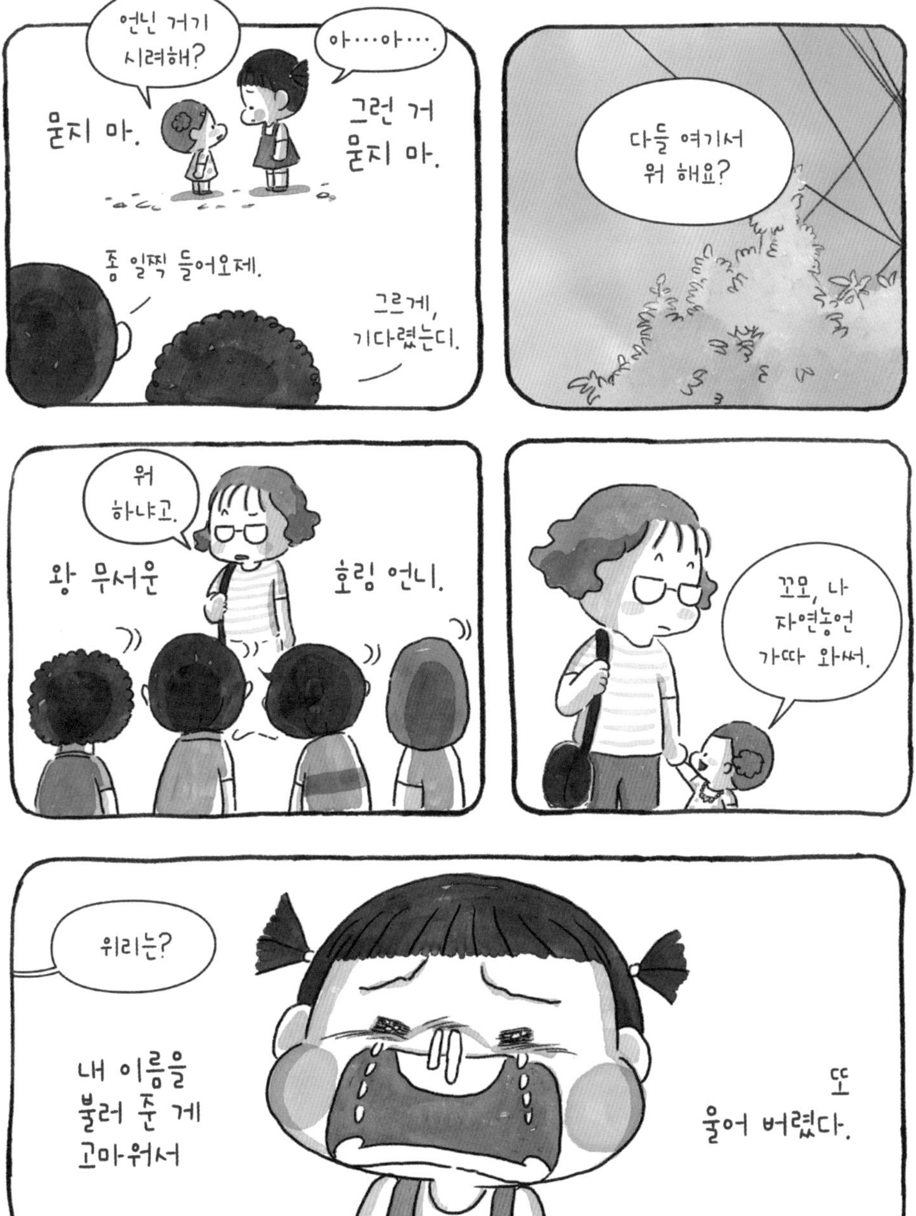
언닌 거기
시려해?
아…아….
묻지 마.
그런 거
묻지 마.
좀 일찍 들어오제.
그르게,
기다렸는디.
다들 여기서
뭐 해요?
뭐
하냐고.
왕 무서운
호림 언니.
꼬모, 나
자연농언
가따 와써.
위리는?
내 이름을
불러 준 게
고마워서
또
울어 버렸다.

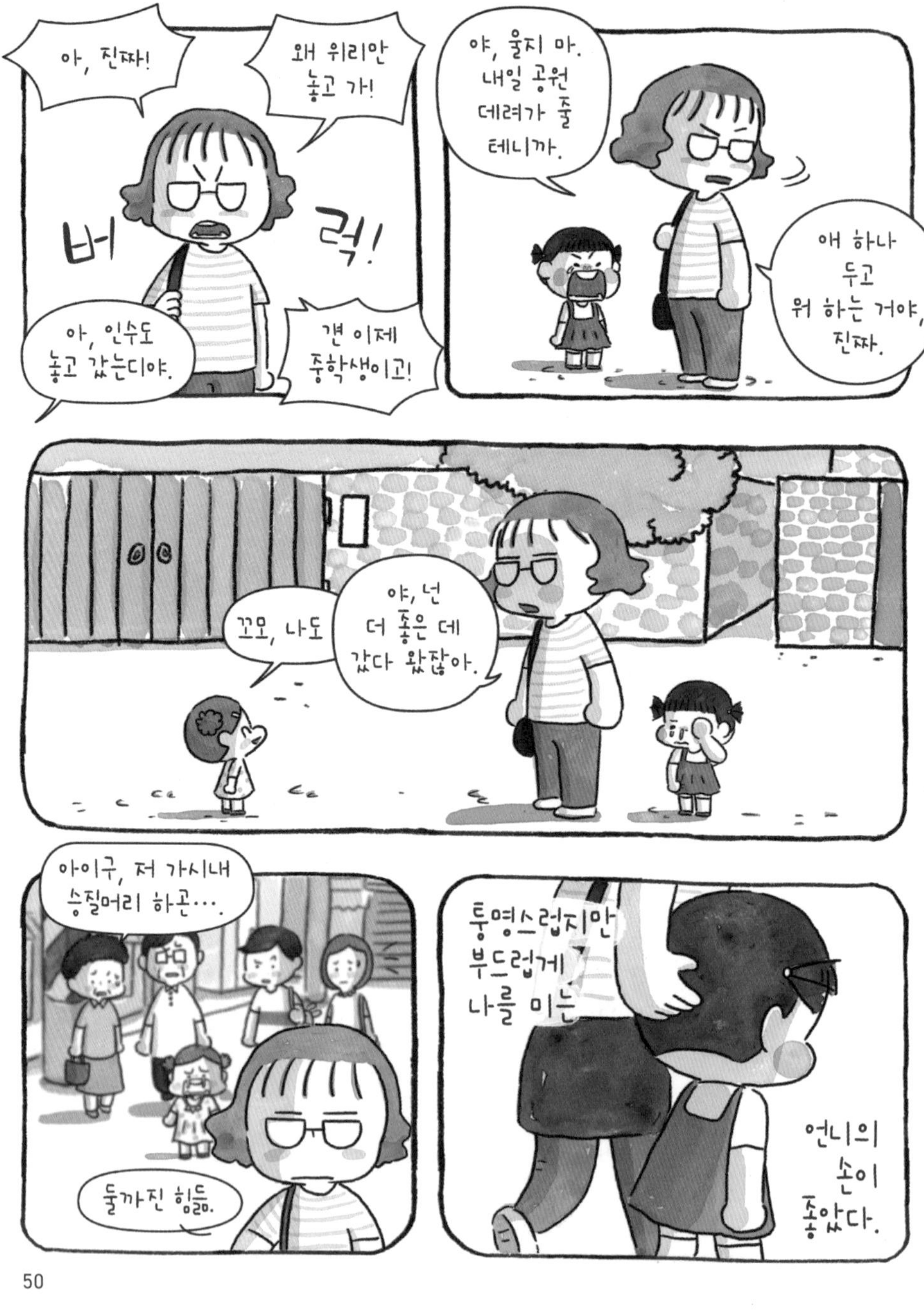
아, 진짜!
왜 우리만 놓고 가!
버럭!
아, 인수도 놓고 갔는디야.
걘 이제 중학생이고!
야, 울지 마. 내일 공원 데려가 줄 테니까.
애 하나 두고 뭐 하는 거야, 진짜.
꼬모, 나도
야, 넌 더 좋은 데 갔다 왔잖아.
아이구, 저 가시내 승질머리 하곤….
둘까진 힘듦.
퉁명스럽지만 부드럽게 나를 미는
언니의 손이 좋았다.

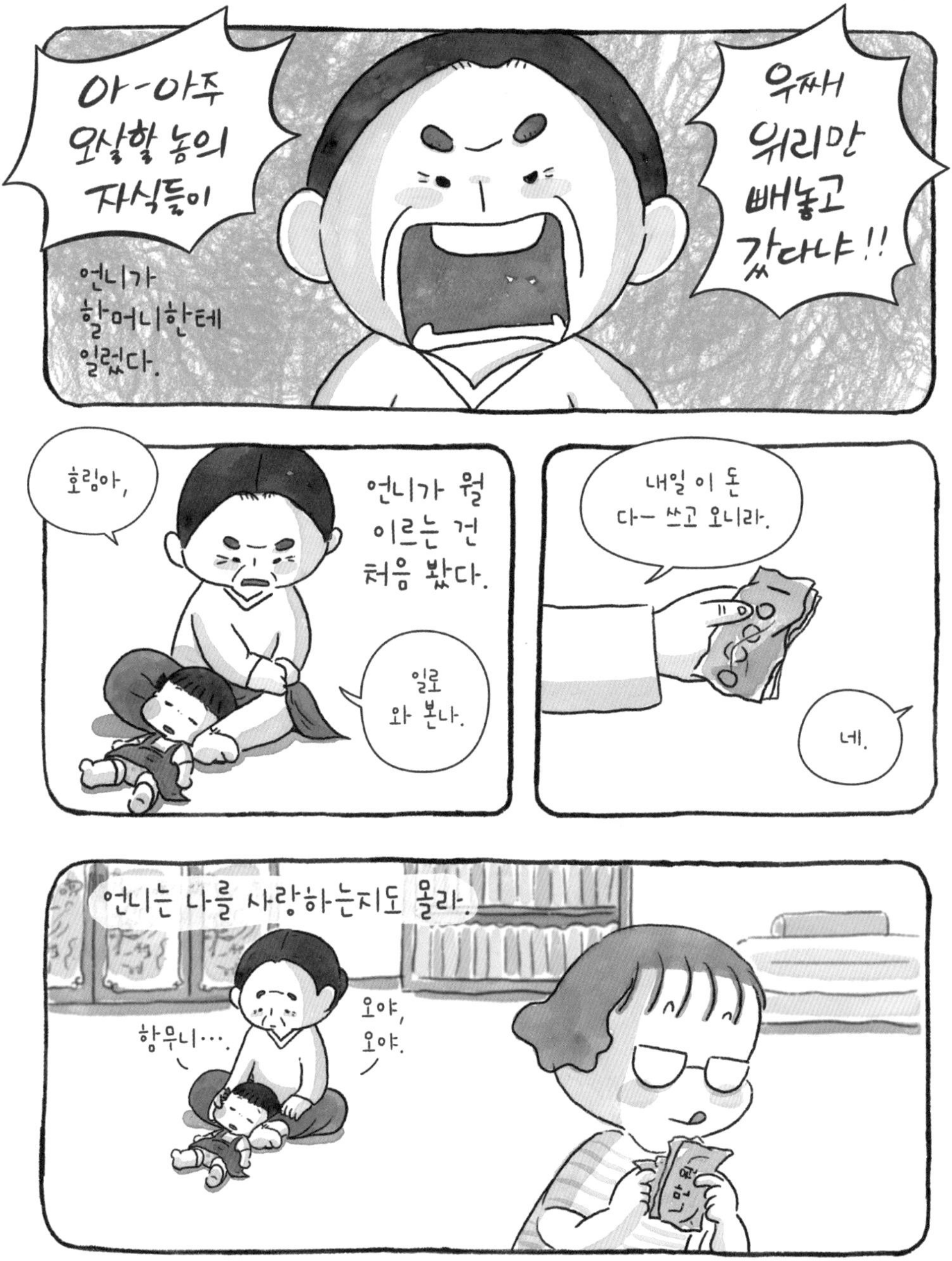

아-아주 오살할 놈의 자식들이
우째 워리만 빼놓고 갔다냐!!
언니가 할머니한테 일렀다.
호림아,
언니가 뭘 이르는 건 처음 봤다.
일로 와 본나.
내일 이 돈 다- 쓰고 오니라.
네.
언니는 나를 사랑하는지도 몰라.
함무니…
오야, 오야.

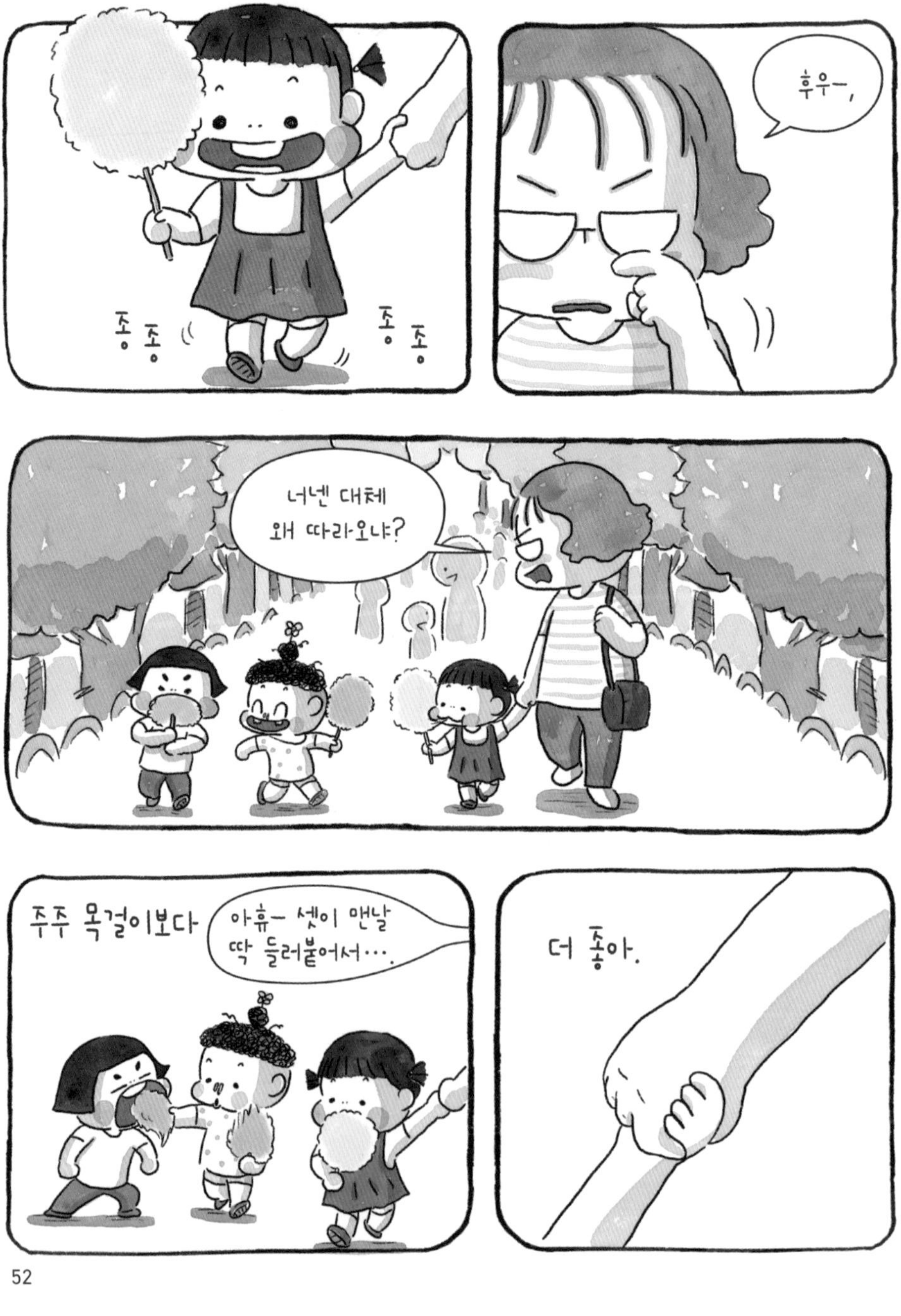

종종
종종
후우-,
너넨 대체
왜 따라오냐?
주주 목걸이보다
아휴- 셋이 맨날
딱 들러붙어서….
더 좋아.

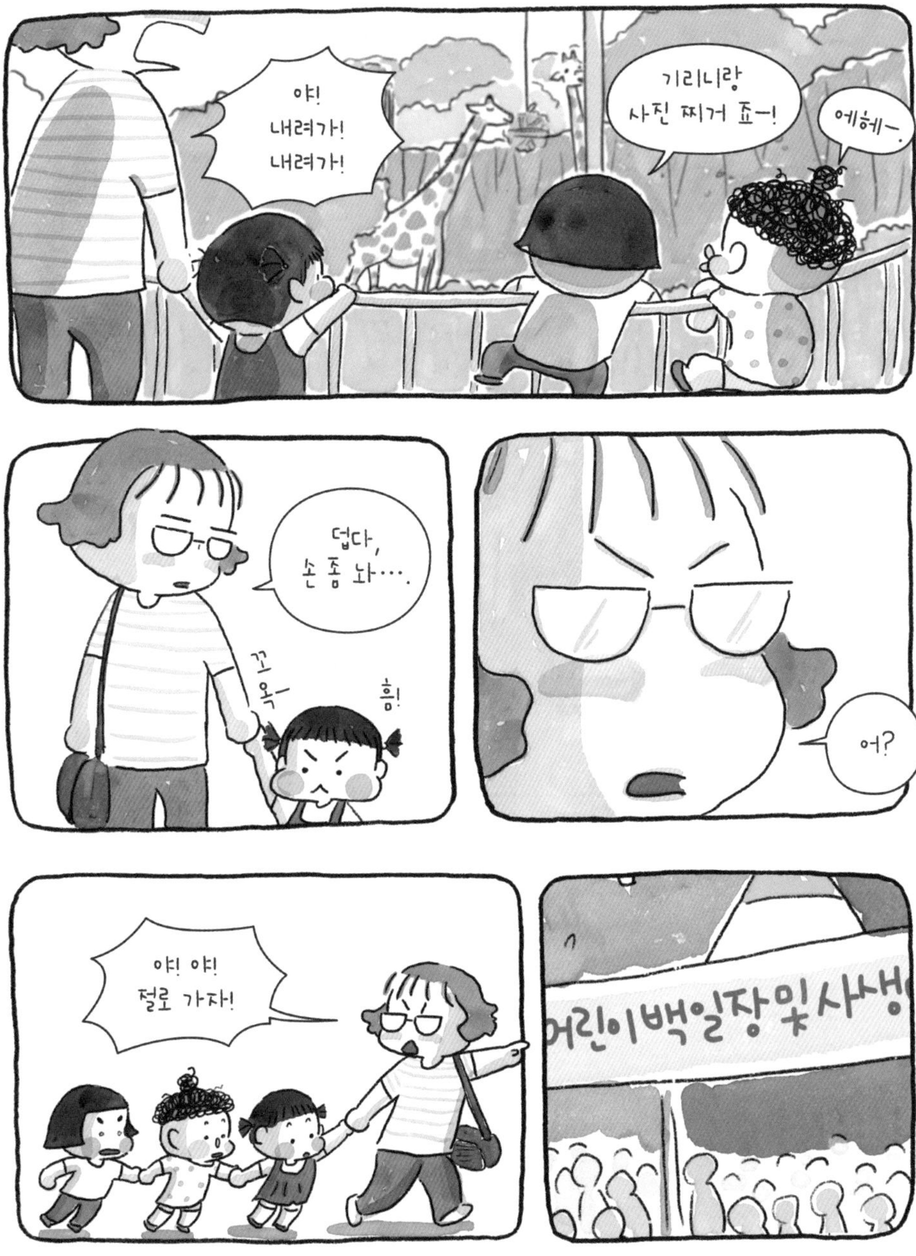
야! 내려가! 내려가!
기리니랑 사진 찌거 죠ㅡ!
에헤ㅡ.
덥다, 손 좀 놔….
꼬옥ㅡ
흥!
어?
야! 야! 절로 가자!
어린이백일장및사생

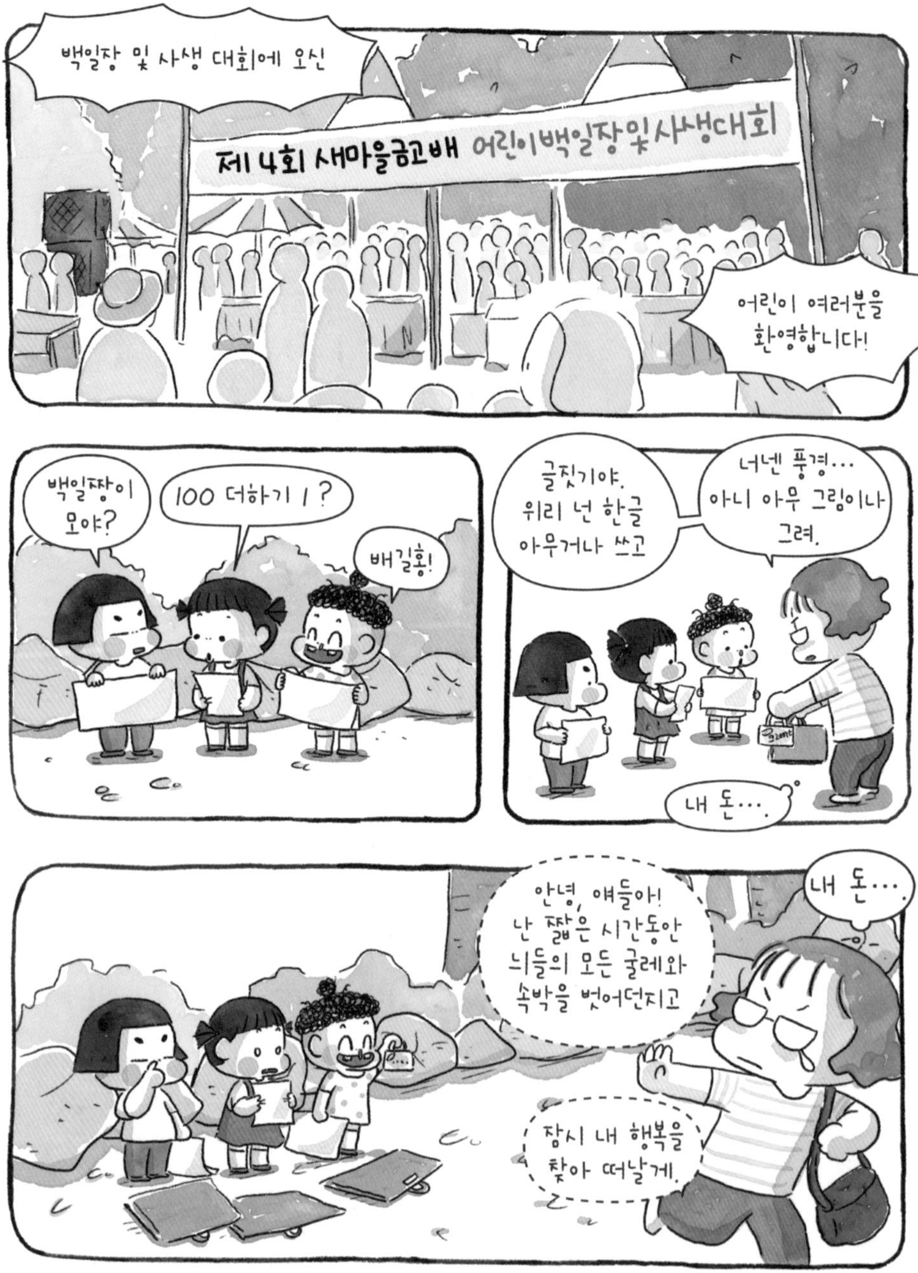
백일장 및 사생 대회에 오신
제 4회 새마을금고배 어린이백일장및사생대회
어린이 여러분을 환영합니다!
백일짱이 모야?
100 더하기 1?
배길홍!
글짓기야. 위리 넌 한글 아무거나 쓰고
너넨 풍경… 아니 아무 그림이나 그려.
내 돈….
내 돈….
안녕, 얘들아! 난 짧은 시간동안 늬들의 모든 굴레와 속박을 벗어던지고
잠시 내 행복을 찾아 떠날게.

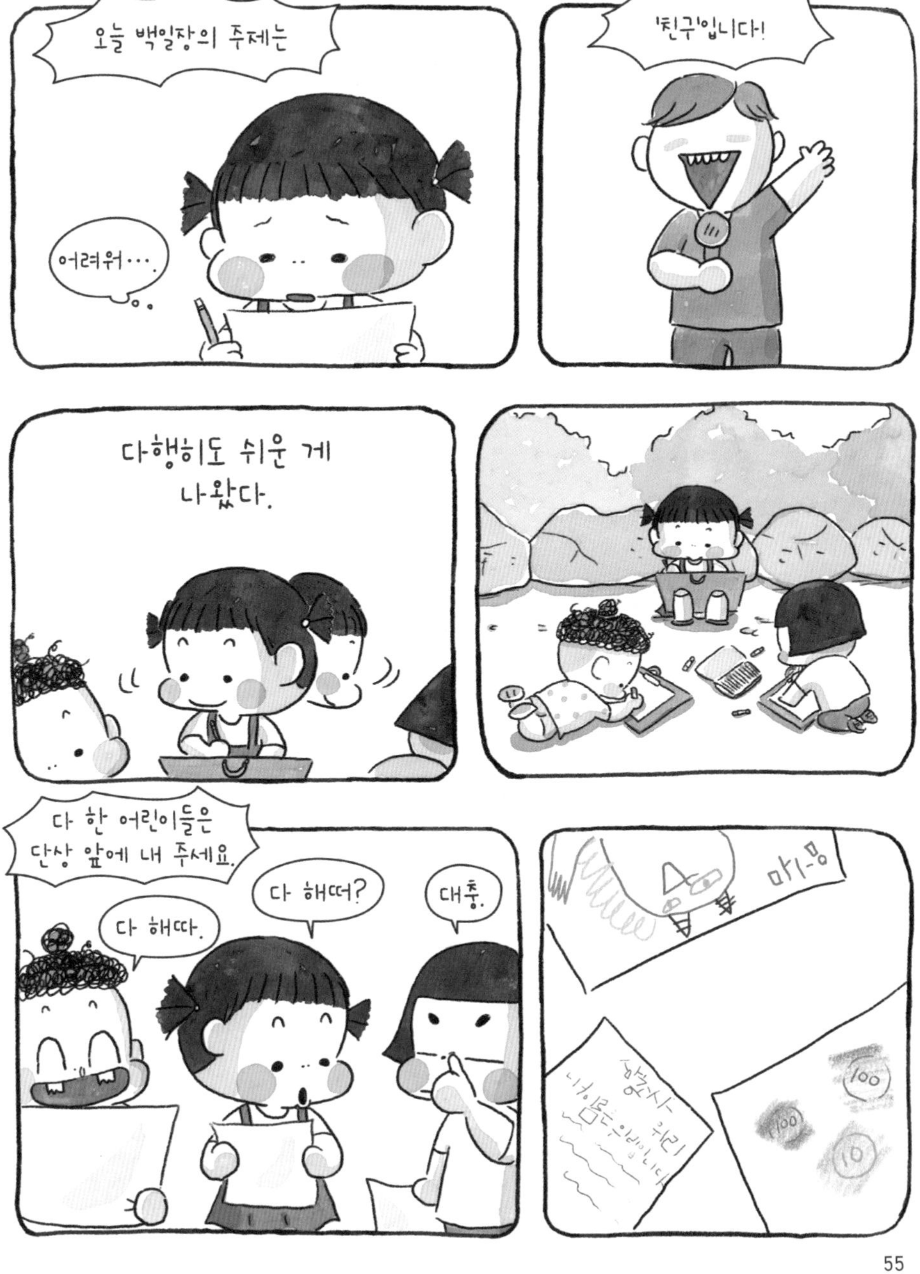

오늘 백일장의 주제는
어려워….
'친구'입니다!
다행히도 쉬운 게 나왔다.
다 한 어린이들은 단상 앞에 내 주세요.
다 해떠?
다 해따.
대충.

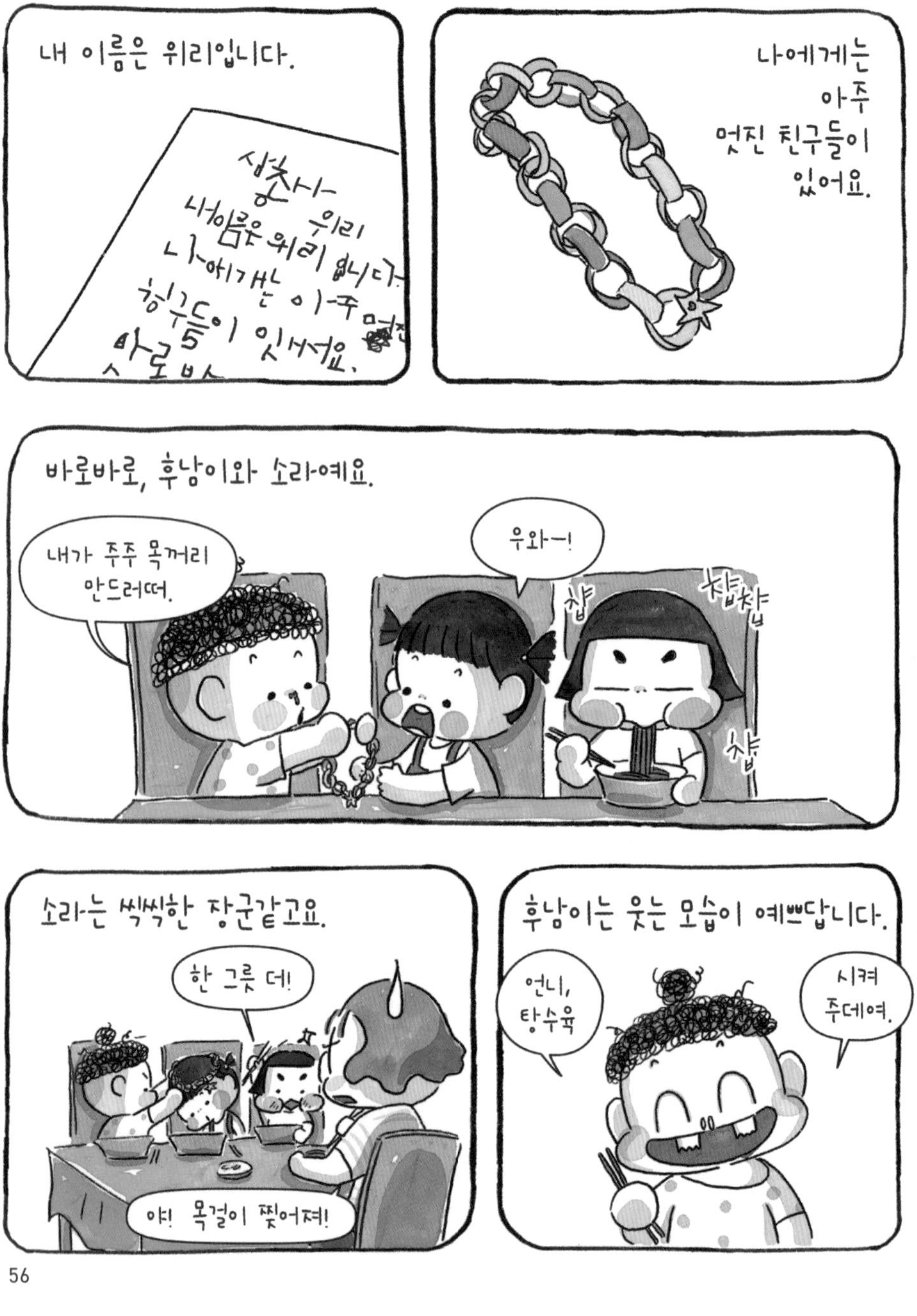

내 이름은 위리입니다.
나에게는 아주 멋진 친구들이 있어요.
바로바로, 후남이와 소리예요.
내가 주주 목꺼리 만드러떠.
우와-!
챱
챱챱
챱
소라는 씩씩한 장군같고요.
한 그릇 더!
야! 목걸이 찢어져!
후남이는 웃는 모습이 예쁘답니다.
언니, 탕수육
시켜 주데여.

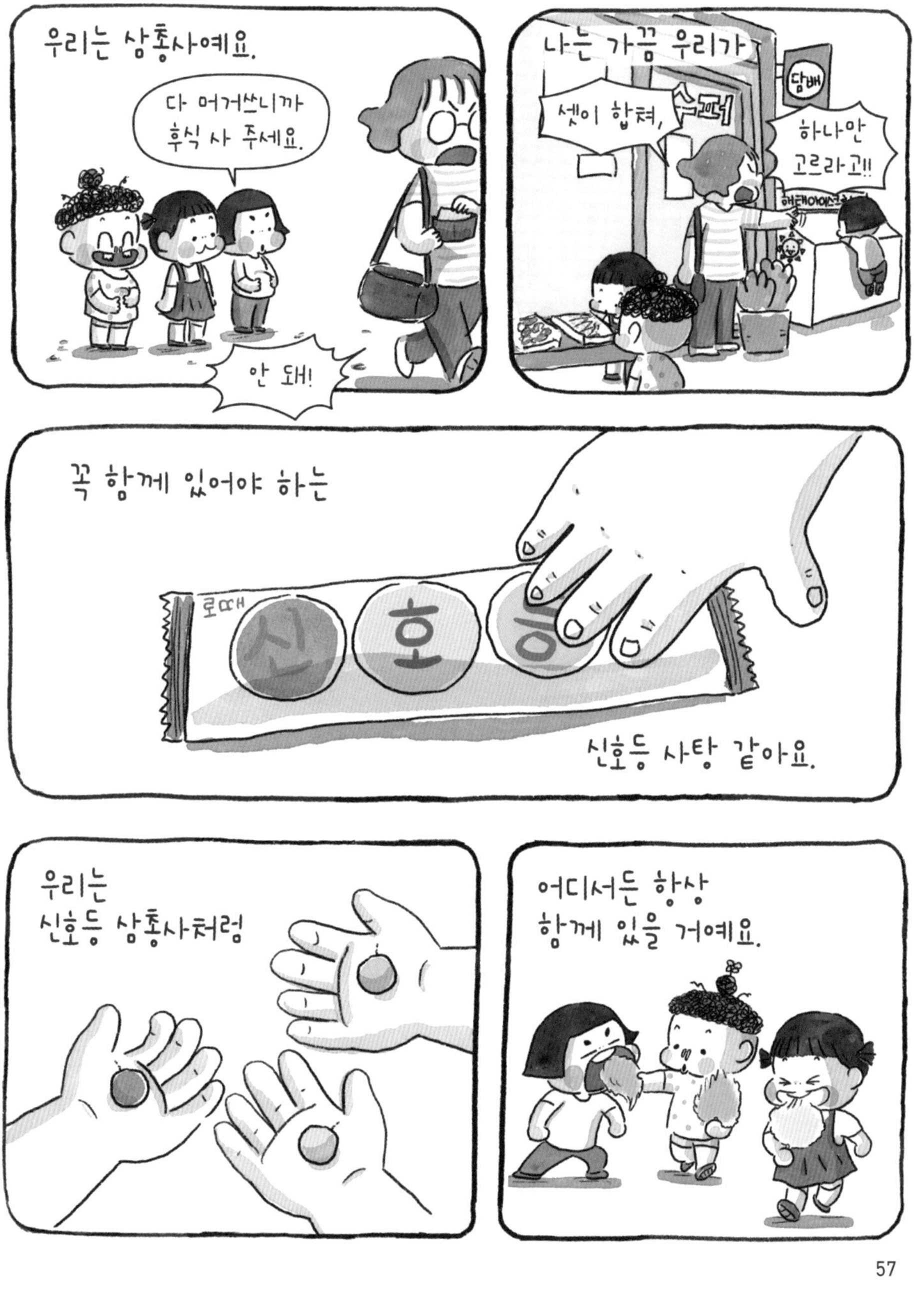
우리는 삼총사예요.
다 머거쓰니까 후식 사 주세요.
안 돼!
나는 가끔 우리가
담배
셋이 합쳐,
하나만 고르라고!!
꼭 함께 있어야 하는
로떼
신호등
신호등 사탕 같아요.
우리는 신호등 삼총사처럼
어디서든 항상 함께 있을 거예요.

그때 우린

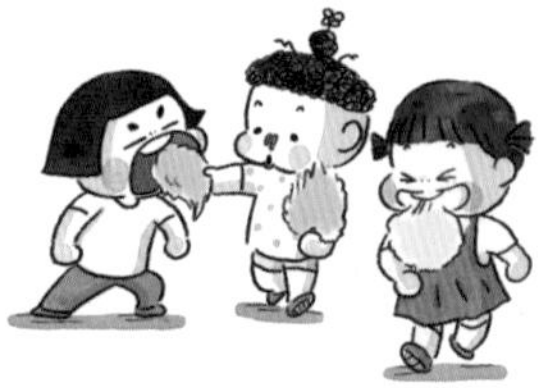

롤러스케이트가 유행이던 때가 있었다.
골목길을 내달리는 아이들을 애써 안 부러운 것처럼 쳐다보고만
있는데, 세발자전거를 탄 친구가 내 앞에 서더니 한마디 했다.
'타.'
나를 태운 자전거는 전속력으로 달렸다.
마치 롤러 타는 아이들을 이겨 보겠다는 듯 쉴 새 없이 페달이 돌아갔다.
내 마음을 안다는 듯 친구의 등은 쉴 새 없이 양옆으로 흔들렸고
마침내 롤러 타는 아이들을 모두 제쳤을 때 친구가 물었다.
"재밌지, 우리 바꿔 탈래?"
"응."
친구를 태우고 자전거 페달을 밟고 있는데, 롤러 신은 친구 하나가 보조 의자를
잡고 매달려 오더라. 그 친구 허리를 잡고 누군가 매달려 오고 그 뒤로 또
누군가 매달려 오면서 예상치도 못하게 자전거-롤러 기차가 되었다.
우리는 해 질 녘까지 깔깔대며, 서로 바꿔 가며 자전거와 롤러를 탔다.

친구의 '타.' 한마디가 '우리'를 만들고
'우리'가 함께 보낸 시간은 결국 아름다운 기억 한 다발이 되었다.

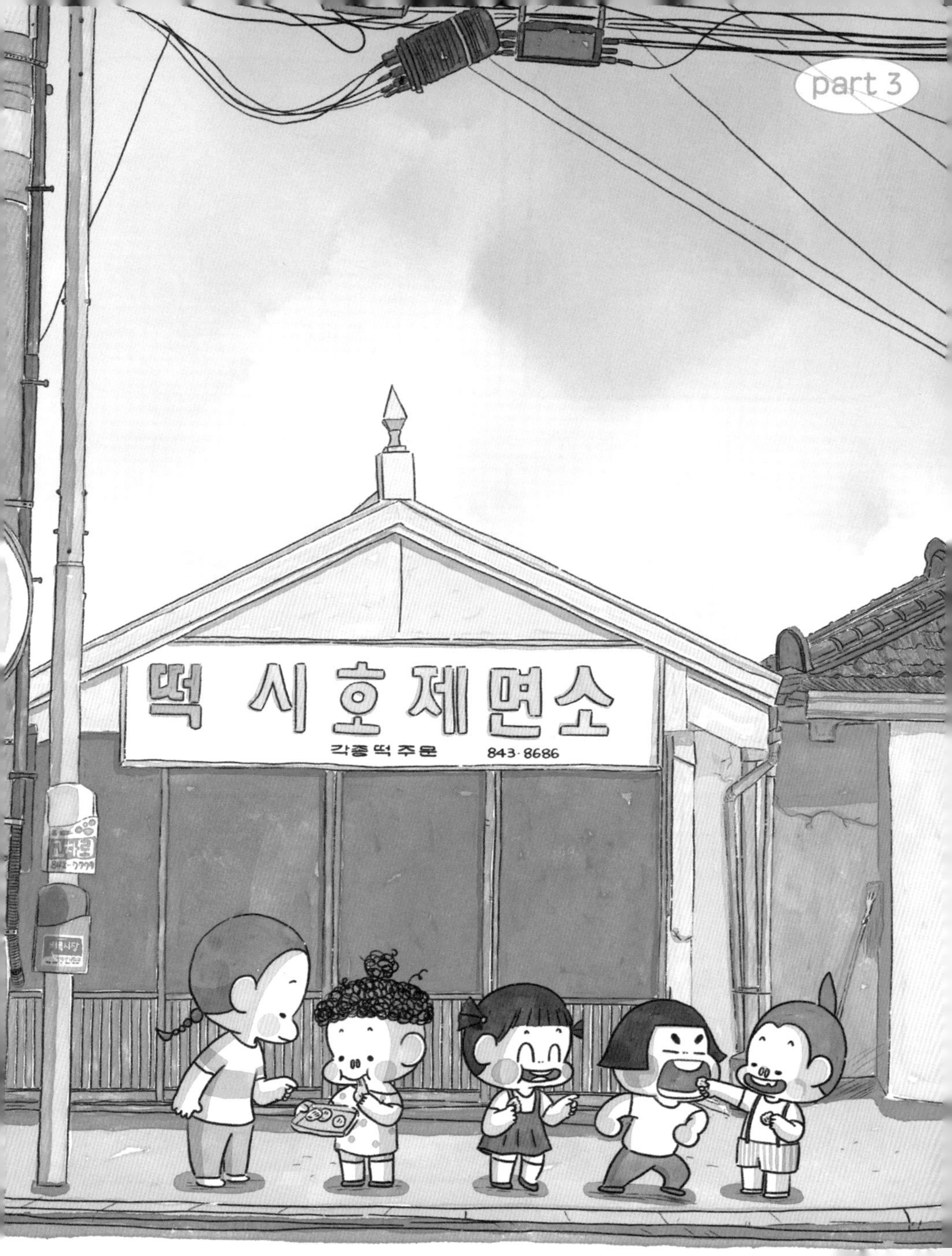
part 3
떡 시호제면소
각종떡주문
843-8686

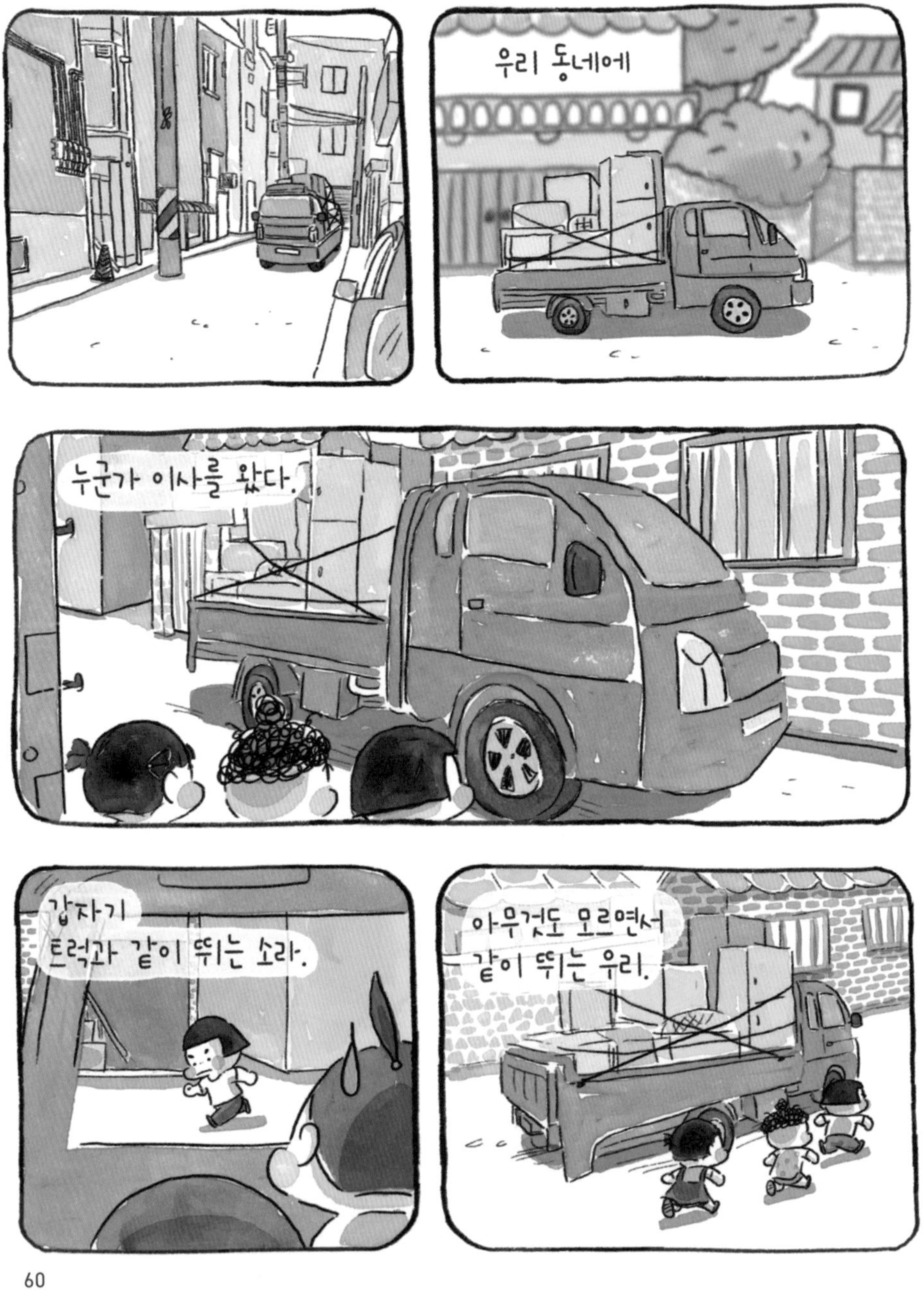
우리 동네에
누군가 이사를 왔다.
갑자기
트럭과 같이 뛰는 소리.
아무것도 모르면서
같이 뛰는 우리.

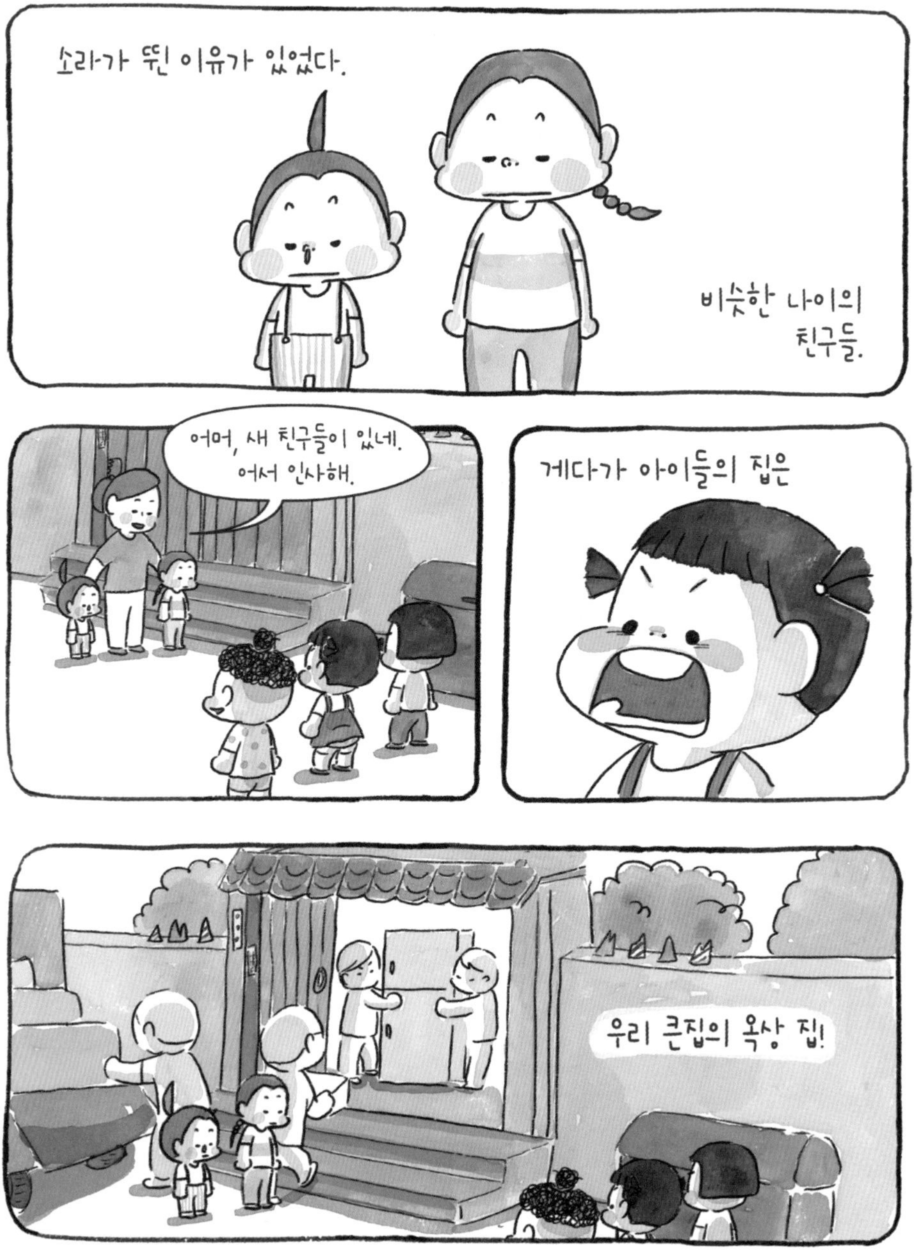
소리가 뛴 이유가 있었다.
비슷한 나이의
친구들.
어머, 새 친구들이 있네.
어서 인사해.
게다가 아이들의 집은
우리 큰집의 옥상 집!

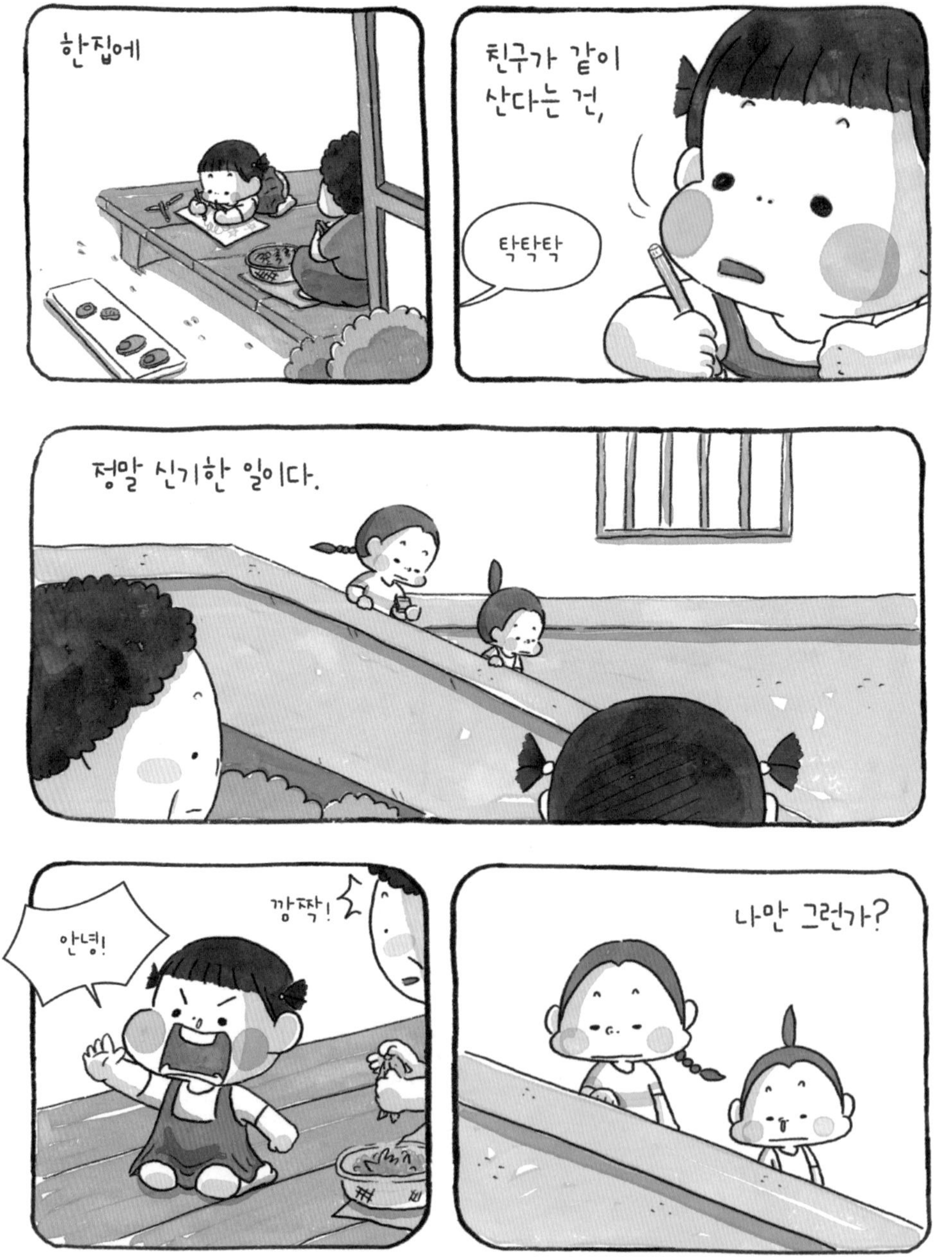
한집에
친구가 같이 산다는 건,
탁탁탁
정말 신기한 일이다.
안녕!
깜짝!
나만 그런가?

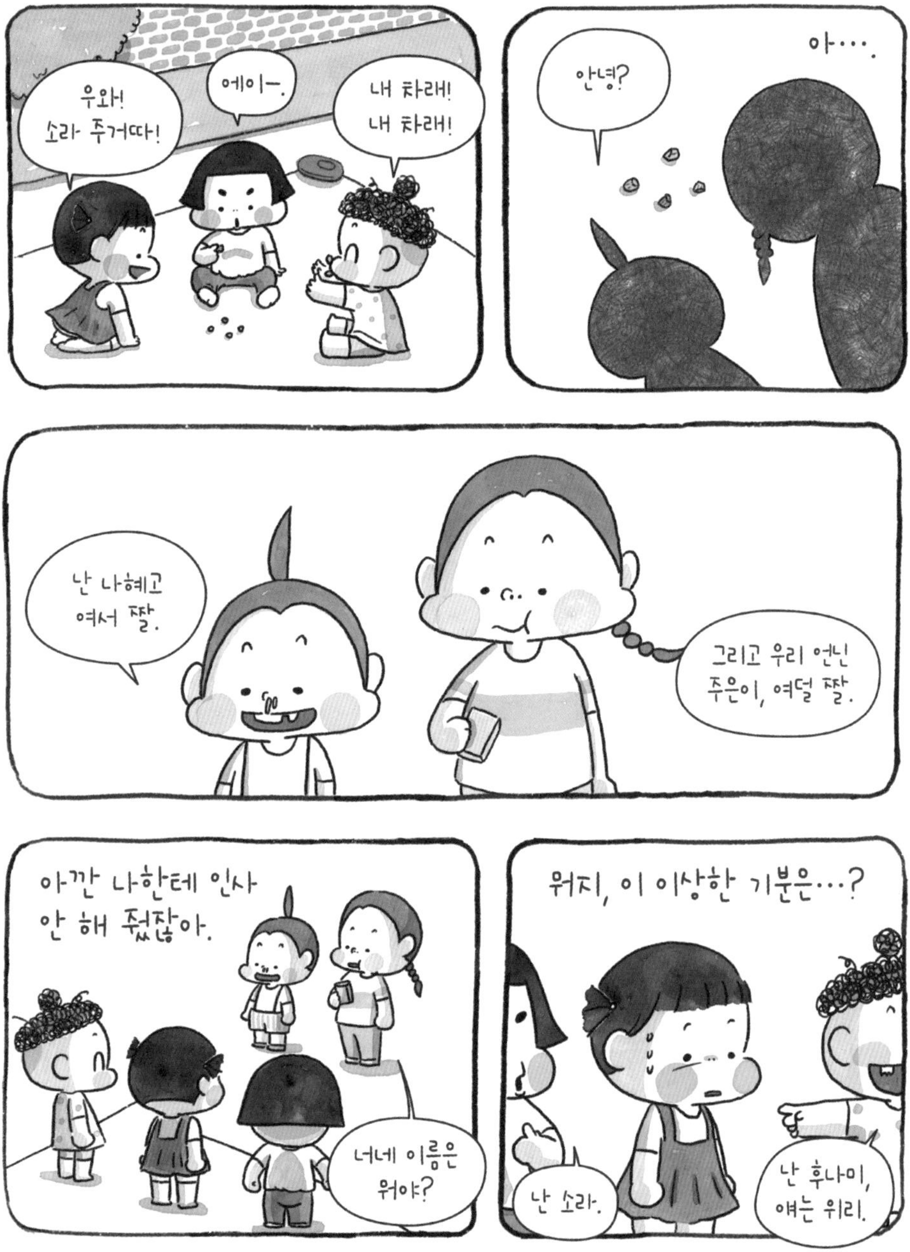
우와! 소라 주거따!
에이ー.
내 차래! 내 차래!
아….
안녕?
난 나혜고 여서 짤.
그리고 우리 언닌 주은이, 여덜 짤.
아깐 나한테 인사 안 해 줬잖아.
너네 이름은 뭐야?
뭐지, 이 이상한 기분은…?
난 소라.
난 후나미, 얘는 위리.

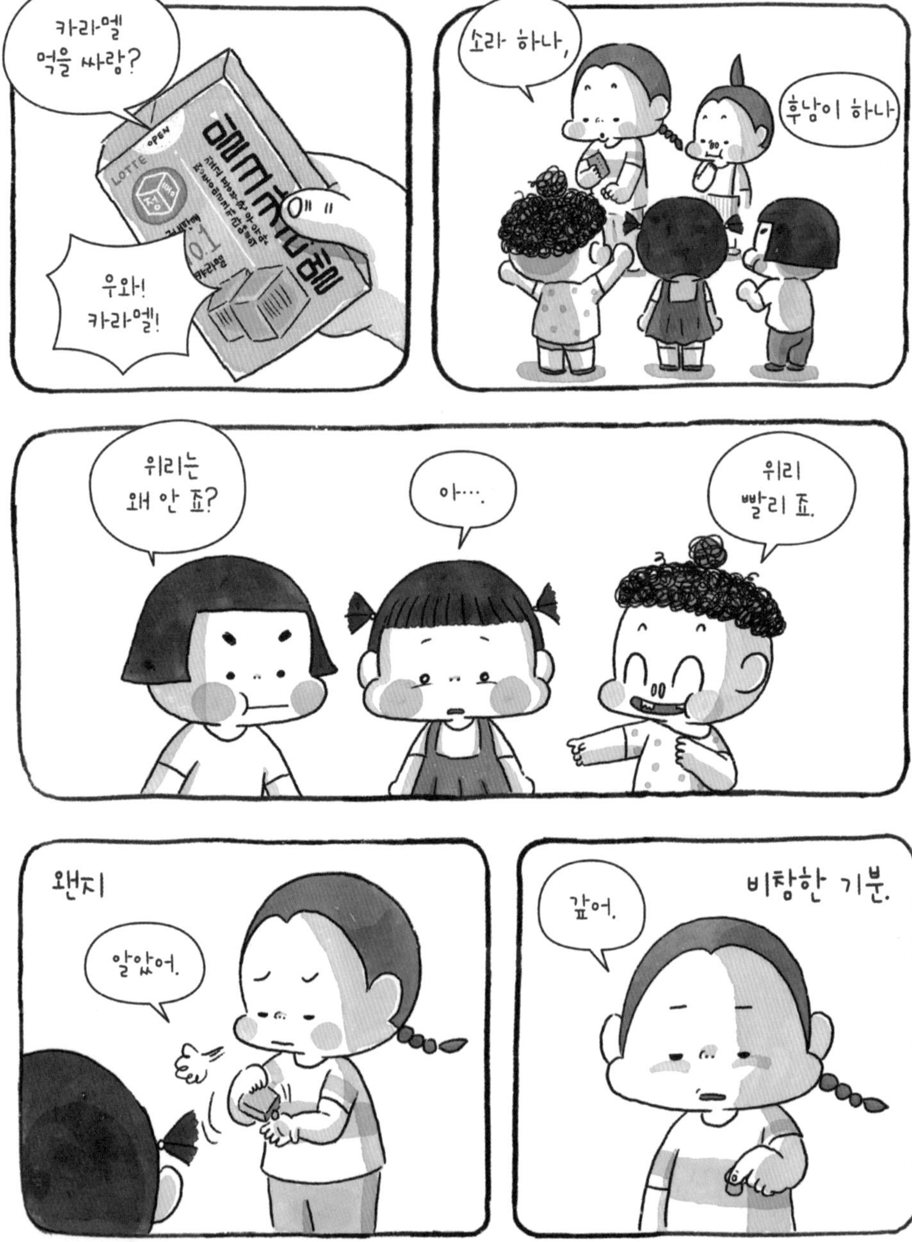
카라멜
먹을 싸람?
우와!
카라멜!
소라 하나,
후남이 하나.
위리는
왜 안 죠?
아….
위리
빨리 죠.
왠지
알았어.
갚어.
비참한 기분.

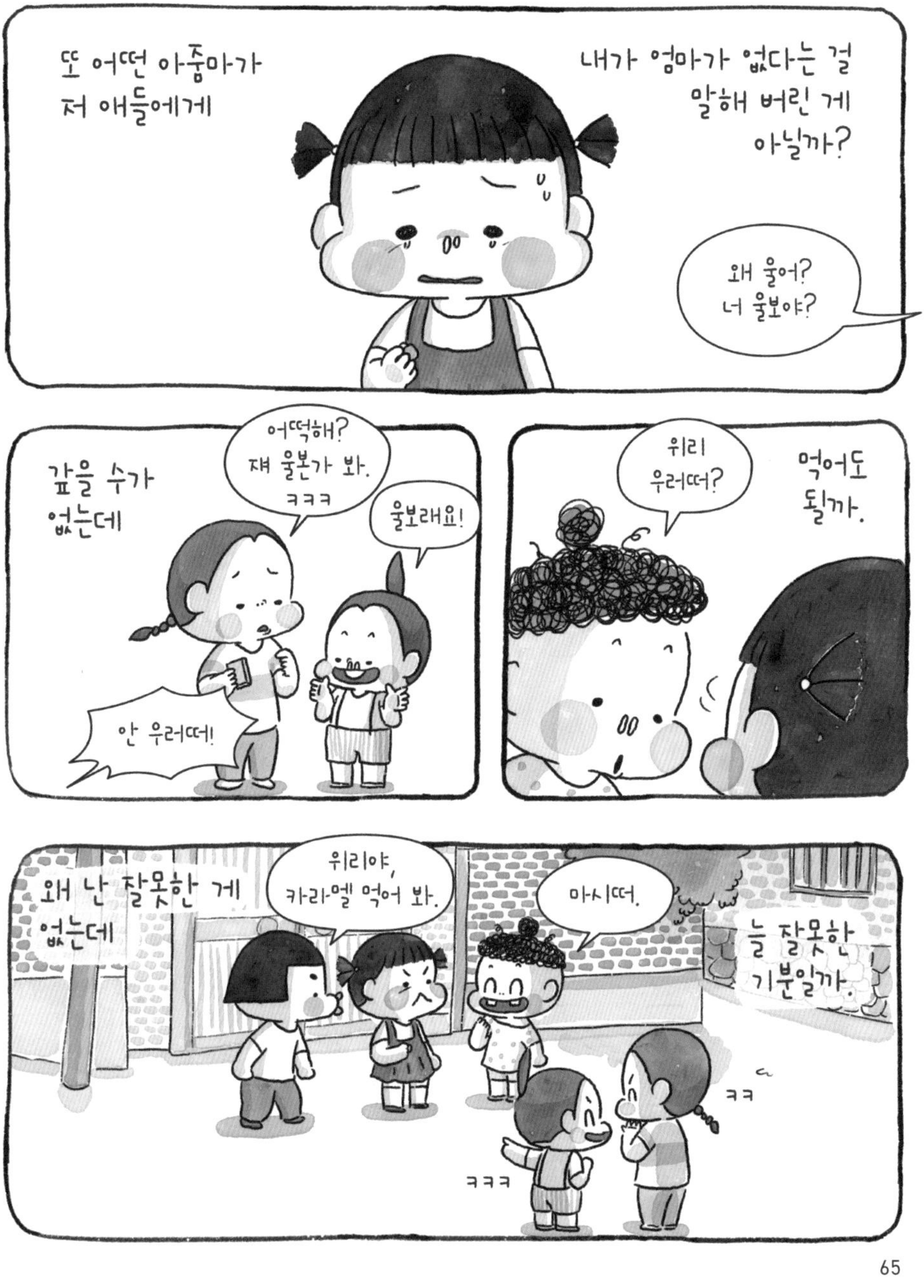

또 어떤 아줌마가
저 애들에게
내가 엄마가 없다는 걸
말해 버린 게
아닐까?
왜 울어?
너 울보야?
갚을 수가
없는데
어떡해?
재 울본가 봐.
ㅋㅋㅋ
울보래요!
안 우러떠!
위리
우러떠?
먹어도
될까.
왜 난 잘못한 게
없는데
위리야,
카라멜 먹어 봐.
마시떠.
늘 잘못한
기분일까.
ㅋㅋ
ㅋㅋㅋ

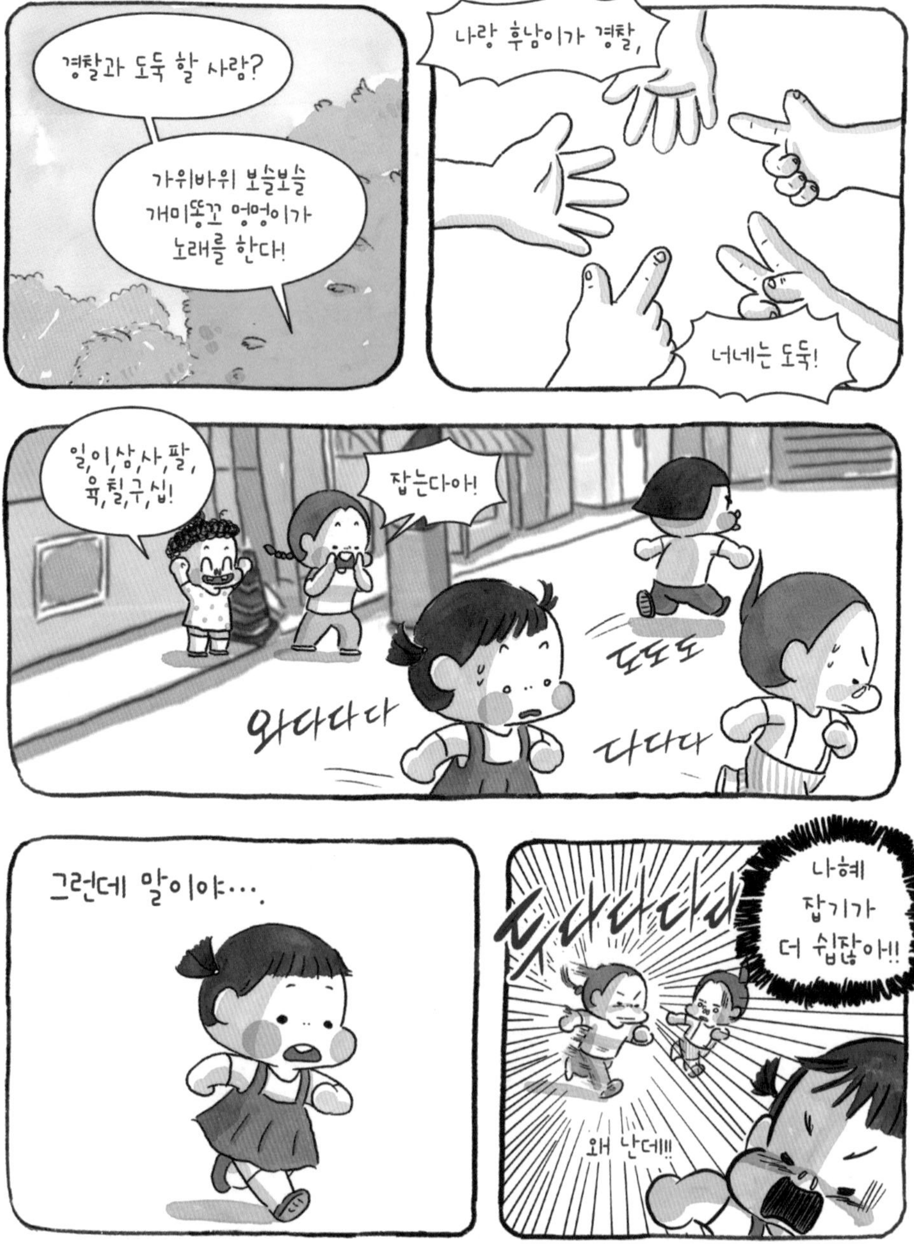
경찰과 도둑 할 사람?
가위바위 보슬보슬
개미똥꼬 멍멍이가
노래를 한다!
나랑 후남이가 경찰,
너네는 도둑!
일,이,삼,사,팔,
육,칠,구,십!
잡는다아!
도도도
와다다다
다다다
그런데 말이야….
두다다다다
나혜
잡기가
더 쉽잖아!!
왜 난데!!

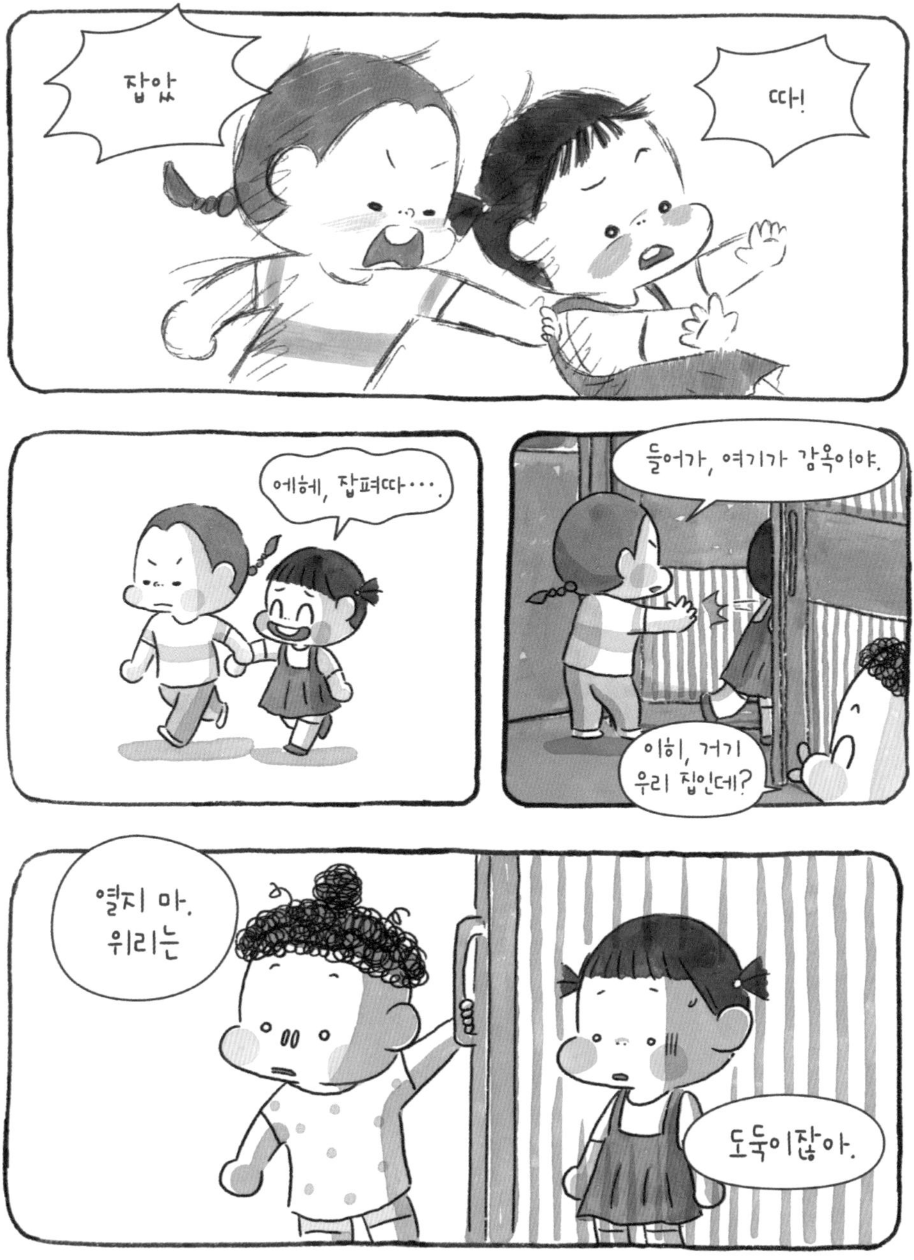
잡았
따!
에헤, 잡혀따···.
들어가, 여기가 감옥이야.
이히, 거기 우리 집인데?
열지 마. 위리는
도둑이잖아.

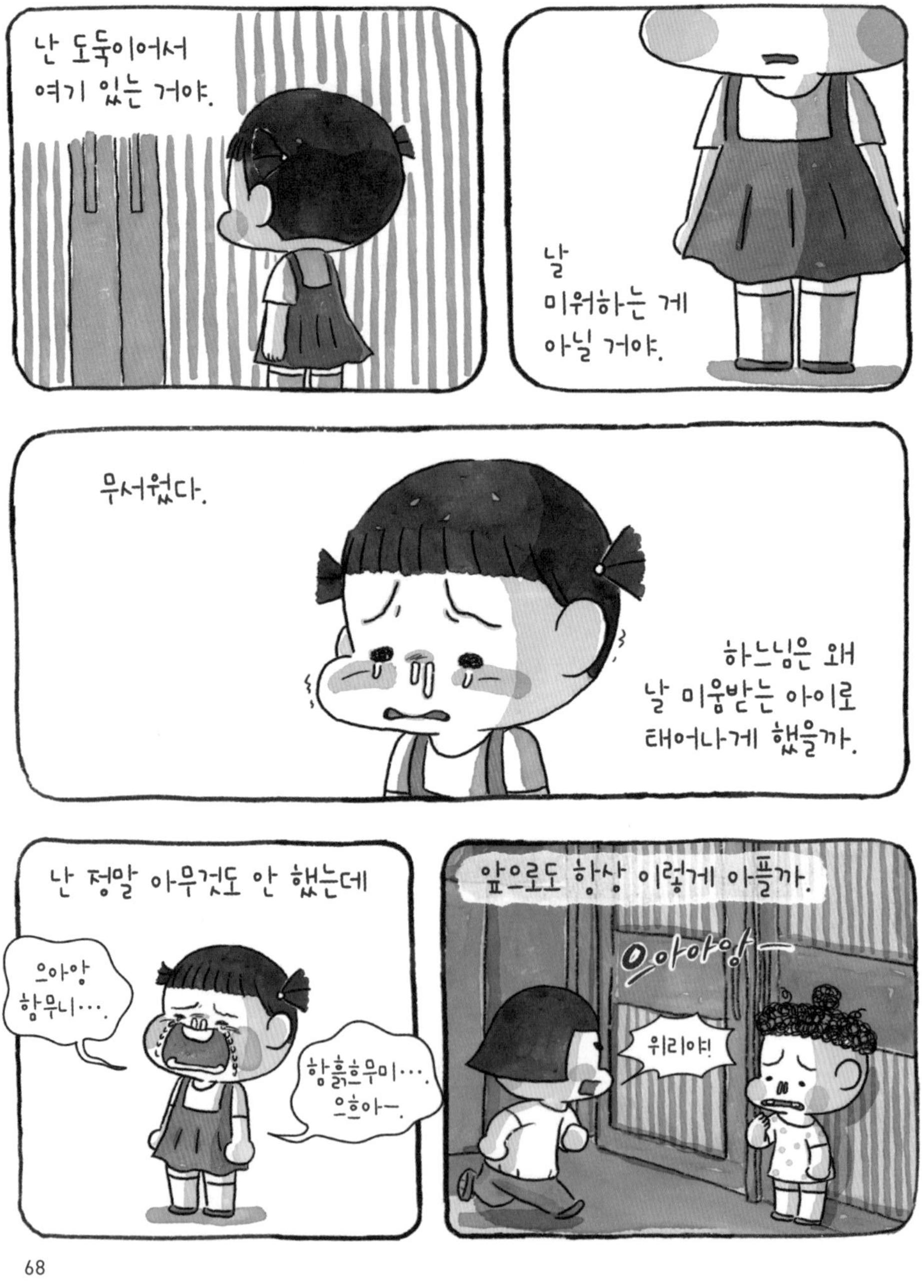

난 도둑이어서
여기 있는 거야.
날
미워하는 게
아닐 거야.
무서웠다.
하느님은 왜
날 미움받는 아이로
태어나게 했을까.
난 정말 아무것도 안 했는데
으아앙
함무니….
함흙흐무미….
으흐아—.
앞으로도 항상 이렇게 아플까.
으아아앙—
위리야!

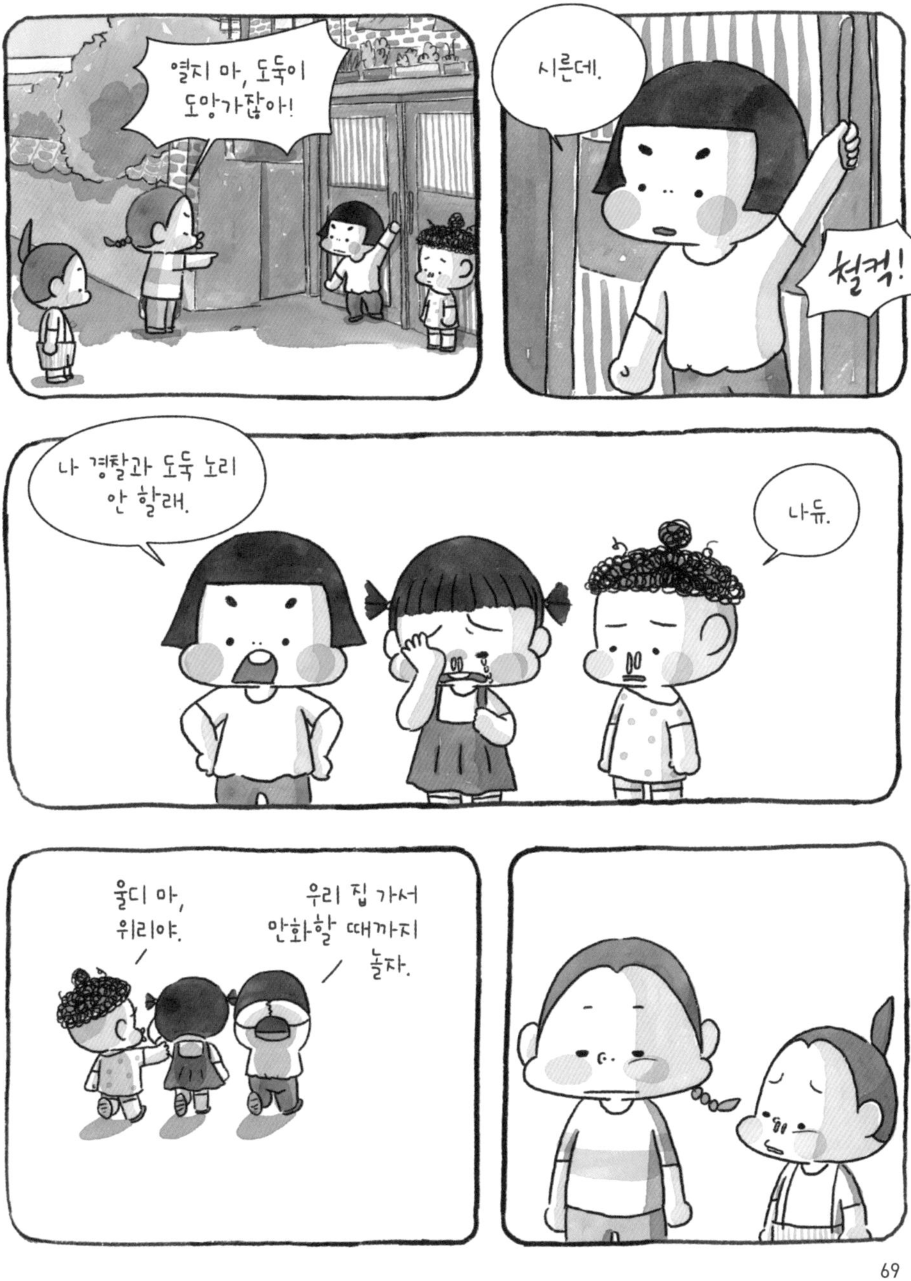

열지 마, 도둑이 도망가잖아!
시른데.
철컥!
나 경찰과 도둑 놀이 안 할래.
나듀.
울디 마, 위리야.
우리 집 가서 만화할 때까지 놀자.

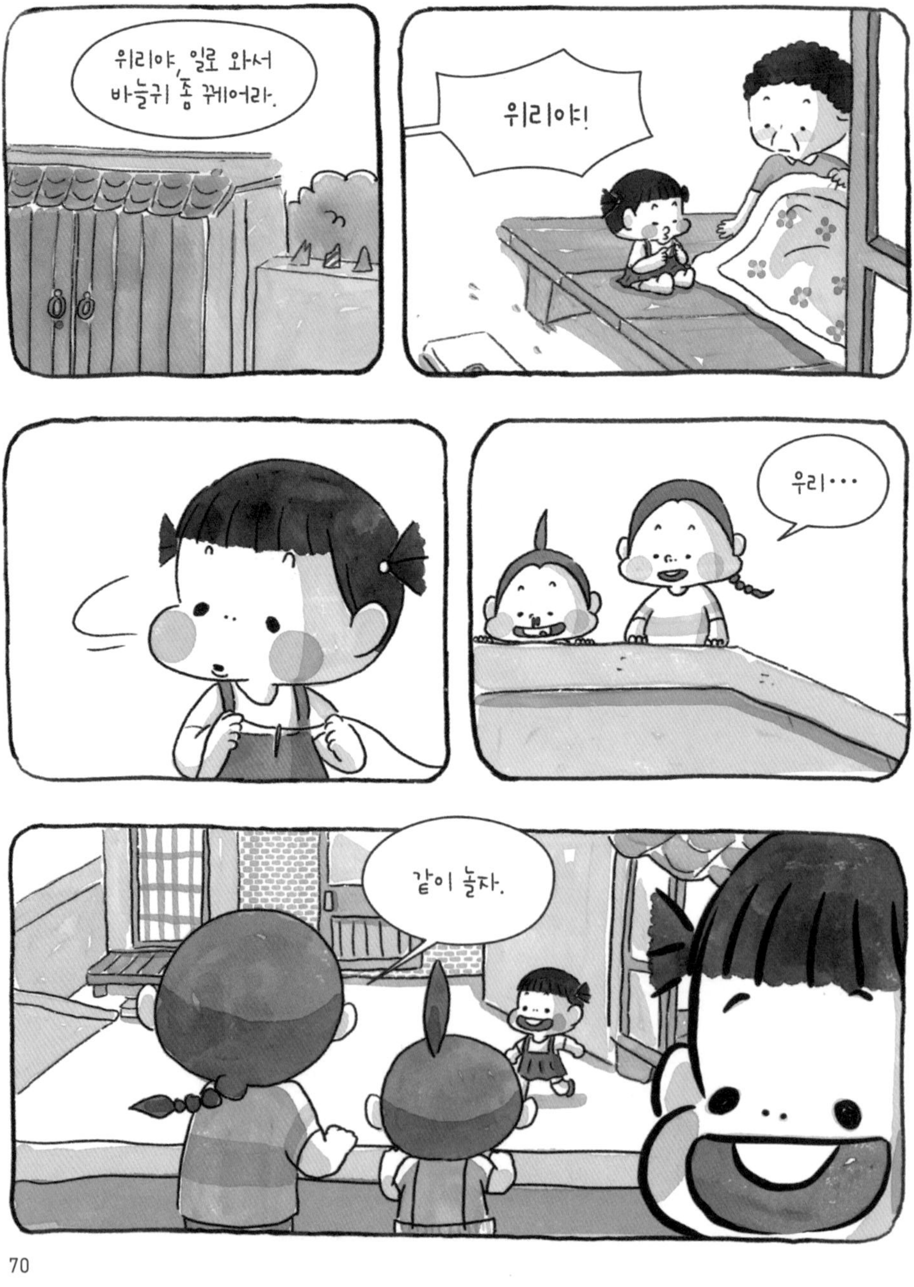
우리야, 일로 와서
바늘귀 좀 꿰어라.
우리야!
우리…
같이 놀자.

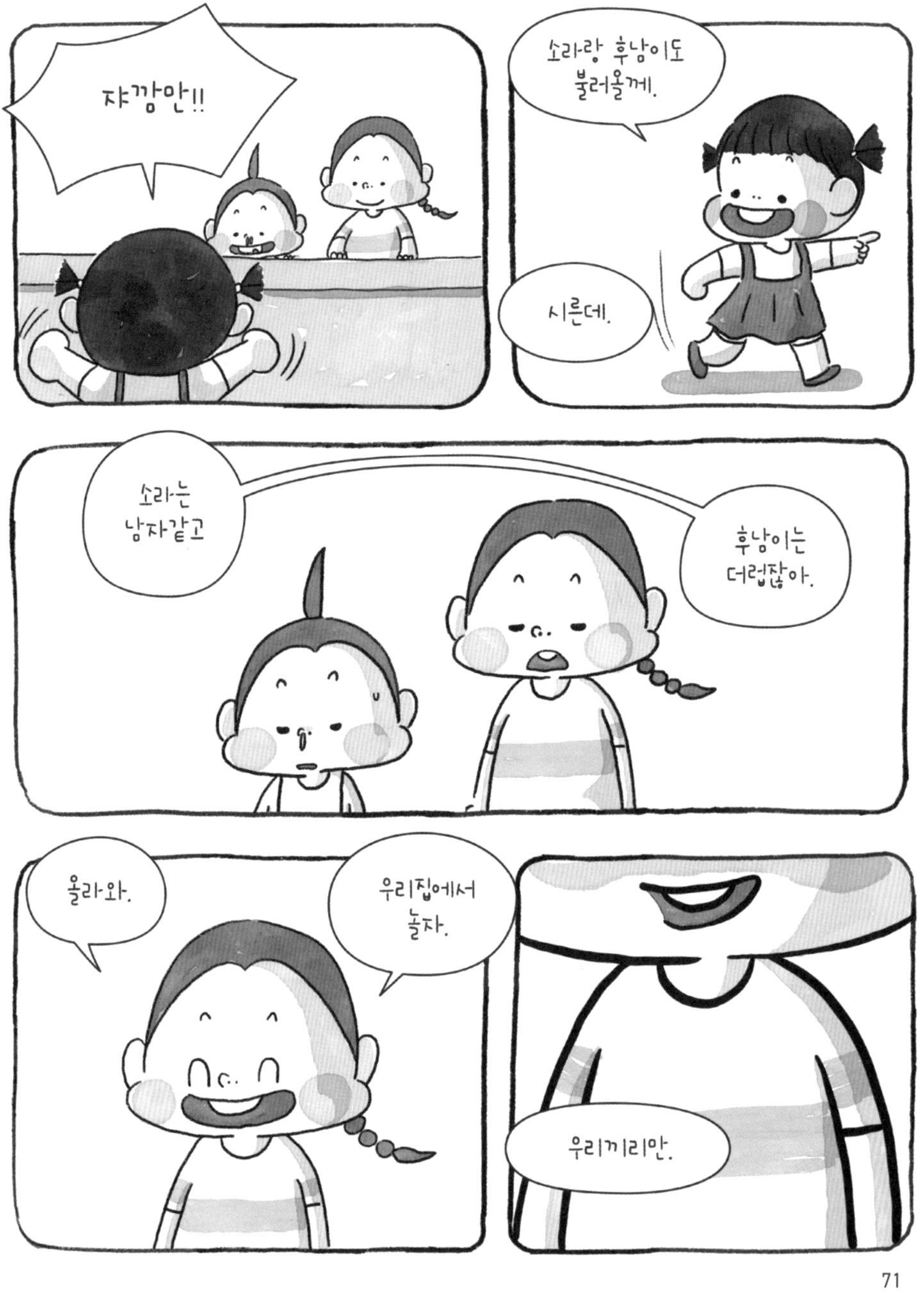
쟈깜만!!
소라랑 후남이도
불러올께.
시른데.
소라는
남자같고
후남이는
더럽잖아.
올라와.
우리집에서
놀자.
우리끼리만.

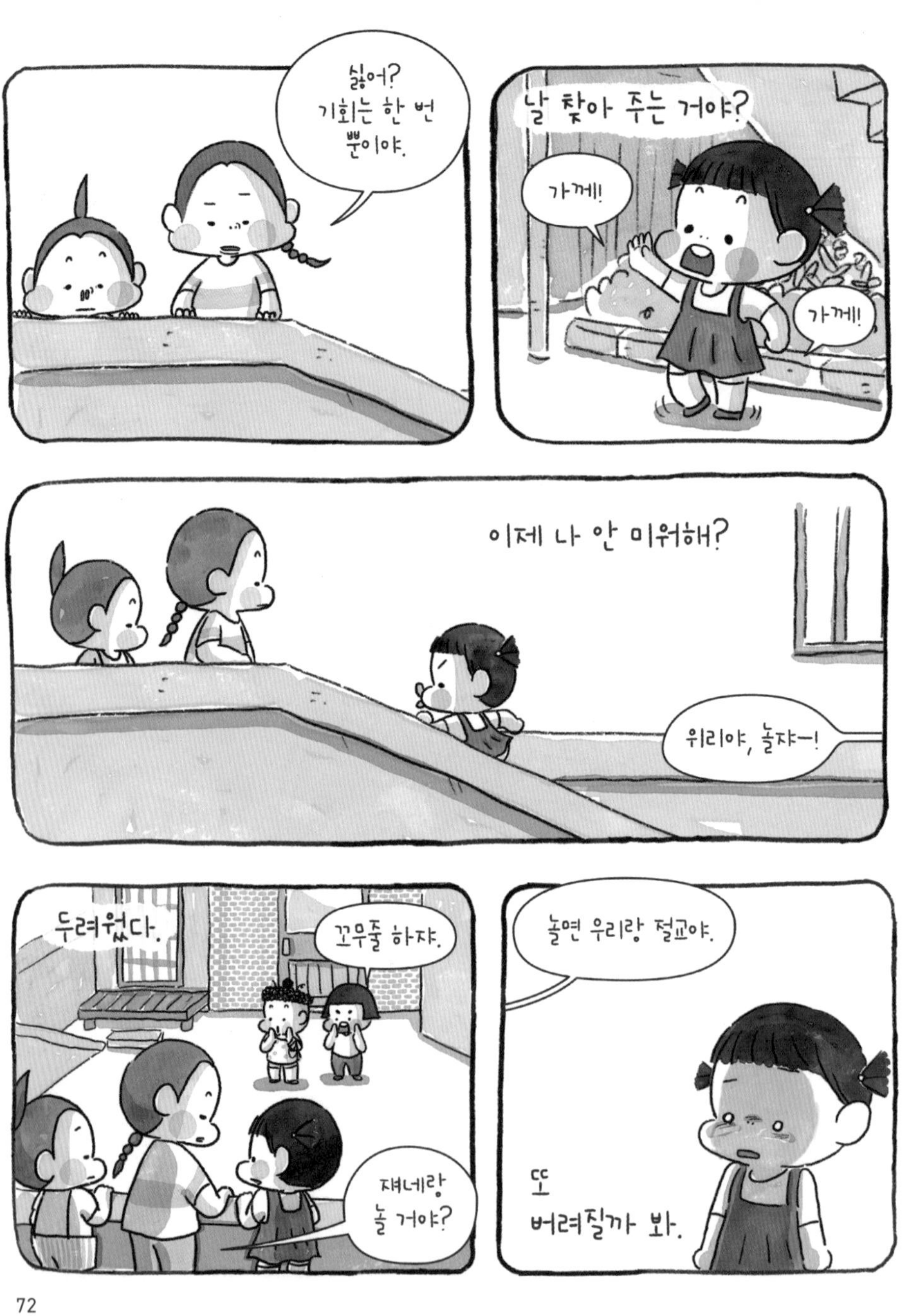
싫어?
기회는 한 번
뿐이야.
날 찾아 주는 거야?
가께!
가께!
이제 나 안 미워해?
위리야, 놀자ー!
두려웠다.
꼬무줄 하자.
쟤네랑
놀 거야?
놀면 우리랑 절교야.
또
버려질까 봐.

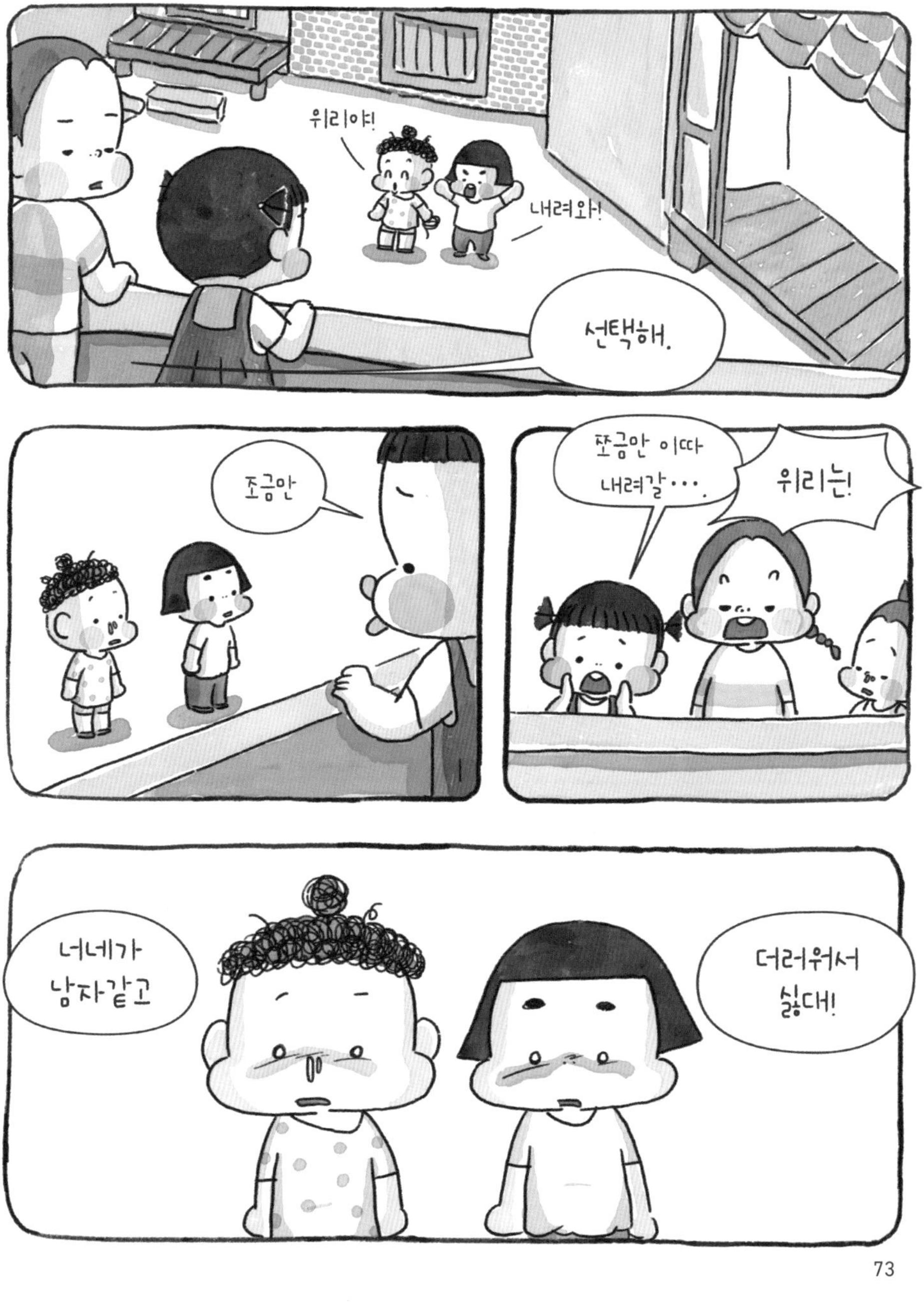
위리야!
내려와!
선택해.
조금만
쪼금만 이따
내려갈….
위리는!
너네가
남자같고
더러워서
싫대!

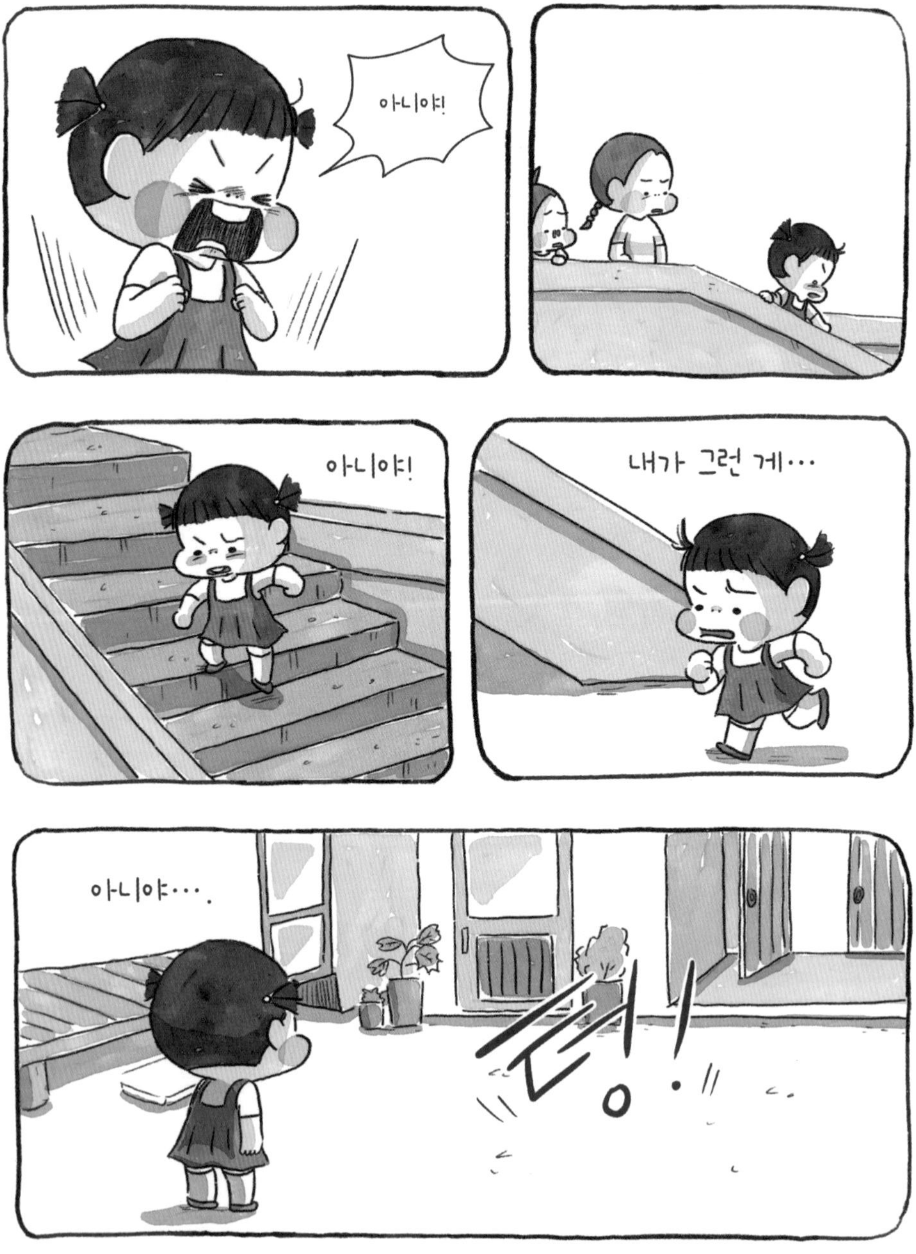
아니야!
아니야!
내가 그런 게…
아니야….
쾅!

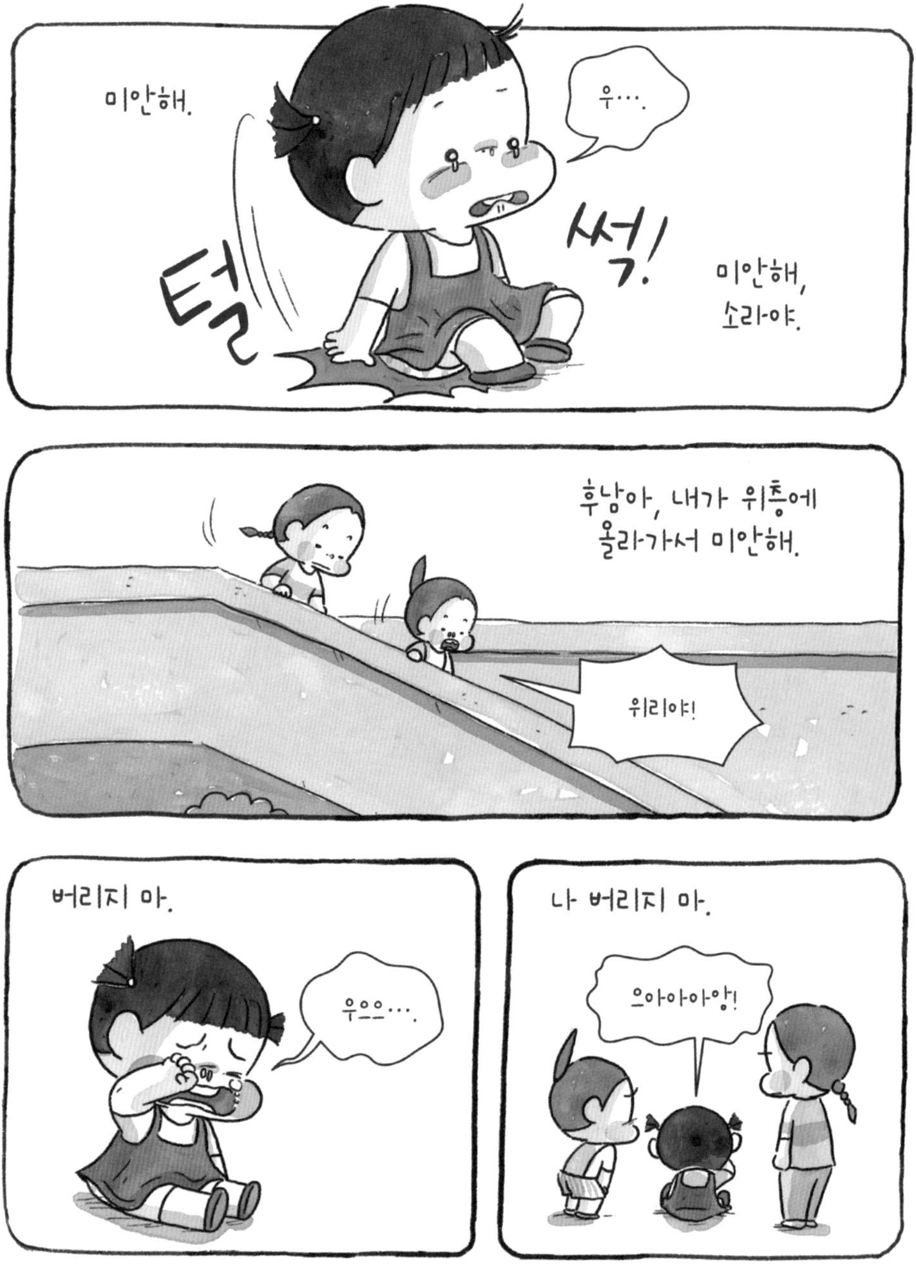
미안해.
털
썩!
우….
미안해,
소리야.
후남아, 내가 위층에
올라가서 미안해.
위리야!
버리지 마.
우으으….
나 버리지 마.
으아아아앙!

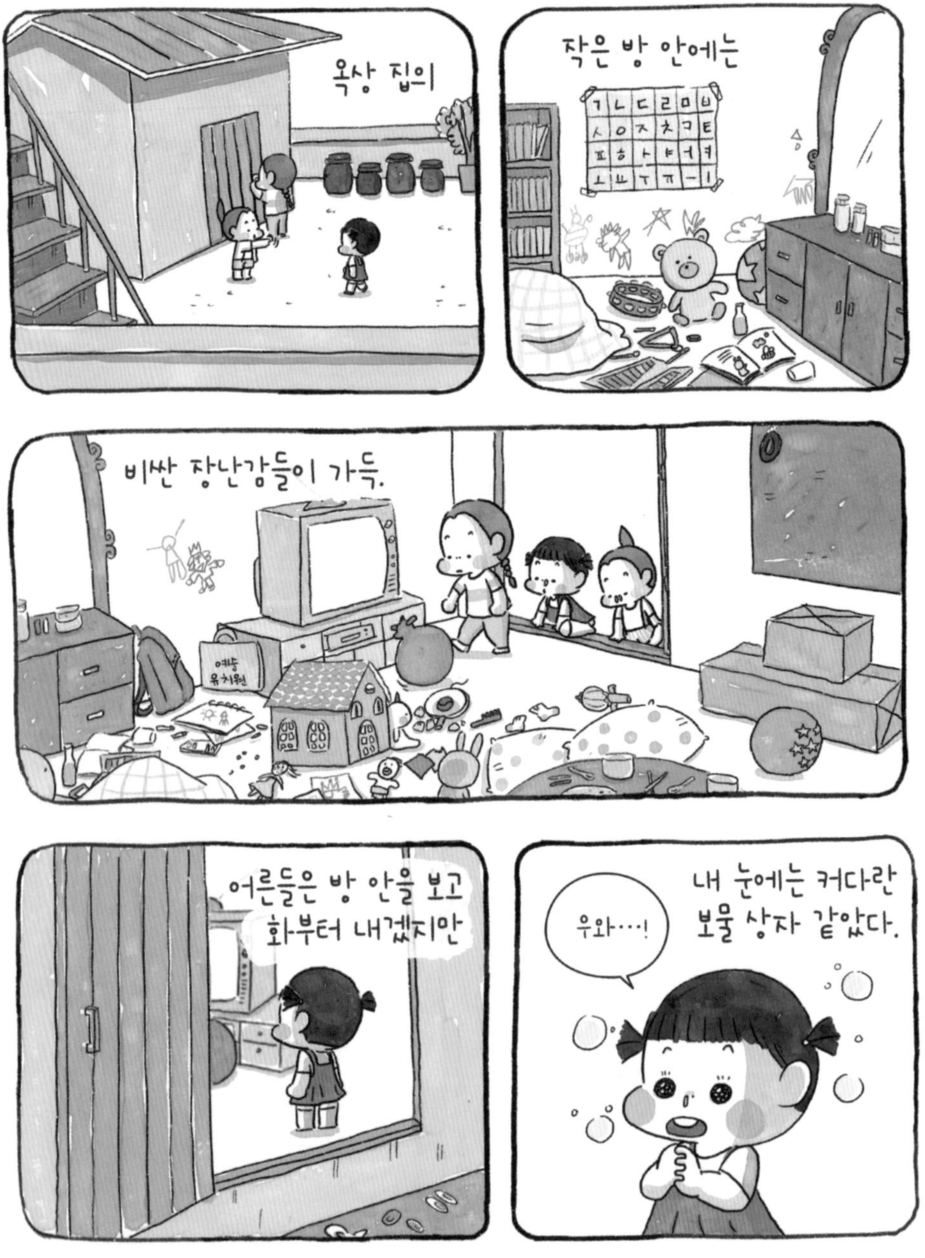
옥상 집의
작은 방 안에는
ㄱ ㄴ ㄷ ㄹ ㅁ ㅂ
ㅅ ㅇ ㅈ ㅊ ㅋ ㅌ
ㅍ ㅎ ㅏ ㅑ ㅓ ㅕ
ㅗ ㅛ ㅜ ㅠ ㅡ ㅣ
비싼 장난감들이 가득.
예능 유치원
어른들은 방 안을 보고 화부터 내겠지만
내 눈에는 커다란 보물 상자 같았다.
우와…!

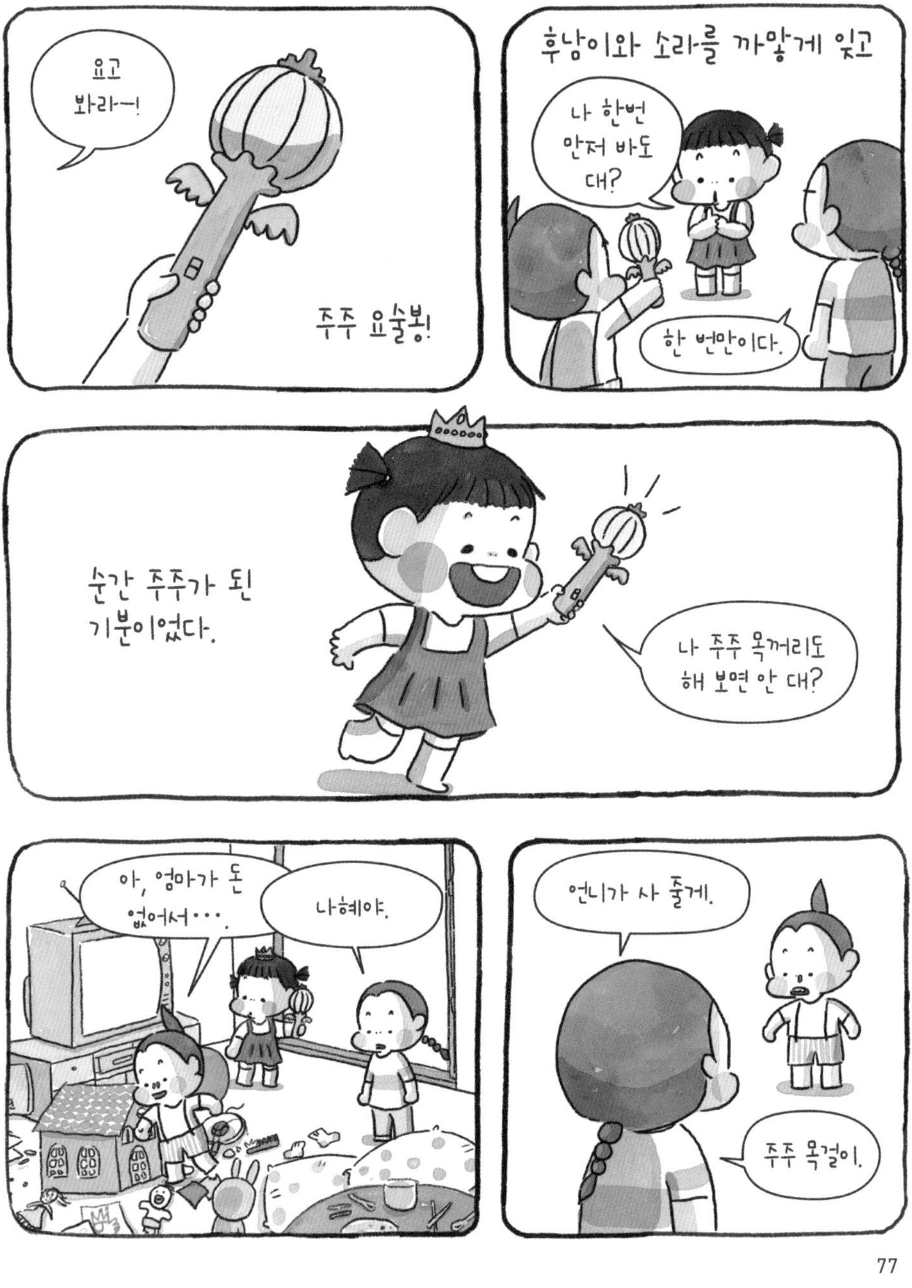
요고
봐라~!
주주 요술봉!
후남이와 소라를 까맣게 잊고
나 한번
만져 바도
대?
한 번만이다.
순간 주주가 된
기분이었다.
나 주주 목꺼리도
해 보면 안 대?
아, 엄마가 돈
없어서…
나혜야.
언니가 사 줄게.
주주 목걸이.

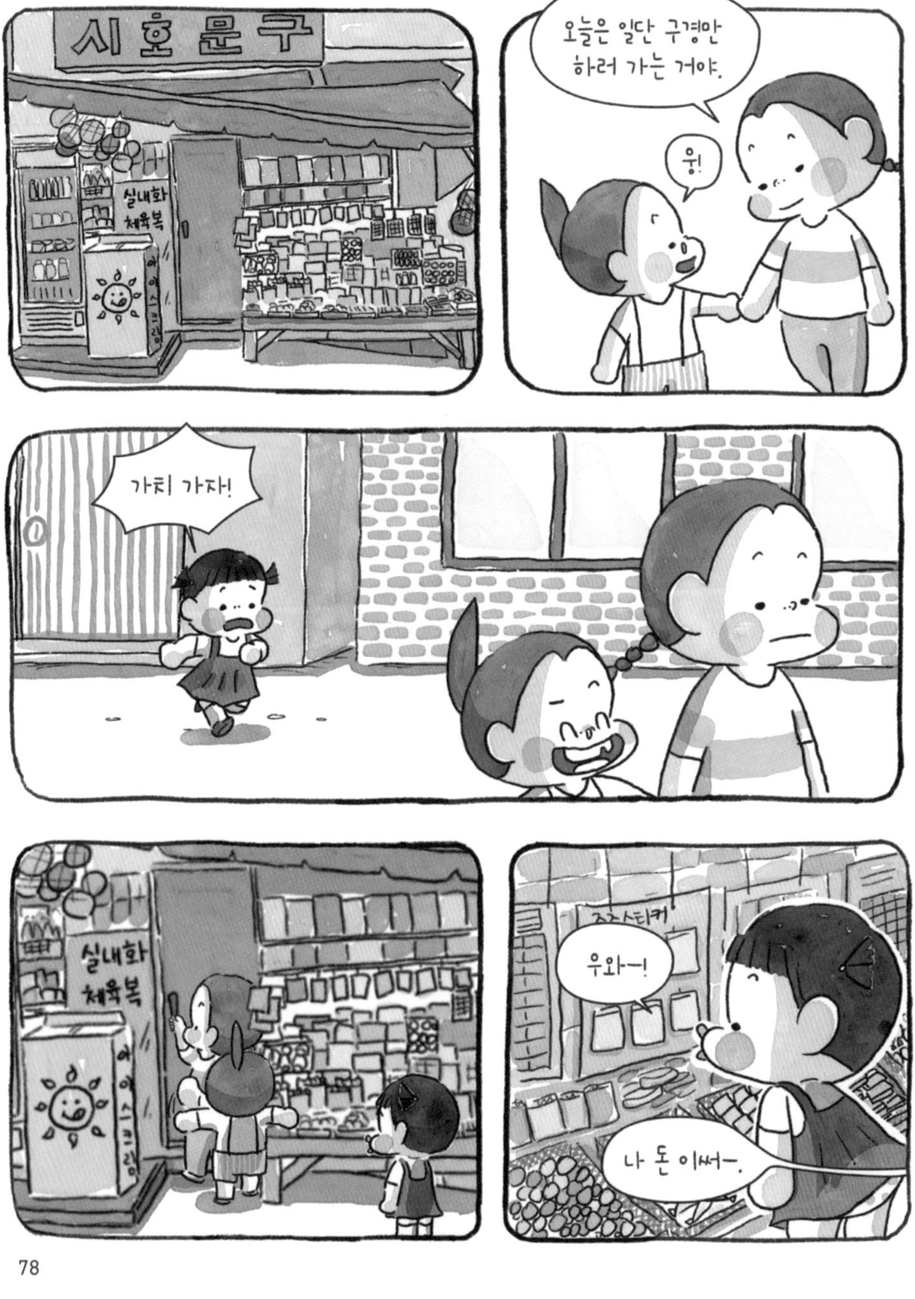

시호문구
실내화 체육복
아이스크림
오늘은 일단 구경만 하러 가는 거야.
웅!
가치 가자!
실내화 체육복
아이스크림
우와ㅡ!
나 돈 이써ㅡ.

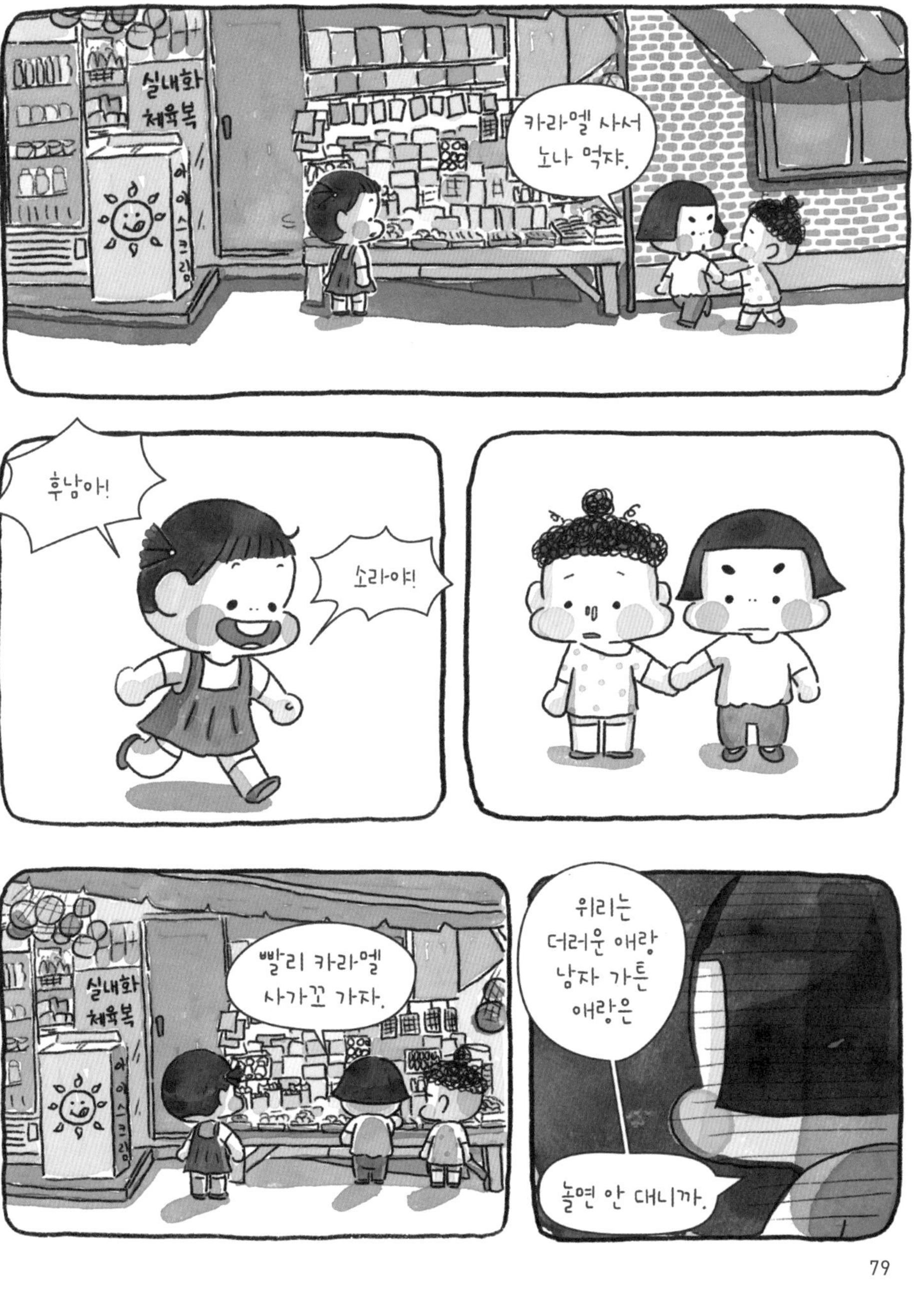
실내화
체육복
아이스크림
카라멜 사서 노나 먹쟈.
후남아!
소라야!
실내화
체육복
아이스크림
빨리 카라멜 사가꼬 가자.
위리는 더러운 애랑 남자 가튼 애랑은
놀면 안 대니까.

'괜찮다'고 말해 줘

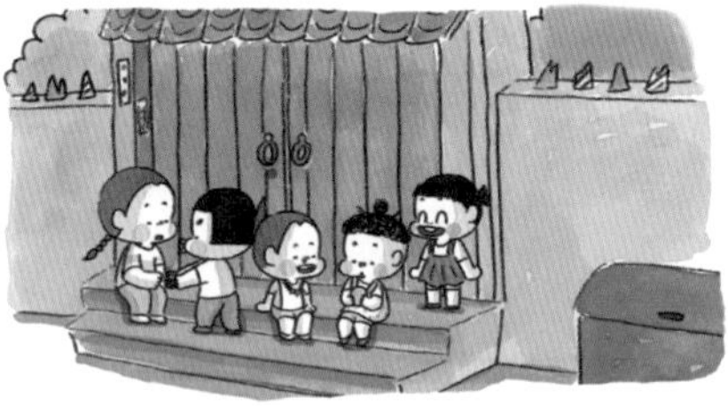

'괜찮다'고 말해 줘.
아, 위로나 안쓰러운 억양은 안 돼.
같이 울어서도 안 돼.
'힘내!' 따위의 말로 바꿔도 안 돼.

그깟 일, 아무것도 아니라는 듯,
살면서 별일이야 발에 챌 만큼 많아서
그깟 걱정 따위 발로 뻥 차 버리라고 말해 줘.

울고 있는 나에게
울지 말라고 안아 주기보다는
뭐 그런 것 땜에 우냐고
한번 크게 웃어 줘.

그러면 정말 괜찮아질 것 같아.

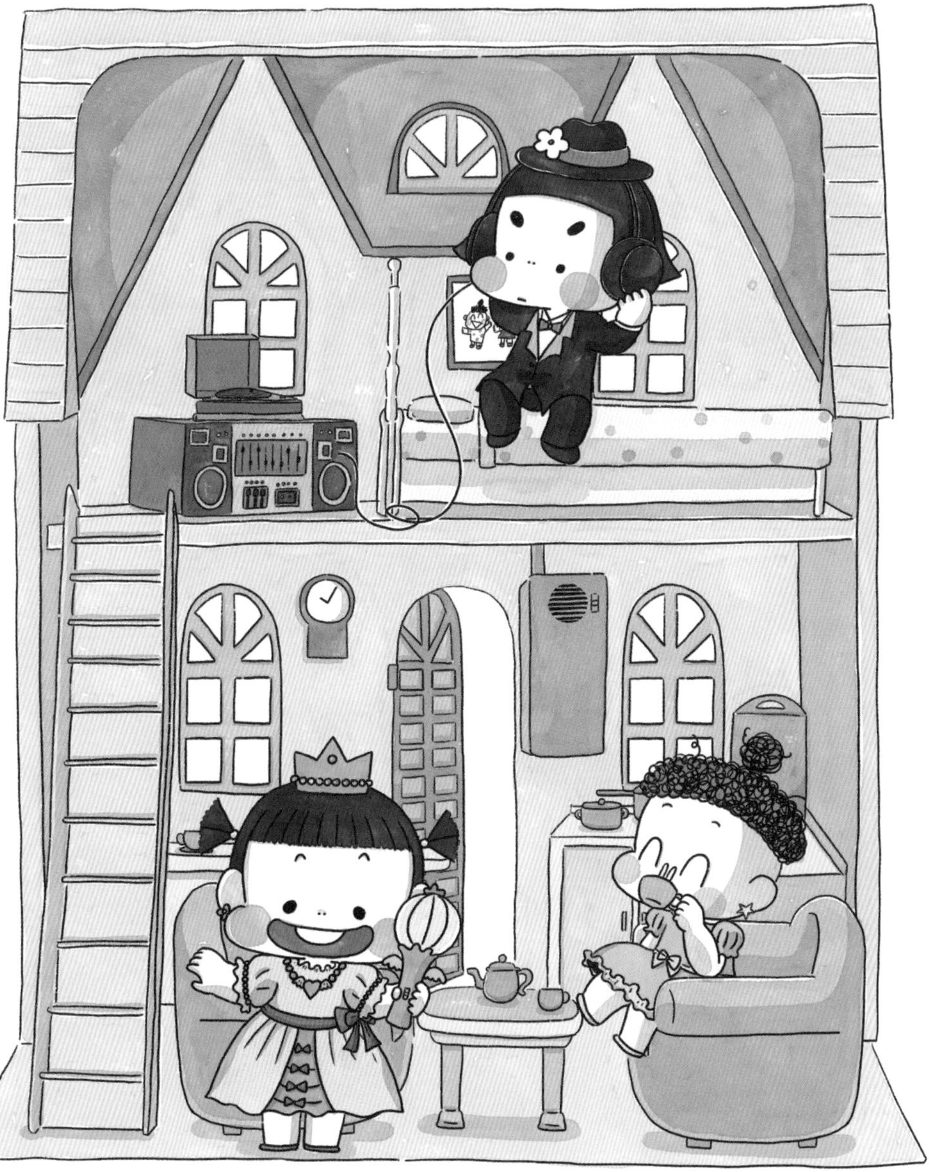

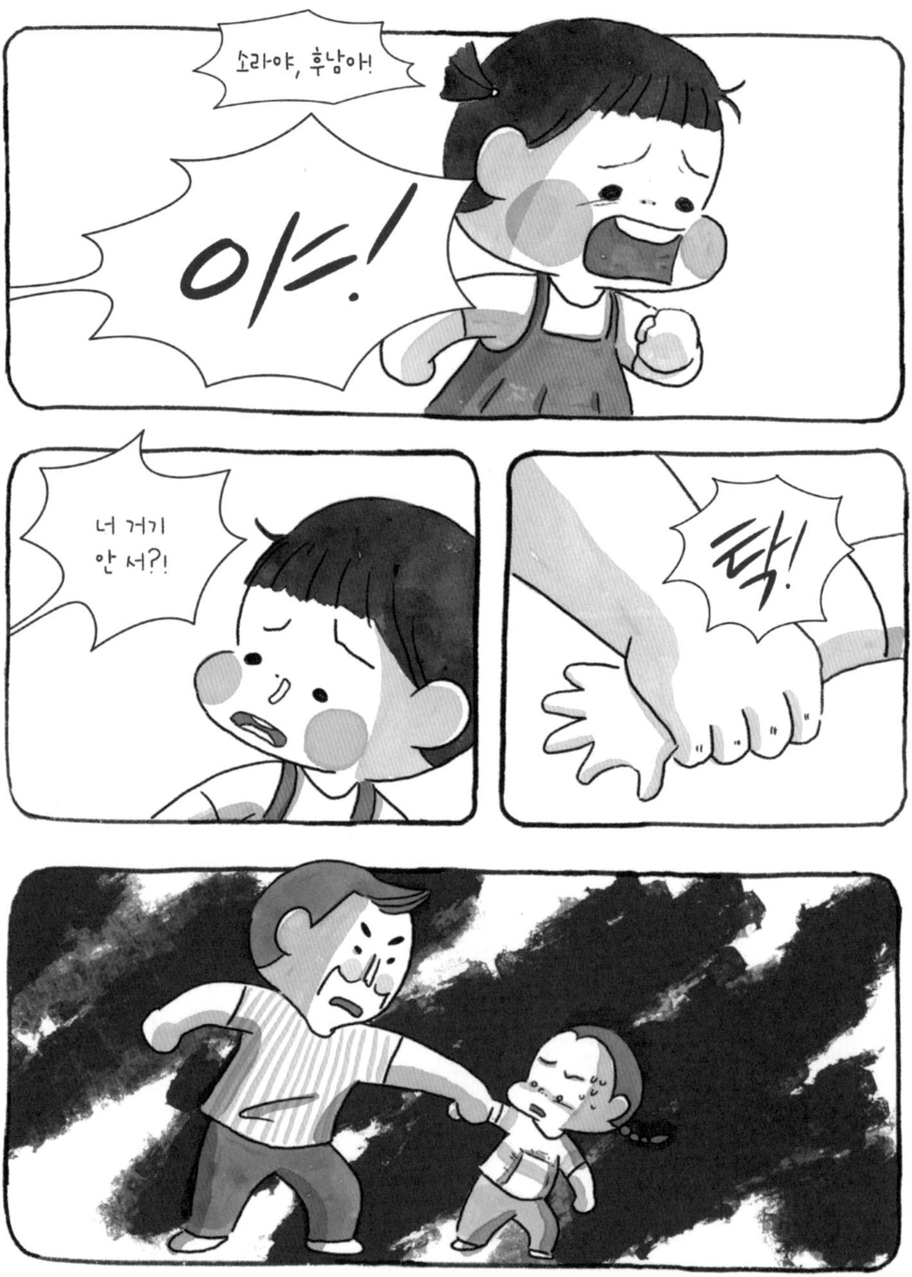
소라야, 후남아!
아!
너 거기
안 서?!
탁!

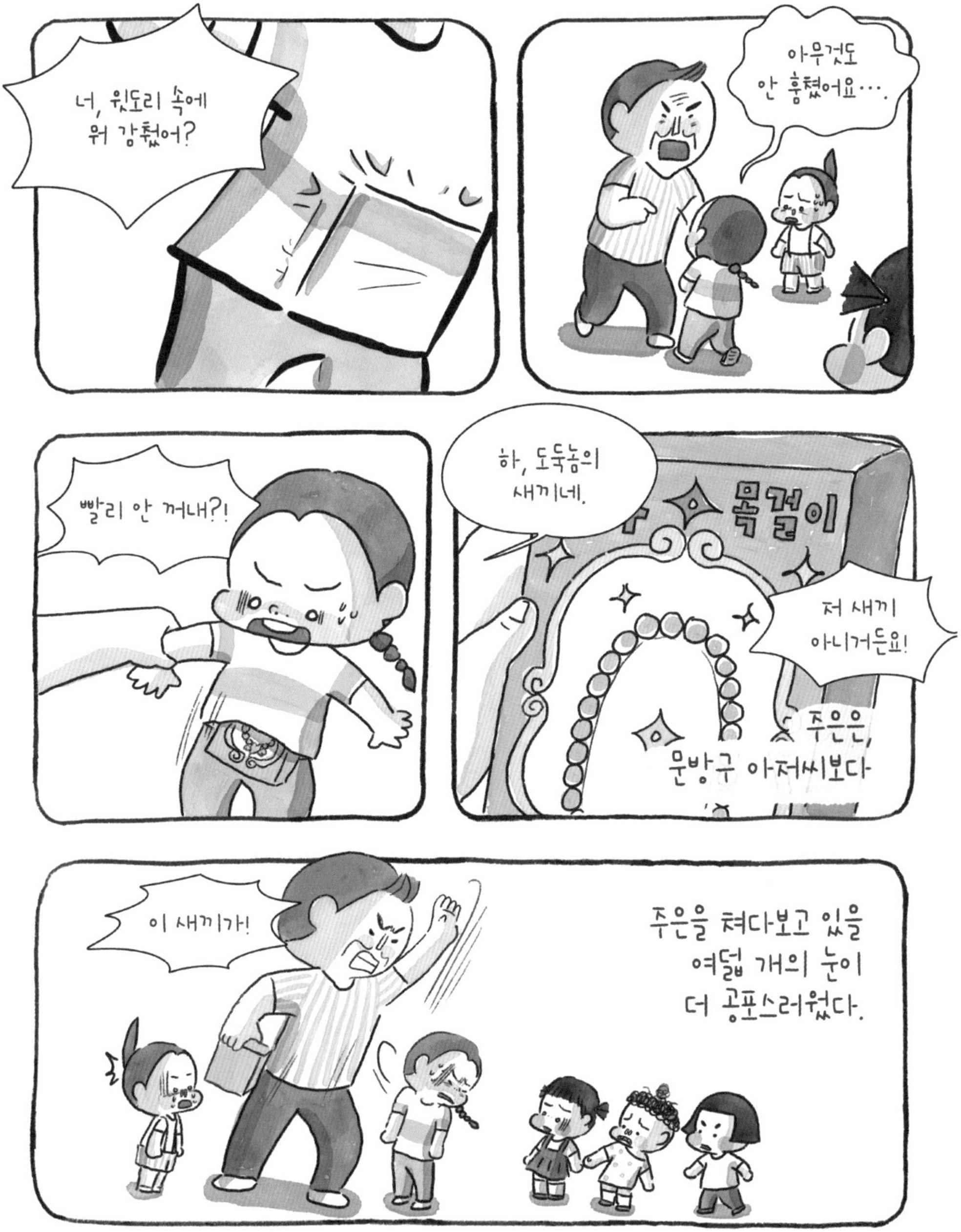
너, 윗도리 속에 뭐 감췄어?
아무것도 안 훔쳤어요….
빨리 안 꺼내?!
하, 도둑놈의 새끼네.
목걸이
저 새끼 아니거든요!
주은은, 문방구 아저씨보다
이 새끼가!
주은을 쳐다보고 있을 여덟 개의 눈이 더 공포스러웠다.

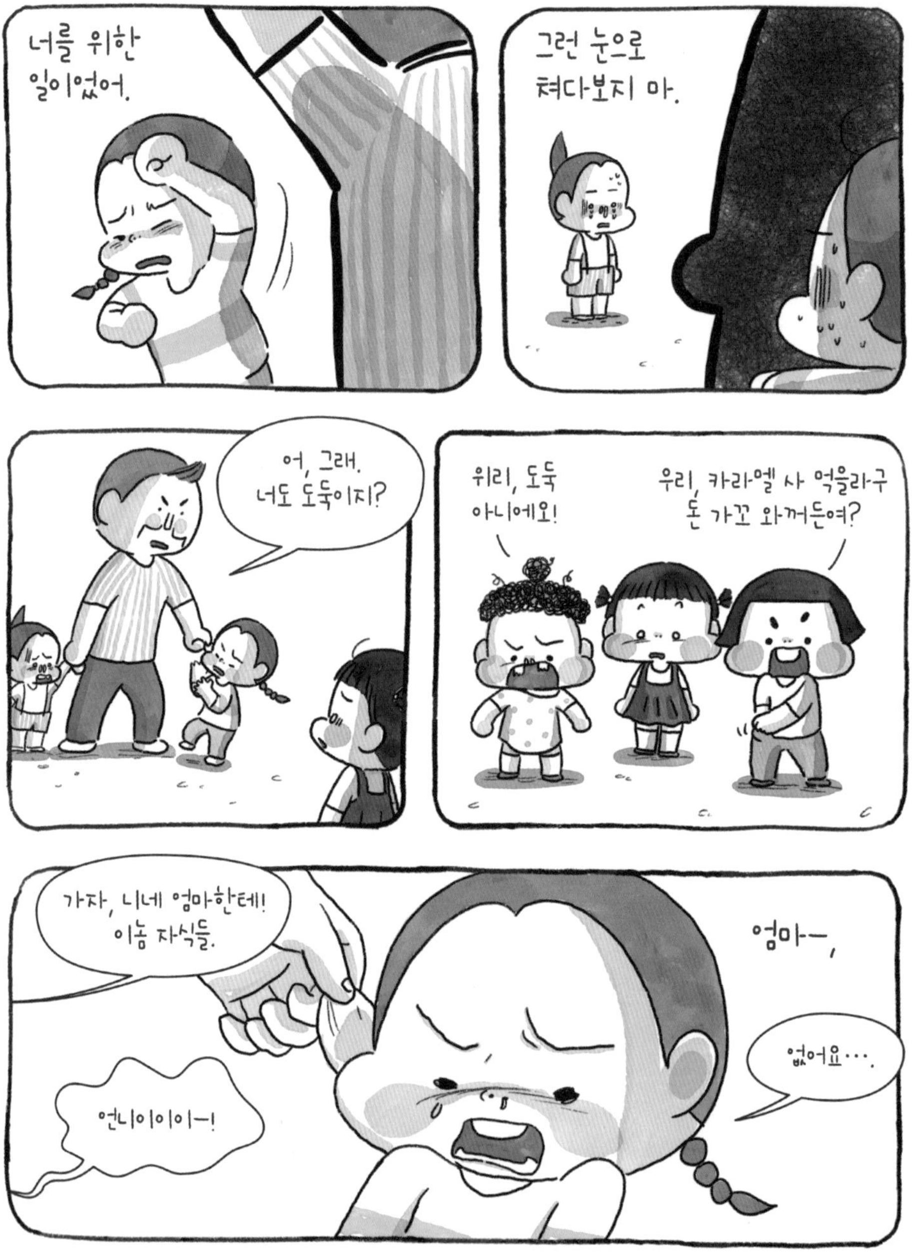

너를 위한
일이었어.
그런 눈으로
쳐다보지 마.
어, 그래.
너도 도둑이지?
위리, 도둑
아니에오!
우리, 카라멜 사 먹을라구
돈 가꼬 와꺼든여?
가자, 니네 엄마한테!
이놈 자식들.
엄마ㅡ,
없어요….
언니이이이ㅡ!

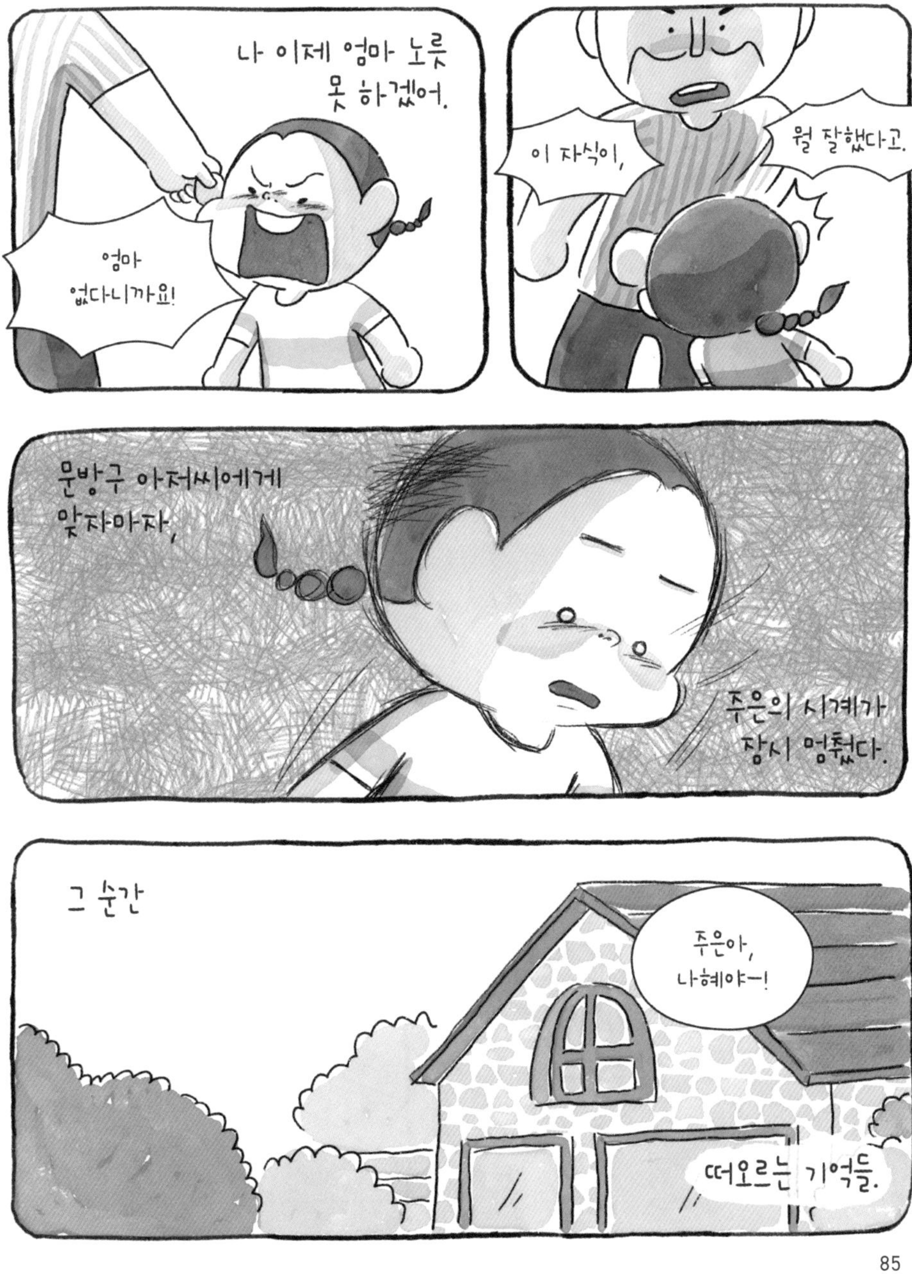
나 이제 엄마 노릇
못 하겠어.
엄마
없다니까요!
이 자식이,
뭘 잘했다고.
문방구 아저씨에게
맞자마자,
주은의 시계가
잠시 멈췄다.
그 순간
주은아,
나혜야~!
떠오르는 기억들.

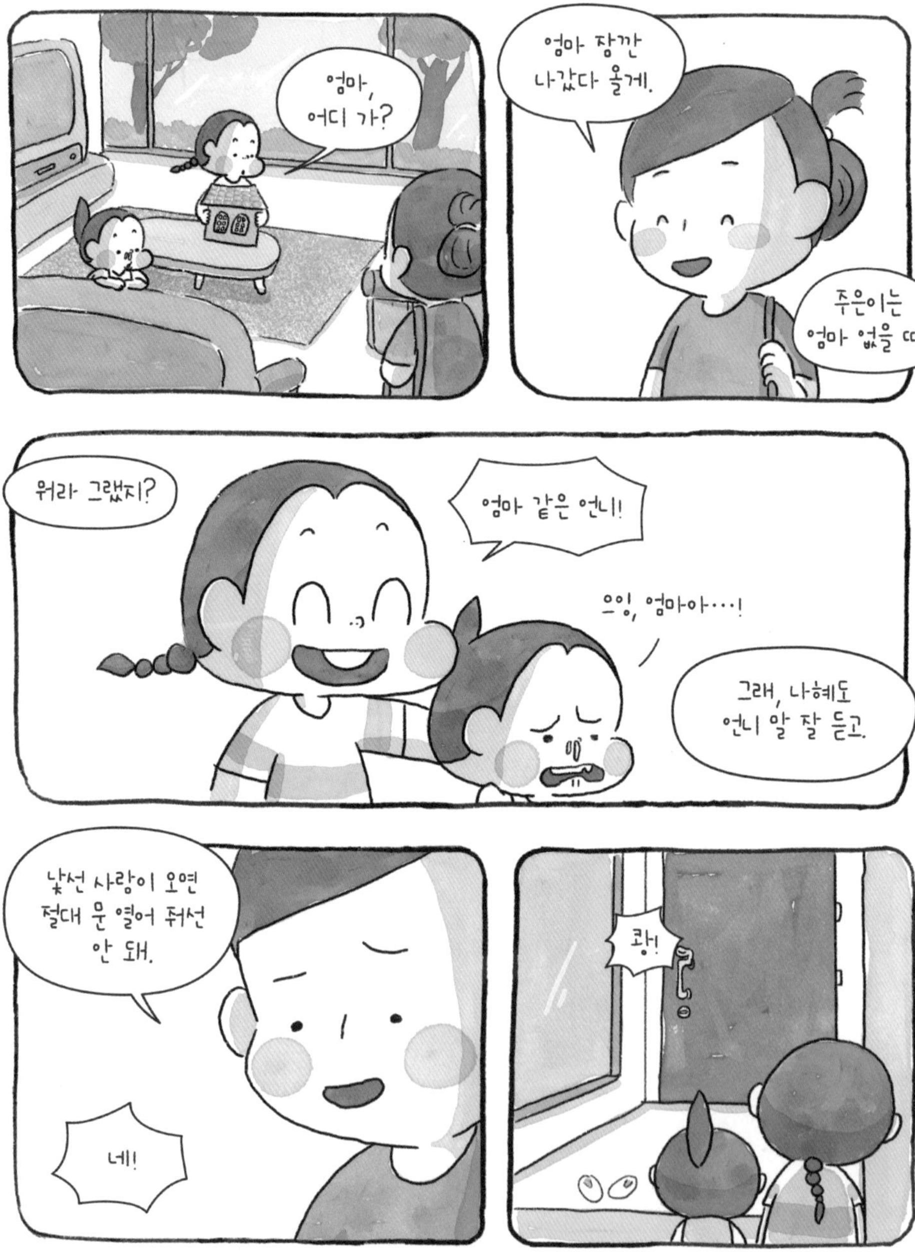
엄마, 어디 가?
엄마 잠깐 나갔다 올게.
주은이는 엄마 없을 때
뭐라 그랬지?
엄마 같은 언니!
으잉, 엄마아…!
그래, 나혜도 언니 말 잘 듣고.
낯선 사람이 오면 절대 문 열어 줘선 안 돼.
네!
쾅!

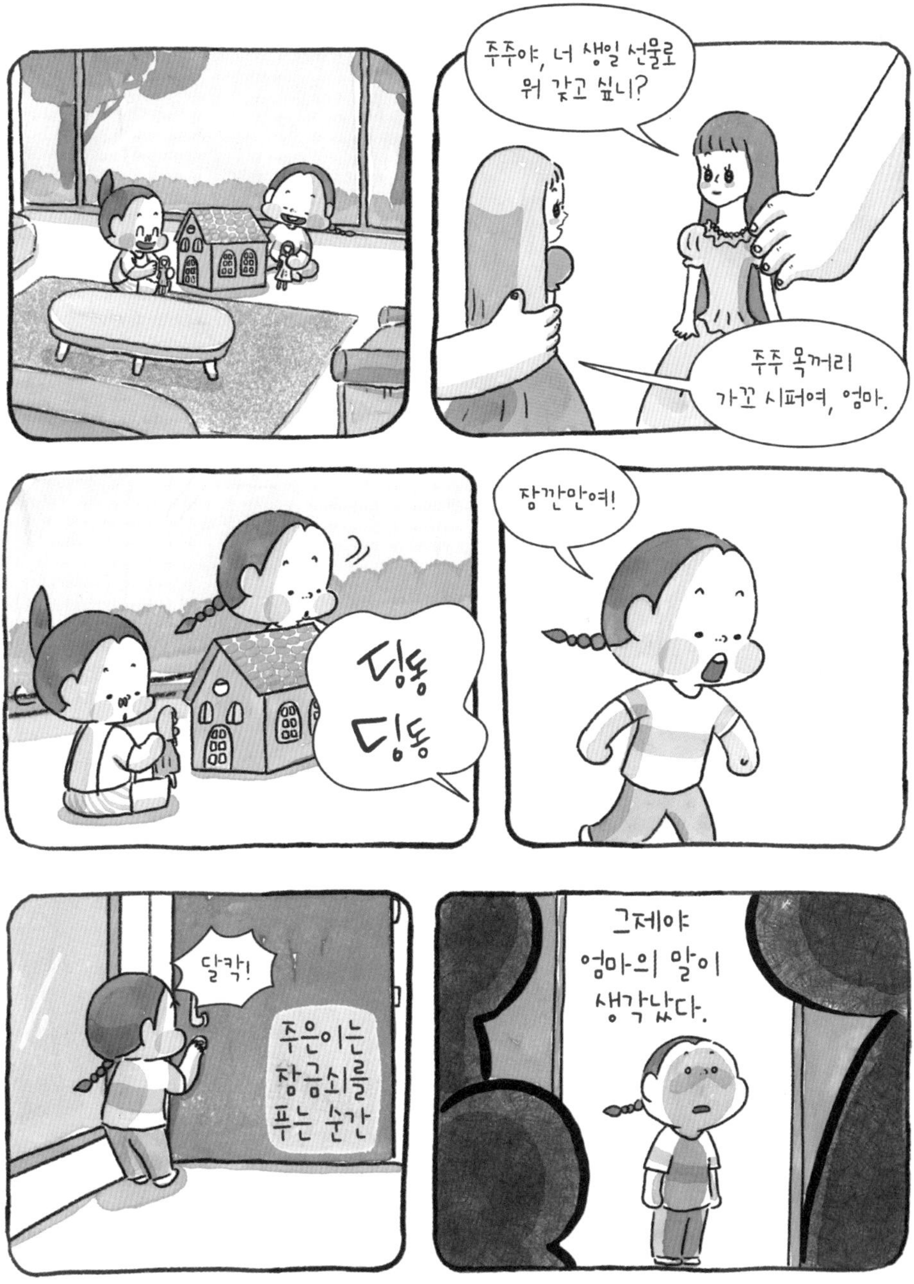

주주야, 너 생일 선물로 뭐 갖고 싶니?
주주 목꺼리 가꼬 시퍼여, 엄마.
딩동 딩동
잠깐만여!
달칵!
주은이는 장금쇠를 푸는 순간
그제야 엄마의 말이 생각났다.

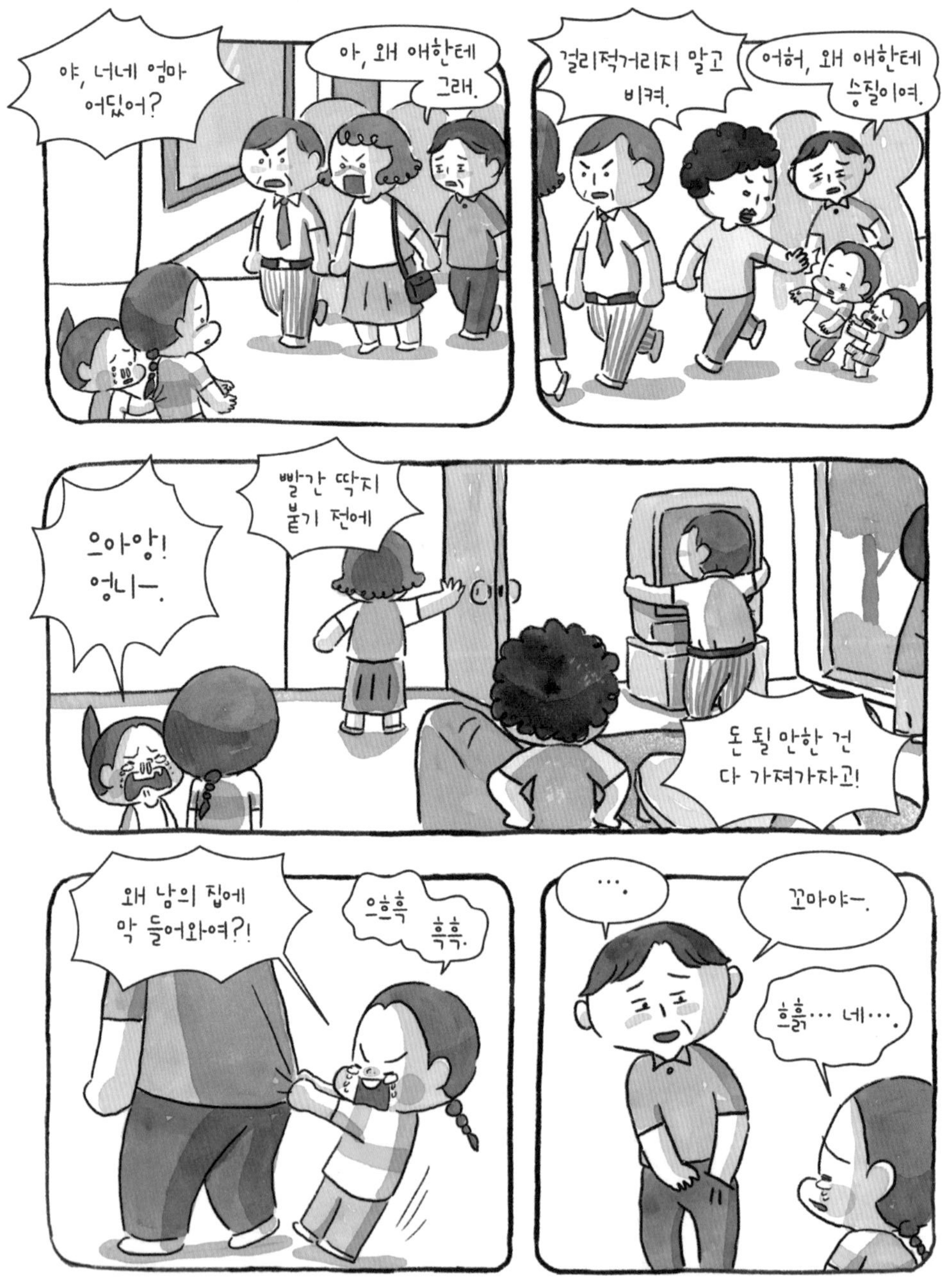

야, 너네 엄마 어딨어?
아, 왜 애한테 그래.
걸리적거리지 말고 비켜.
어허, 왜 애한테 승질이여.
으아앙! 엉니ㅡ.
빨간 딱지 붙기 전에
돈 될 만한 건 다 가져가자고!
왜 남의 집에 막 들어와여?!
으흐흑 흑흑.
….
꼬마야ㅡ.
흐흙… 네….

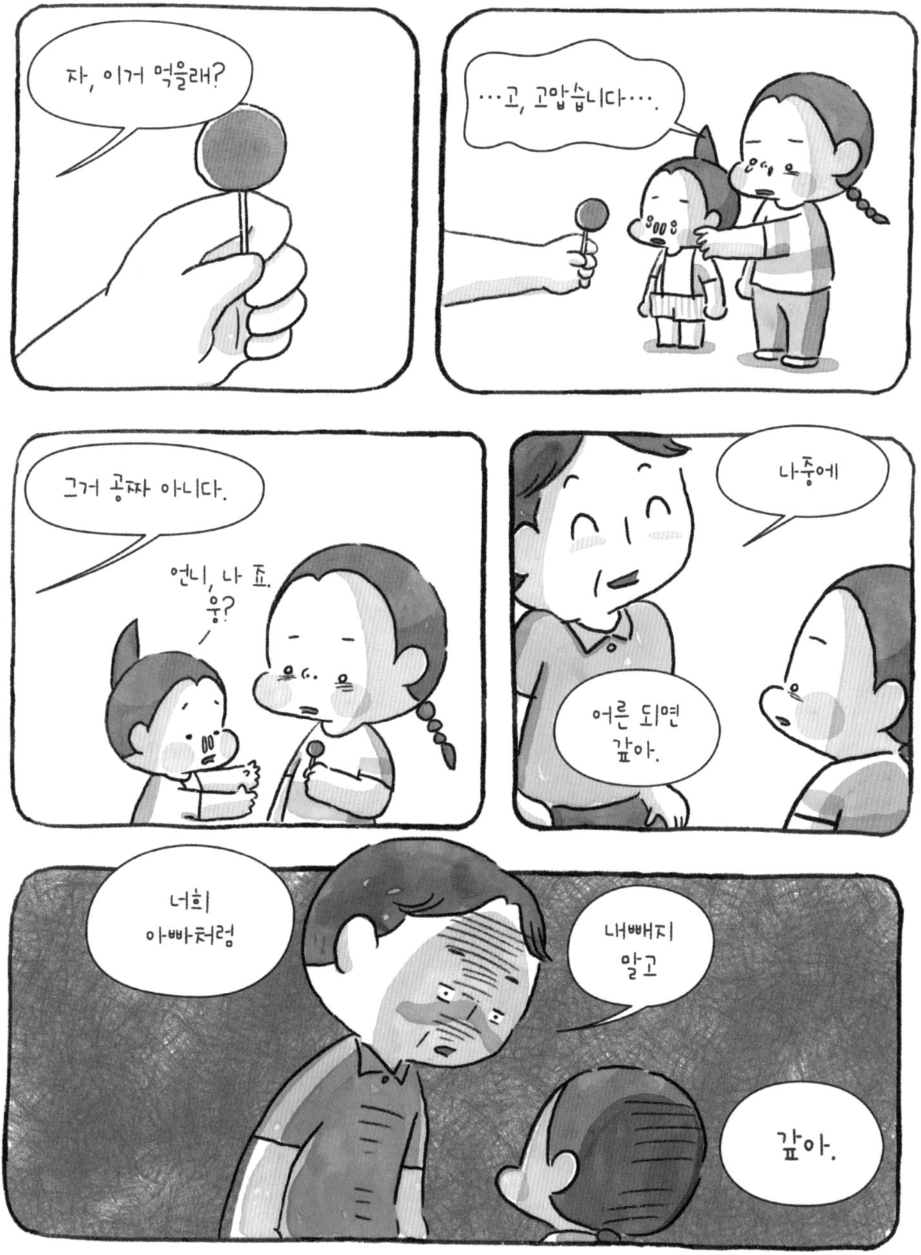
자, 이거 먹을래?
…고, 고맙습니다….
그거 공짜 아니다.
언니, 나 죠.
응?
나중에
어른 되면
갚아.
너희
아빠처럼
내빼지
말고
갚아.

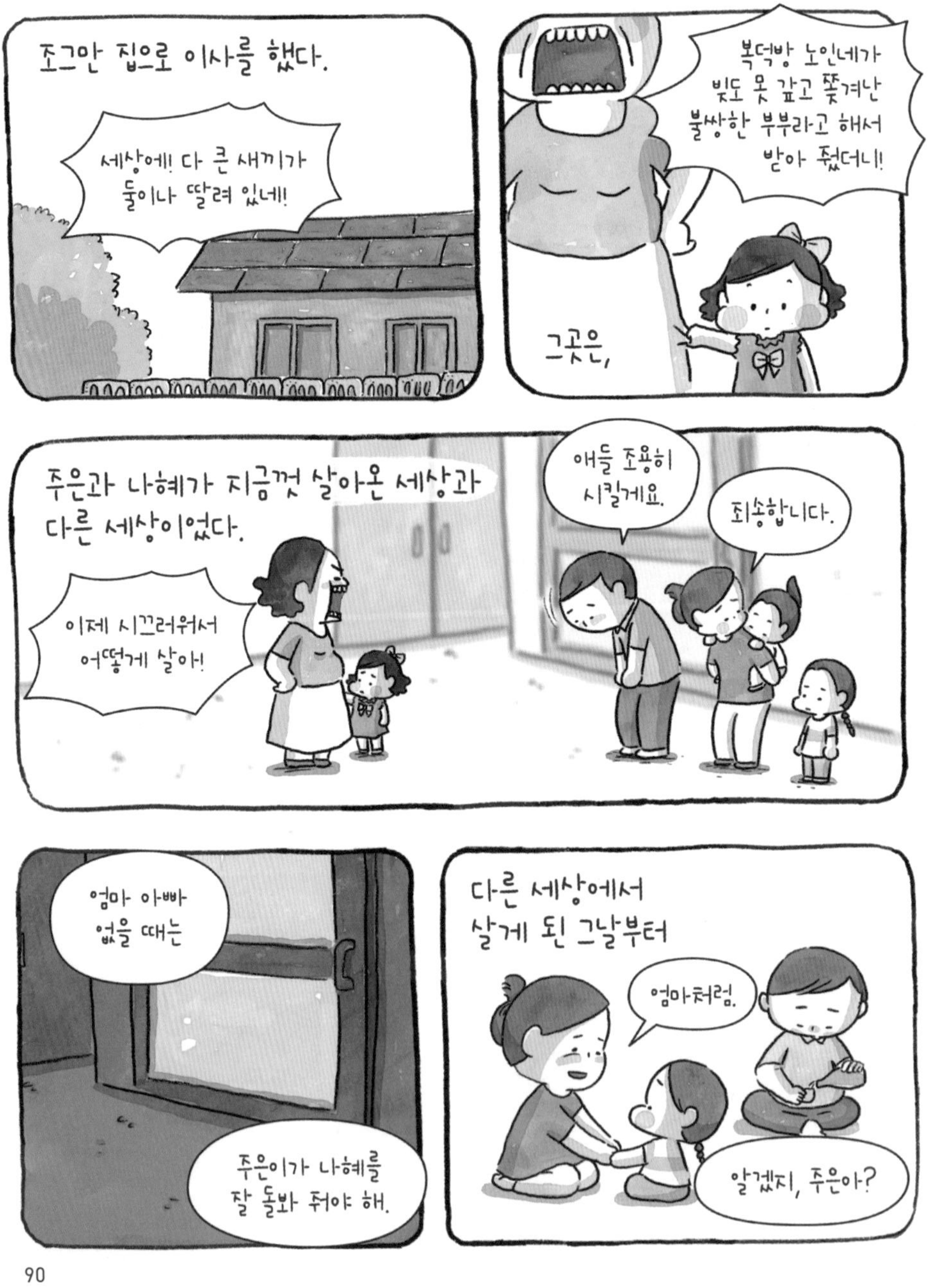
조그만 집으로 이사를 했다.
세상에! 다 큰 새끼가 둘이나 딸려 있네!
복덕방 노인네가 빚도 못 갚고 쫓겨난 불쌍한 부부라고 해서 받아 줬더니!
그곳은,
주은과 나혜가 지금껏 살아온 세상과 다른 세상이었다.
이제 시끄러워서 어떻게 살아!
애들 조용히 시킬게요.
죄송합니다.
엄마 아빠 없을 때는
주은이가 나혜를 잘 돌봐 줘야 해.
다른 세상에서 살게 된 그날부터
엄마처럼.
알겠지, 주은아?

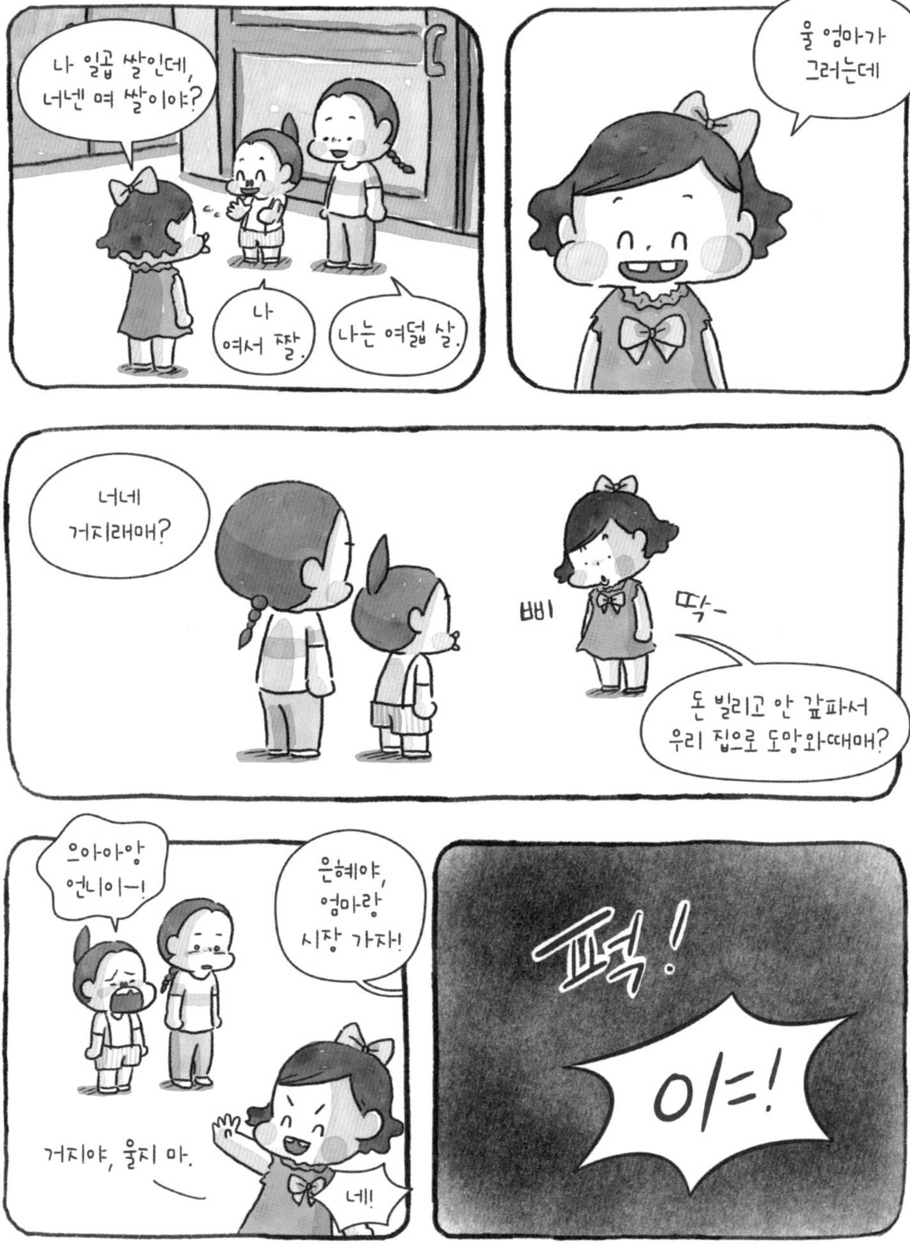

나 일곱 쌀인데, 너넨 며 쌀이야?
나 여서 쌀.
나는 여덟 살.
울 엄마가 그러는데
너네 거지래매?
삐
딱-
돈 빌리고 안 갚파서 우리 집으로 도망와때매?
으아아앙 언니이-!
은혜야, 엄마랑 시장 가자!
거지야, 울지 마.
네!
퍽!
아=!

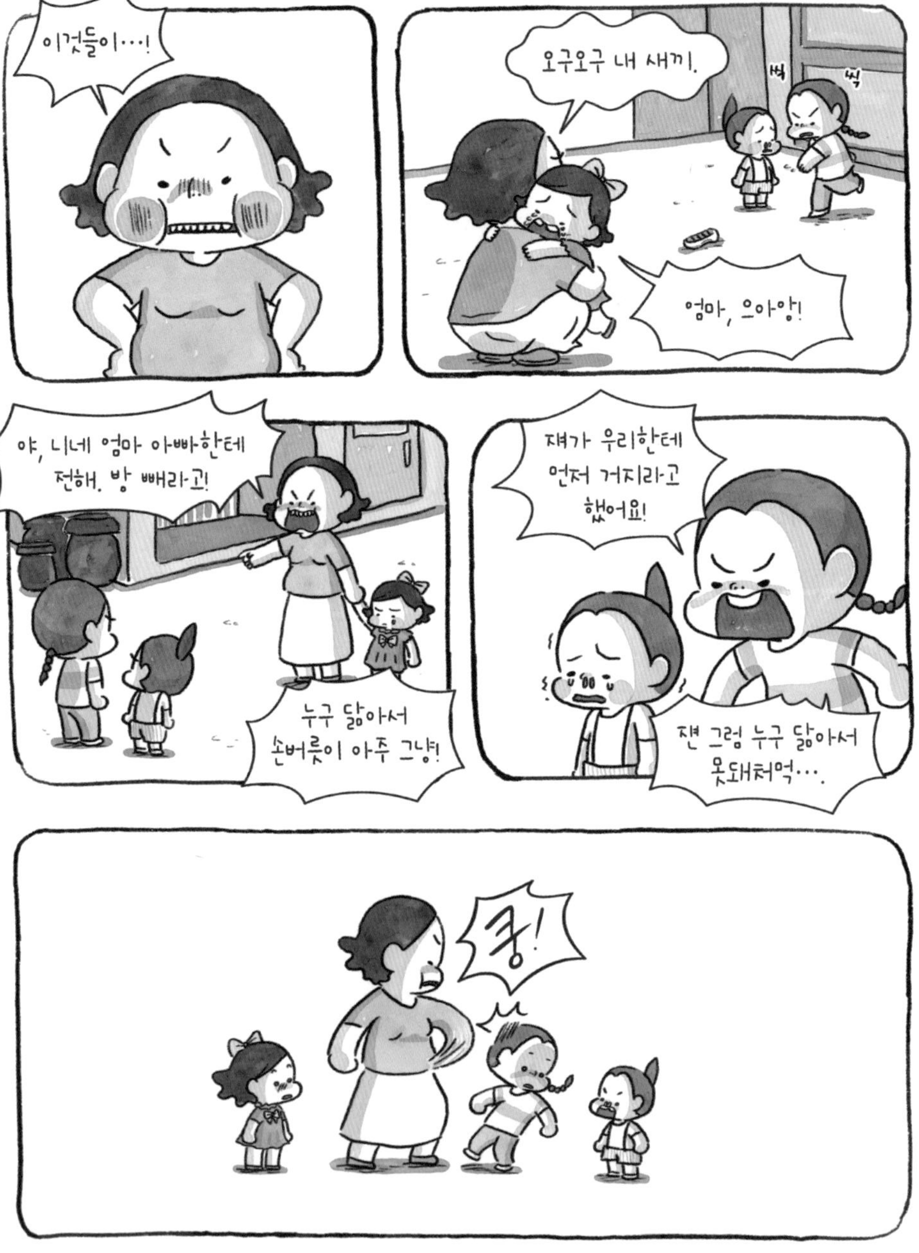

이것들이…!
오구오구 내 새끼.
씩
씩
엄마, 으아앙!
야, 니네 엄마 아빠한테 전해. 방 빼라고!
누구 닮아서 손버릇이 아주 그냥!
쟤가 우리한테 먼저 거지라고 했어요!
잰 그럼 누구 닮아서 못돼처먹….
쿵!

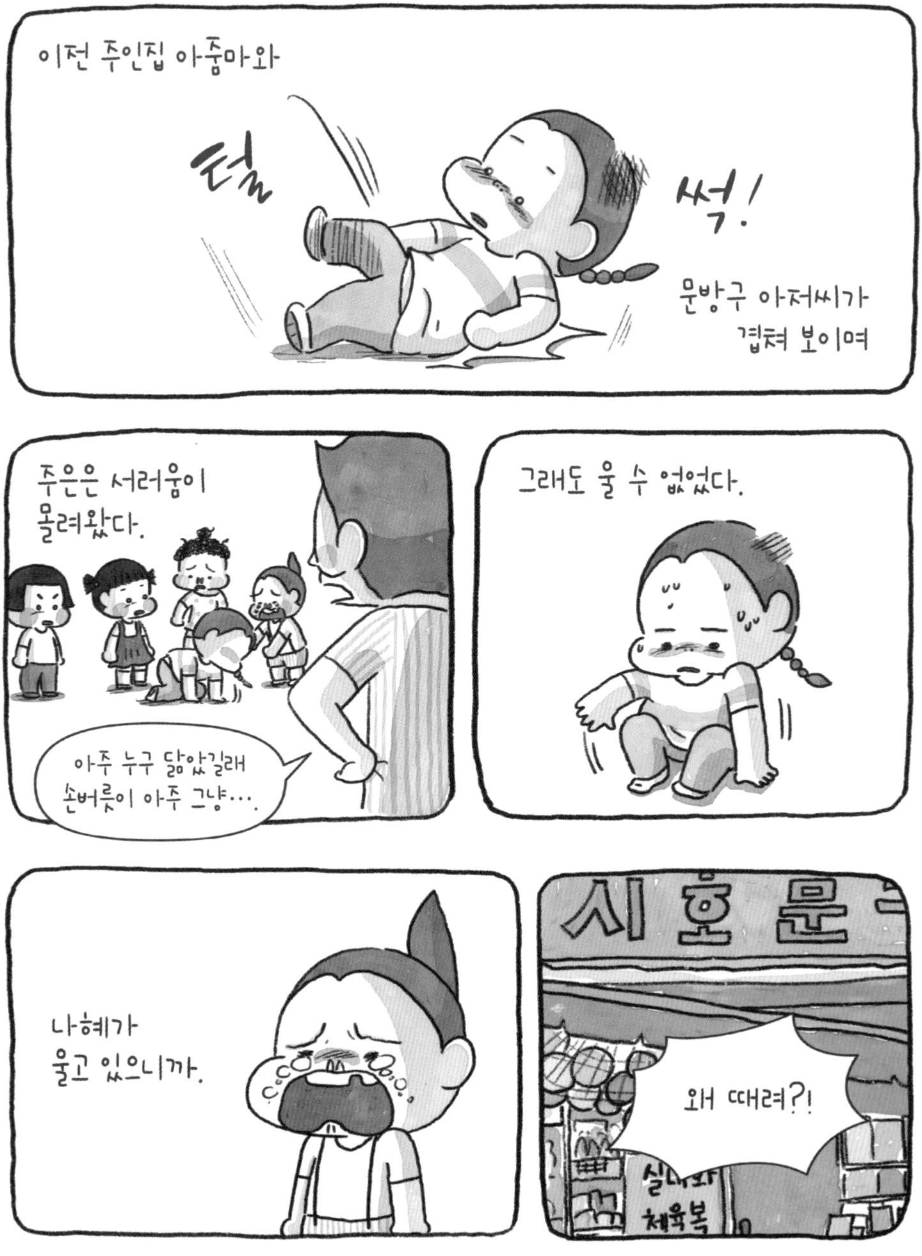

이전 주인집 아줌마와
털
썩!
문방구 아저씨가
겹쳐 보이며
주은은 서러움이
몰려왔다.
아주 누구 닮았길래
손버릇이 아주 그냥….
그래도 울 수 없었다.
나혜가
울고 있으니까.
시호문
왜 때려?!
실내화
체육복

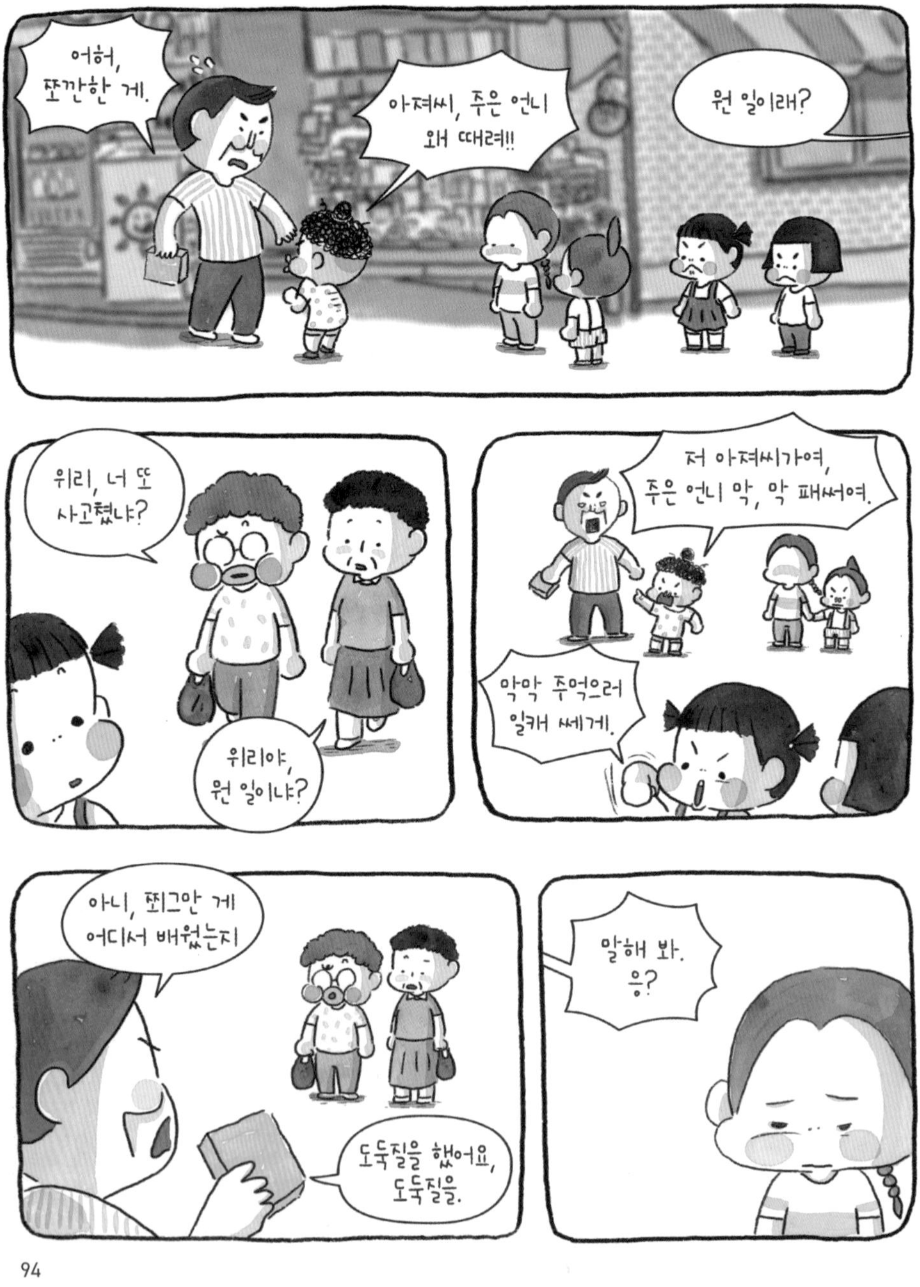
어허,
쪼깐한 게.
아져씨, 주은 언니
왜 때려!!
뭔 일이래?
위리, 너 또
사고쳤냐?
위리야,
뭔 일이냐?
저 아져씨가여,
주은 언니 막, 막 패써여.
막막 주먹으러
일케 쎄게.
아니, 쬐그만 게
어디서 배웠는지
도둑질을 했어요,
도둑질을.
말해 봐.
응?

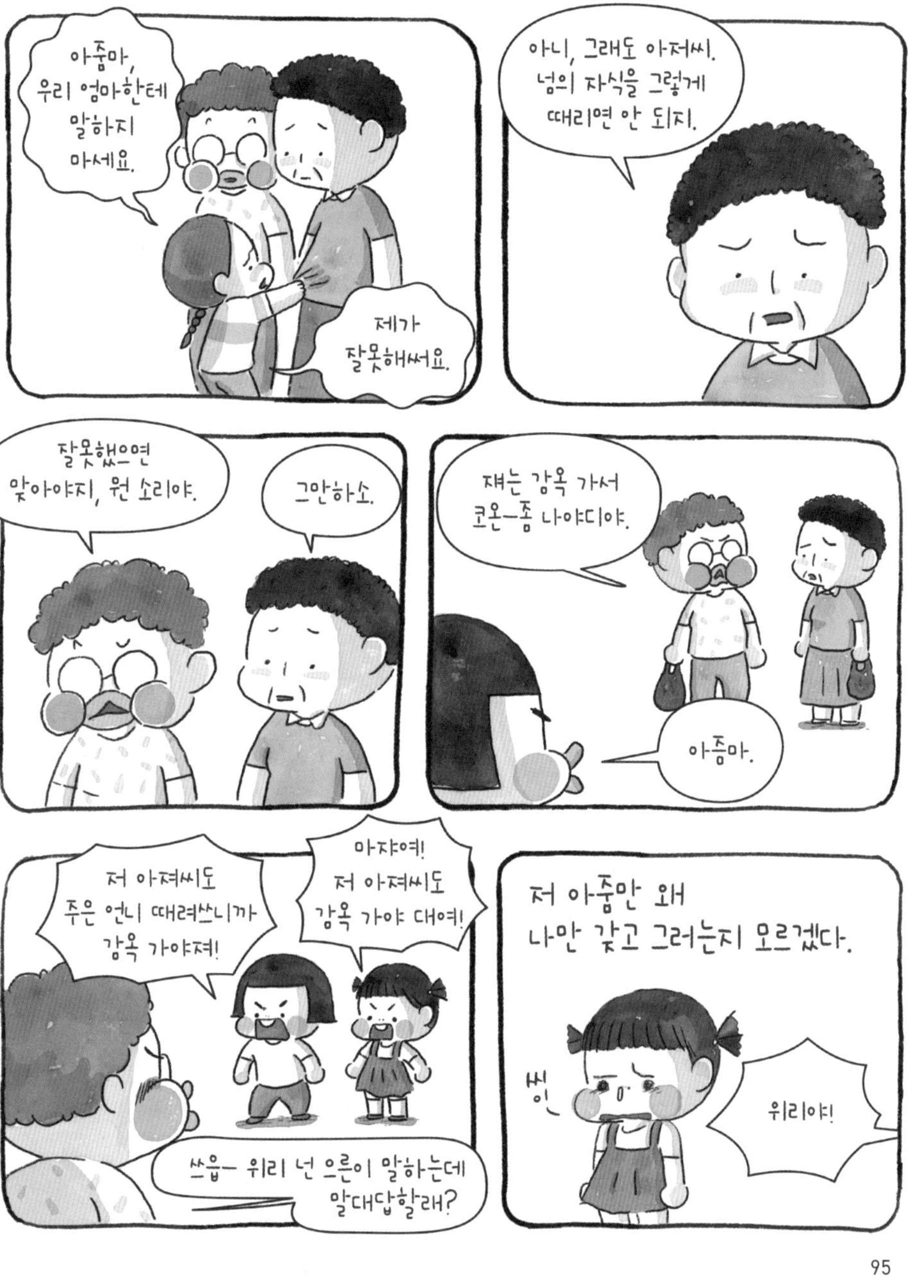
아줌마, 우리 엄마한테 말하지 마세요.
제가 잘못해써요.
아니, 그래도 아저씨. 남의 자식을 그렇게 때리면 안 되지.
잘못했으면 맞아야지, 뭔 소리야.
그만하소.
쟤는 감옥 가서 코온—좀 나야디야.
아줌마.
저 아져씨도 주은 언니 때려쓰니까 감옥 가야져!
마쟈여! 저 아져씨도 감옥 가야 대여!
쓰읍— 위리 넌 으른이 말하는데 말대답할래?
저 아줌만 왜 나만 갖고 그러는지 모르겠다.
씽
위리야!

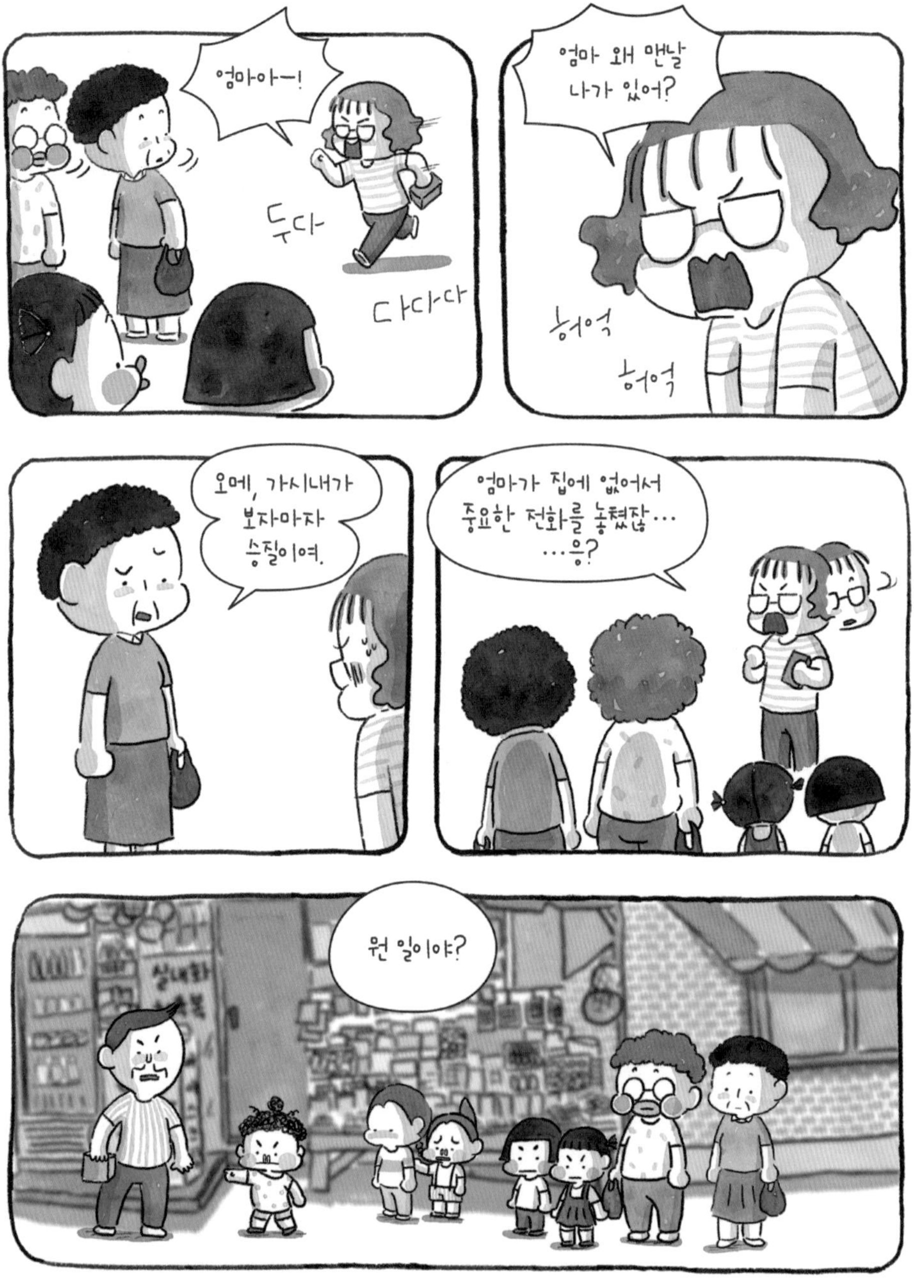
엄마아ㅡ!
두다
다다다
엄마 왜 맨날 나가 있어?
허억
허억
오메, 가시내가 보자마자 승질이여.
엄마가 집에 없어서 중요한 전화를 놓쳤잖…
…응?
뭔 일이야?

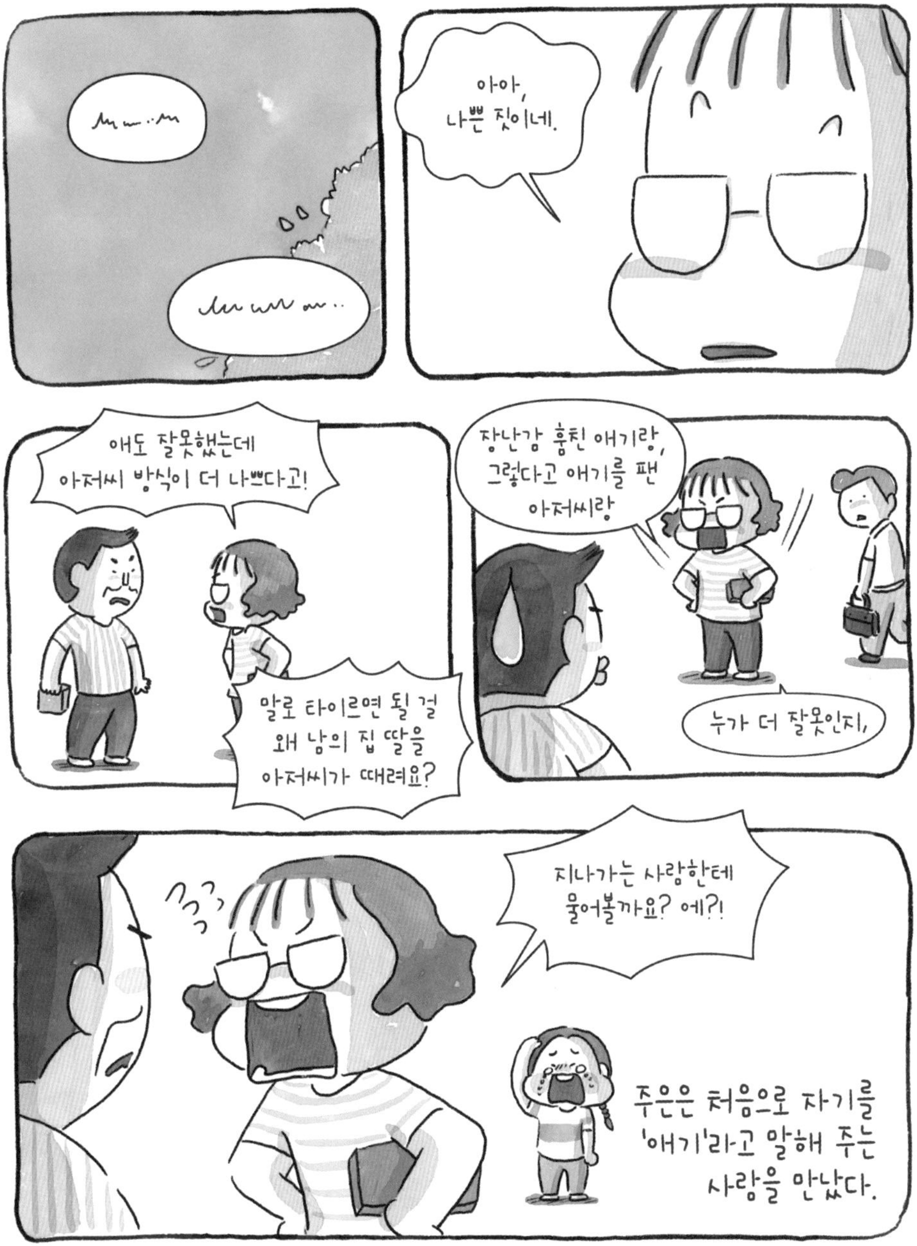
아아,
나쁜 짓이네.
애도 잘못했는데
아저씨 방식이 더 나쁘다고!
말로 타이르면 될 걸
왜 남의 집 딸을
아저씨가 때려요?
장난감 훔친 애기랑,
그렇다고 애기를 팬
아저씨랑
누가 더 잘못인지,
지나가는 사람한테
물어볼까요? 예?!
주은은 처음으로 자기를
'애기'라고 말해 주는
사람을 만났다.

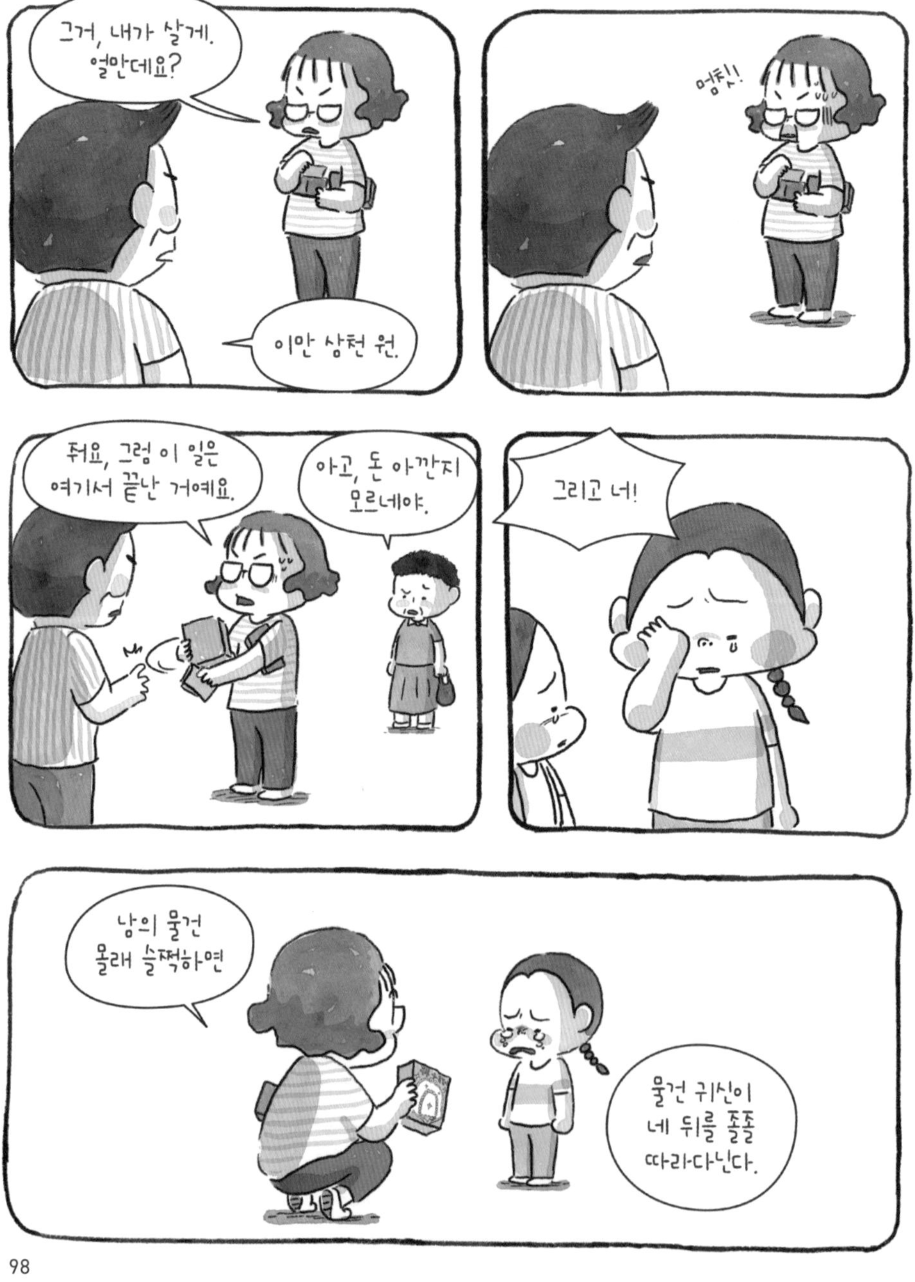
그거, 내가 살게.
얼만데요?
이만 삼천 원.
멈칫!
줘요, 그럼 이 일은
여기서 끝난 거예요.
아고, 돈 아깐지
모르네야.
그리고 너!
남의 물건
몰래 슬쩍하면
물건 귀신이
네 뒤를 졸졸
따라다닌다.

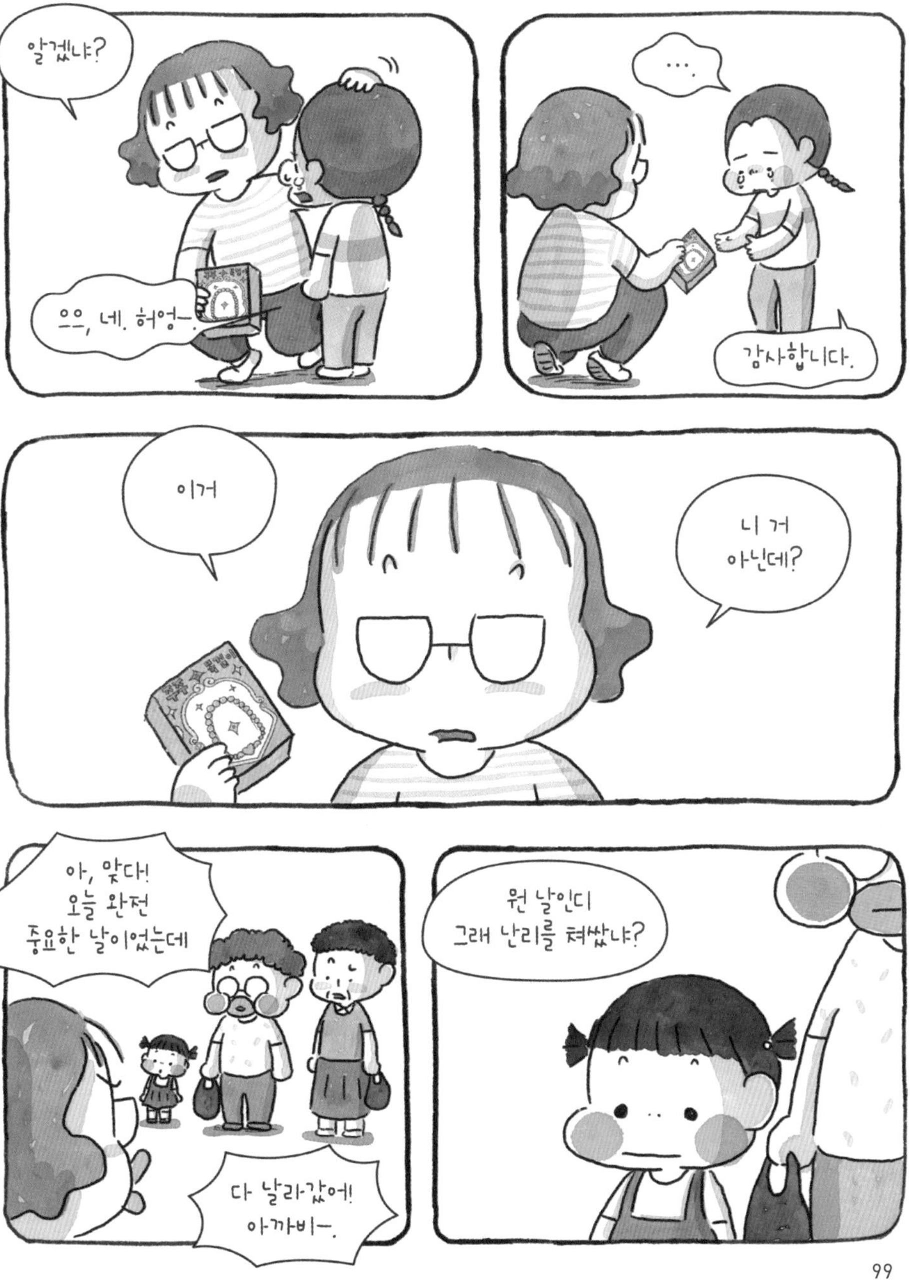
알겠냐?
으으, 네. 허엉~.
…
감사합니다.
이거
니 거 아닌데?
아, 맞다! 오늘 완전 중요한 날이었는데
다 날라갔어! 아까비~.
뭔 날인디 그래 난리를 쳐쌌냐?

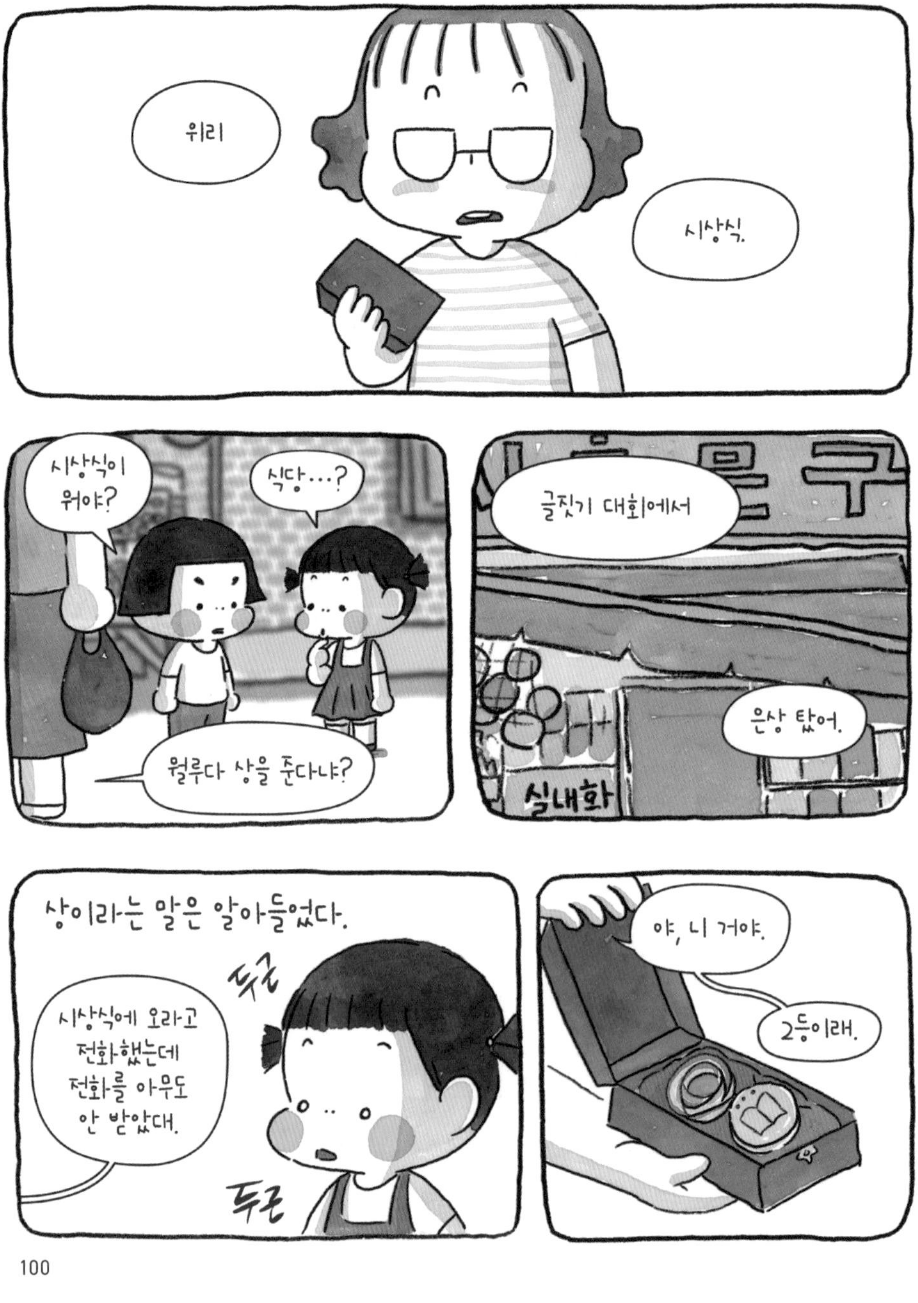
위리
시상식.
시상식이 뭐야?
식당…?
뭘루다 상을 준다냐?
글짓기 대회에서
은상 탔어.
실내화
상이라는 말은 알아들었다.
두근
시상식에 오라고 전화했는데 전화를 아무도 안 받았대.
두근
야, 니 거야.
2등이래.

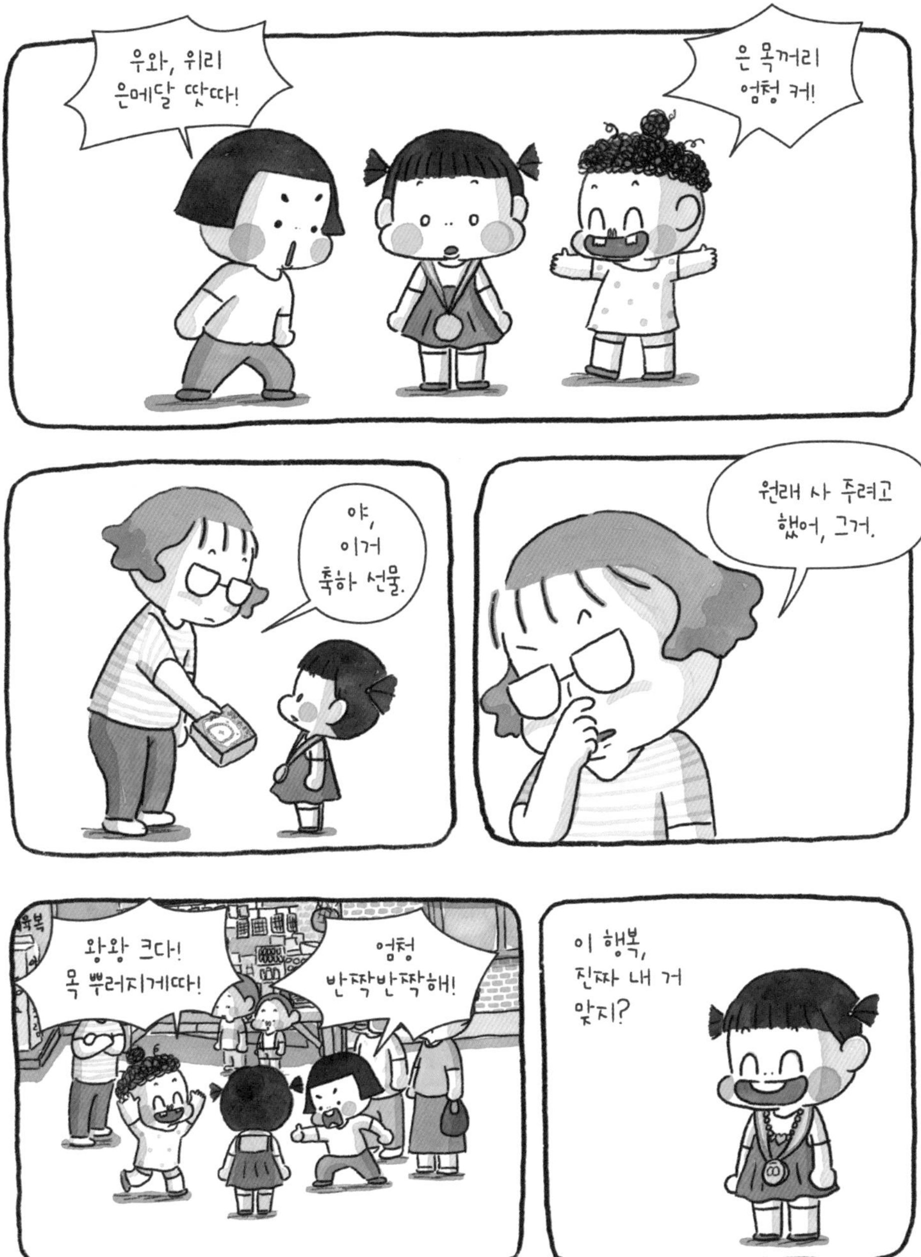
우와, 위리 은메달 땄따!
은 목꺼리 엄청 커!
야, 이거 축하 선물.
원래 사 주려고 했어, 그거.
왕왕 크다! 목 뿌러지게따!
엄청 반짝반짝해!
이 행복, 진짜 내 거 맞지?

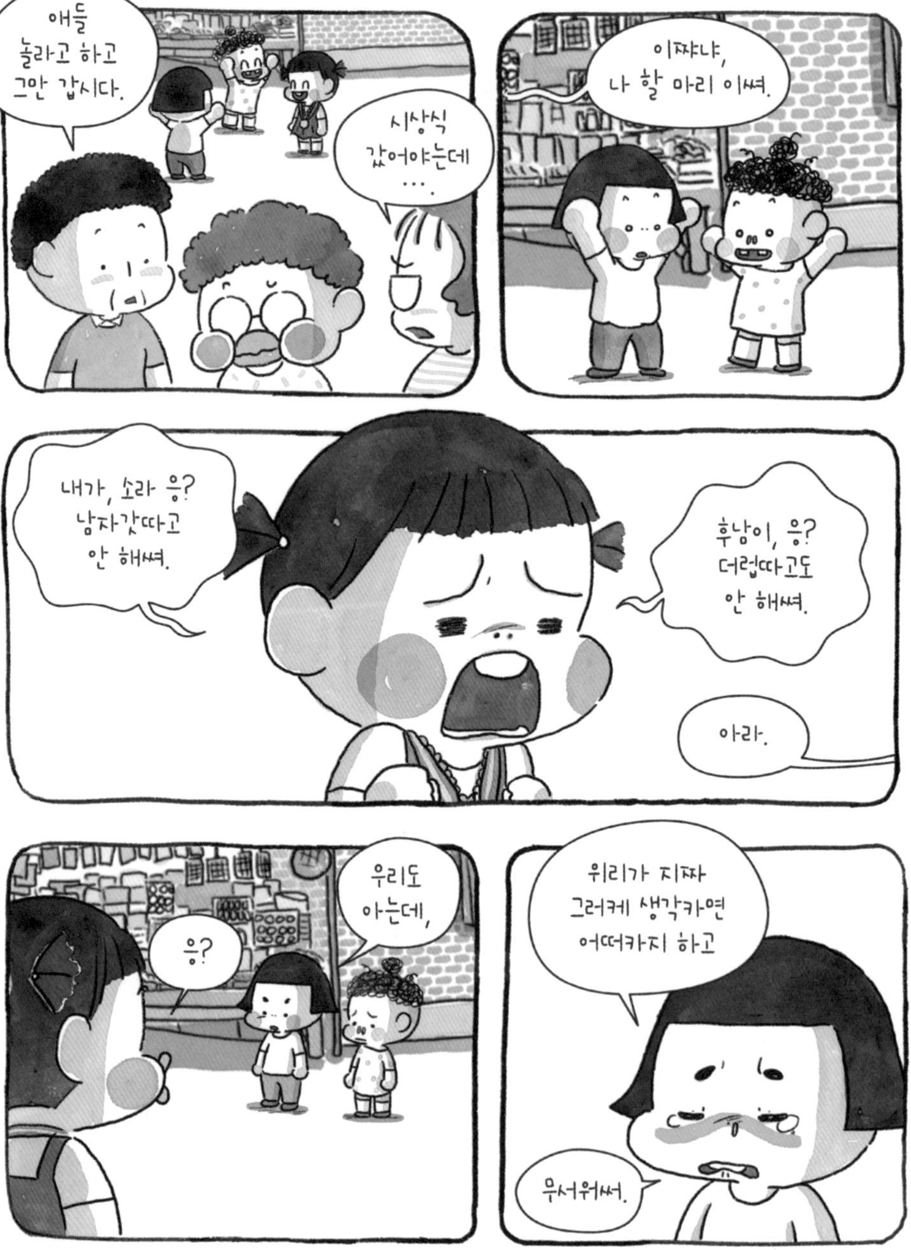
애들 놀라고 하고 그만 갑시다.
시상식 갔어야는데….
이짜냐, 나 할 마리 이써.
내가, 소라 응? 남자갔따고 안 해써.
후남이, 응? 더럽따고도 안 해써.
아라.
우리도 아는데,
응?
위리가 지짜 그러케 생각카면 어떠카지 하고
무서워써.

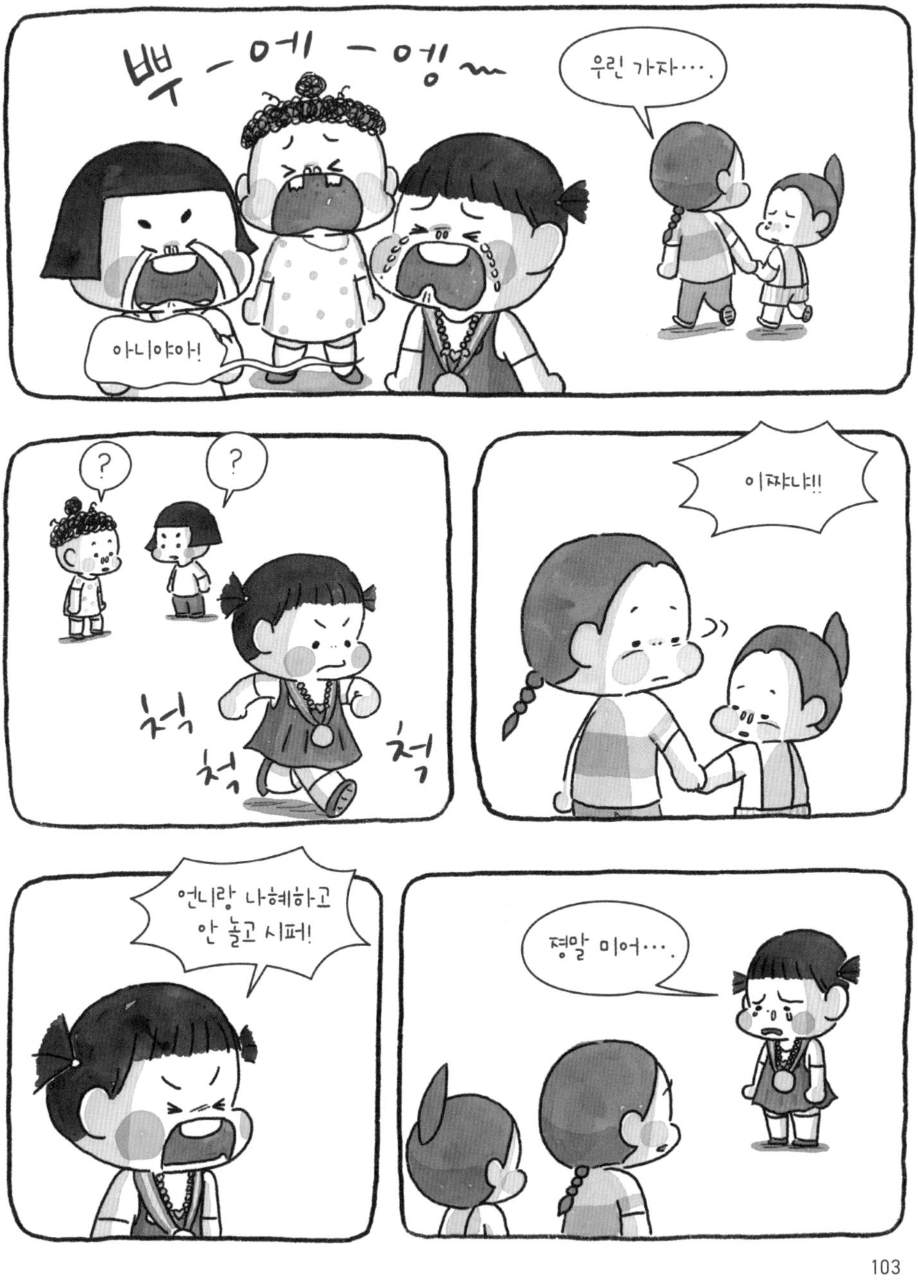

뿌-에-엥~
아니야아!
우린 가자….
?
?
척
척
척
이쨔냐!!
언니랑 나혜하고 안 놀고 시퍼!
정말 미어….

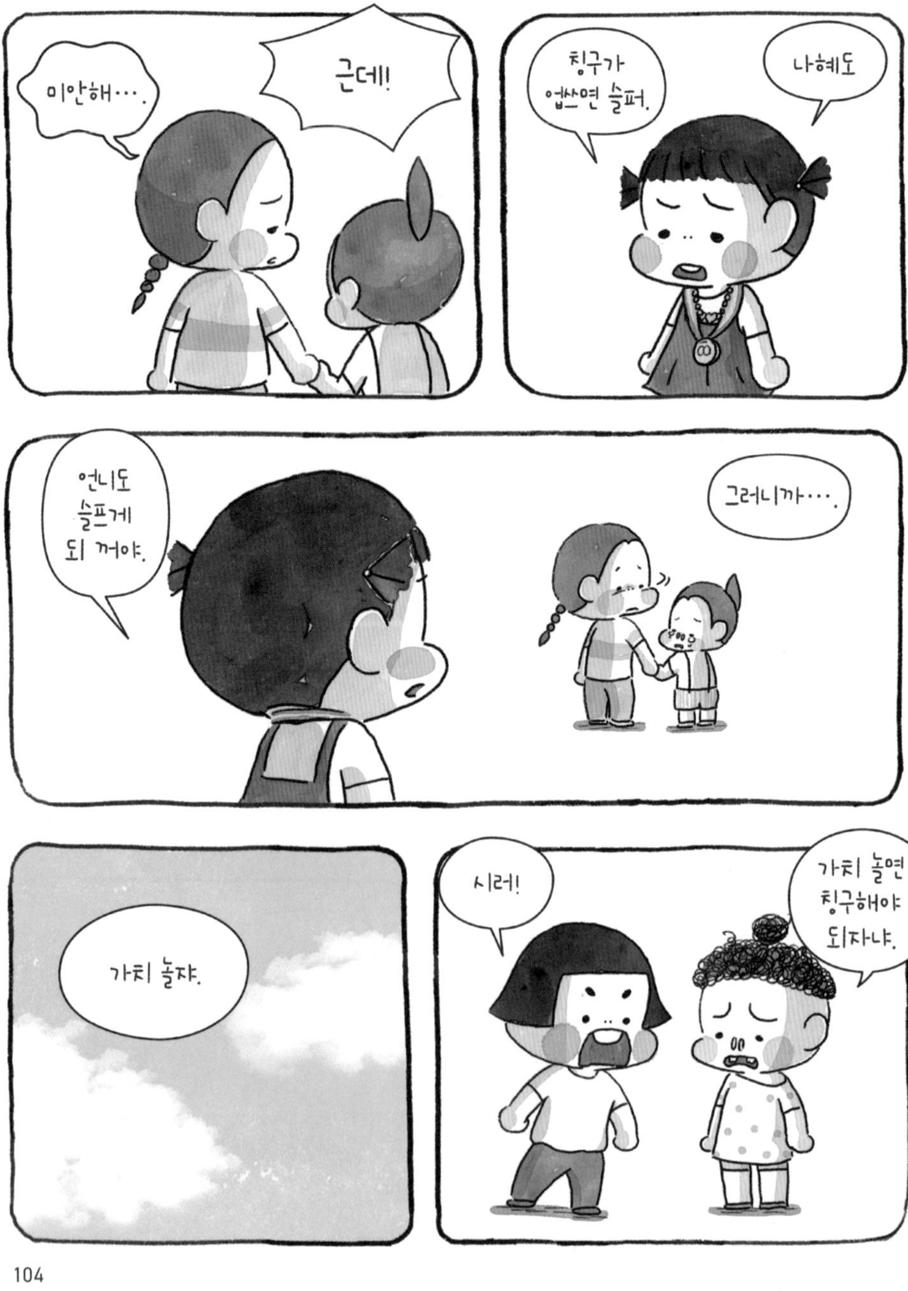
미안해….
근데!
칭구가 업쓰면 슬퍼.
나혜도
언니도 슬프게 되 꺼야.
그러니까….
가치 놀쟈.
시러!
가치 놀면 칭구해야 되자냐.

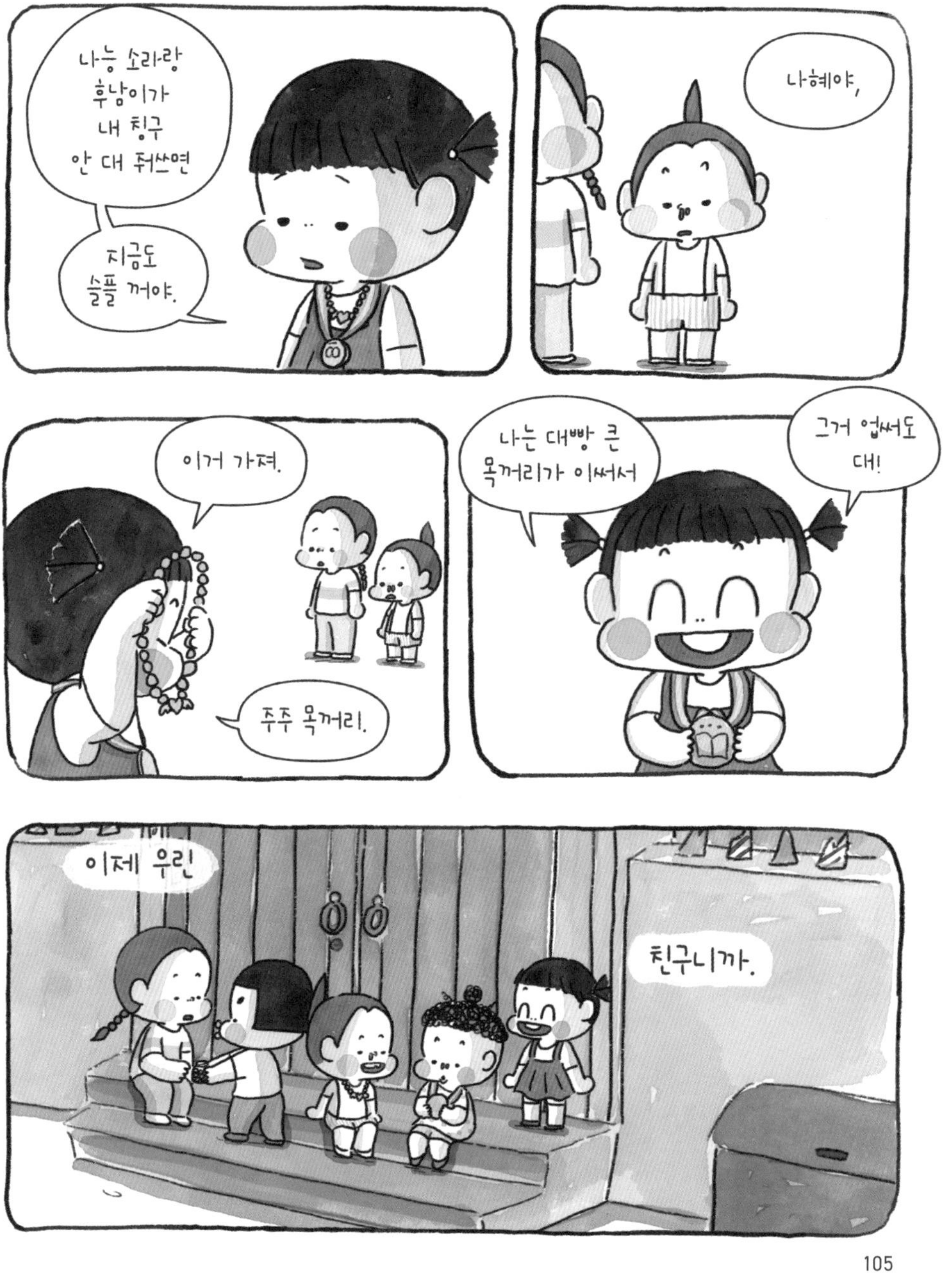
나능 소라랑 후남이가 내 칭구 안 대 줘쓰면
지금도 슬플 꺼야.
나혜야,
이거 가져.
주주 목꺼리.
나는 대빵 큰 목꺼리가 이써서
그거 업써도 대!
이제 우린
친구니까.

다 컸네

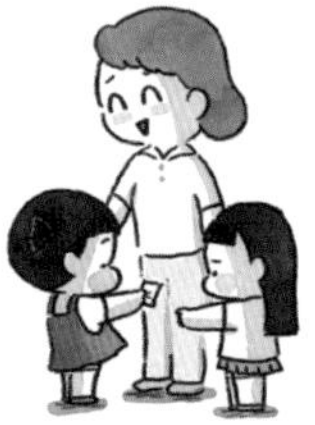

친구는 남매를 키우고 있다. 첫째는 남자아이로 순둥순둥하고,
둘째는 여자아이인데, 활발하기 그지없다.

어느 날 친구가 두 아이를 데리고 잠깐 우리 집에 들렀는데,
예상대로 첫째는 조용히 책상에 앉아 책을 읽고 있고
둘째는 아주 그냥 야단법석이었다.
친구는 어쩔 수 없이 둘째에게 관심을 더 줄 수밖에 없었다.
한눈팔다 사고라도 나면 큰일이니까.

내가 책 보는 첫째에게 책이 그렇게 재밌냐고 물으니
친구의 남편이 대신 대답했다.
"우리 땡땡이는 다 컸어. 완전 어른스럽다니까."라고 칭찬을 했다.
그 말에 나는 정색을 하며 말했다.
"왜 그래, 땡땡이도 어린이야. 어린이는 어른스럽지 않아도 돼."
그리고 첫째에게 "그치, 우리 땡땡이는 어린이야."라고 한마디 해 줬다.

땡땡이는 그날 이후로 세상에서 엄마 아빠 다음으로
나를 제일 좋아하게 되었다.
땡땡이는 그때 그 한마디가 절실했을지도 모른다.

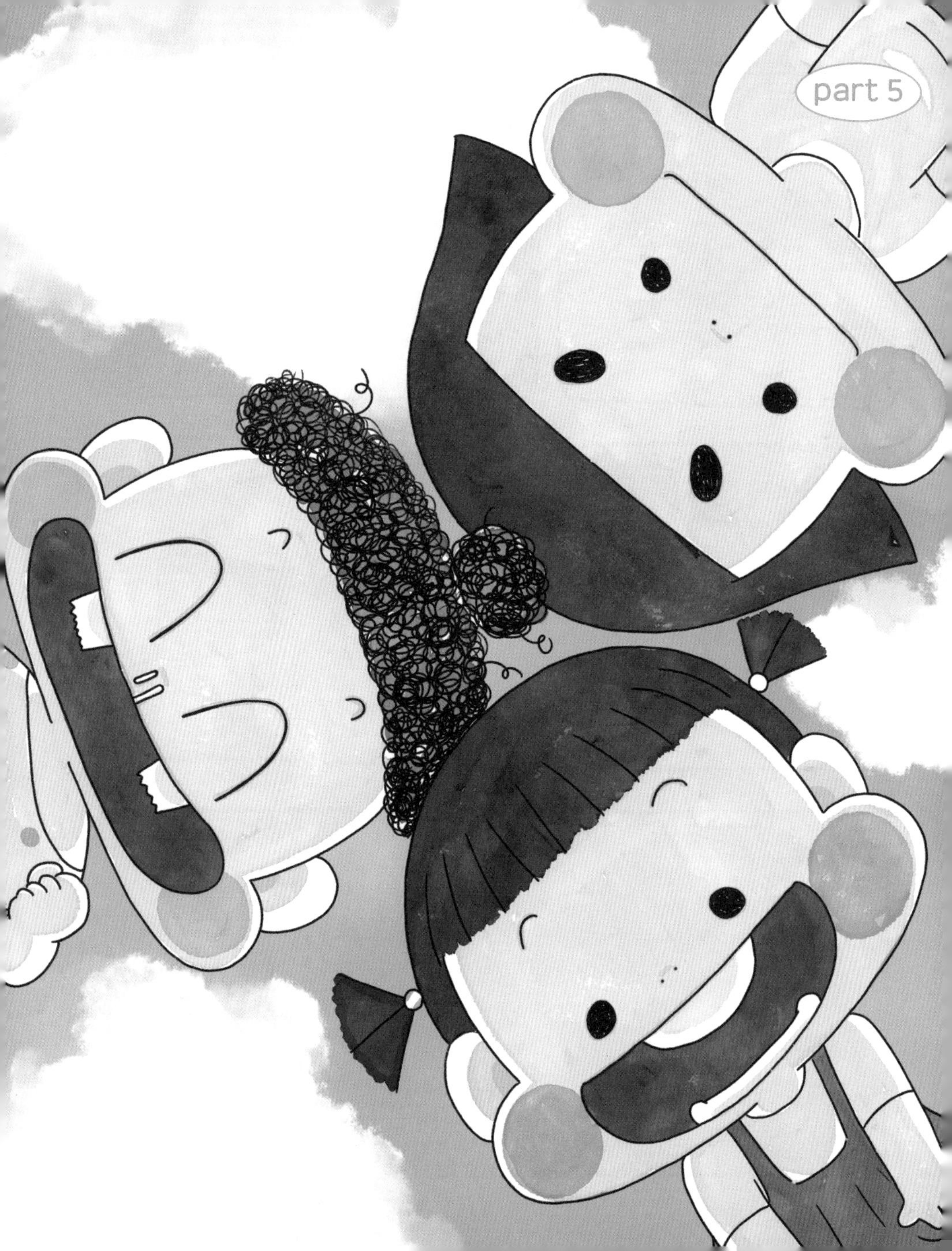
part 5

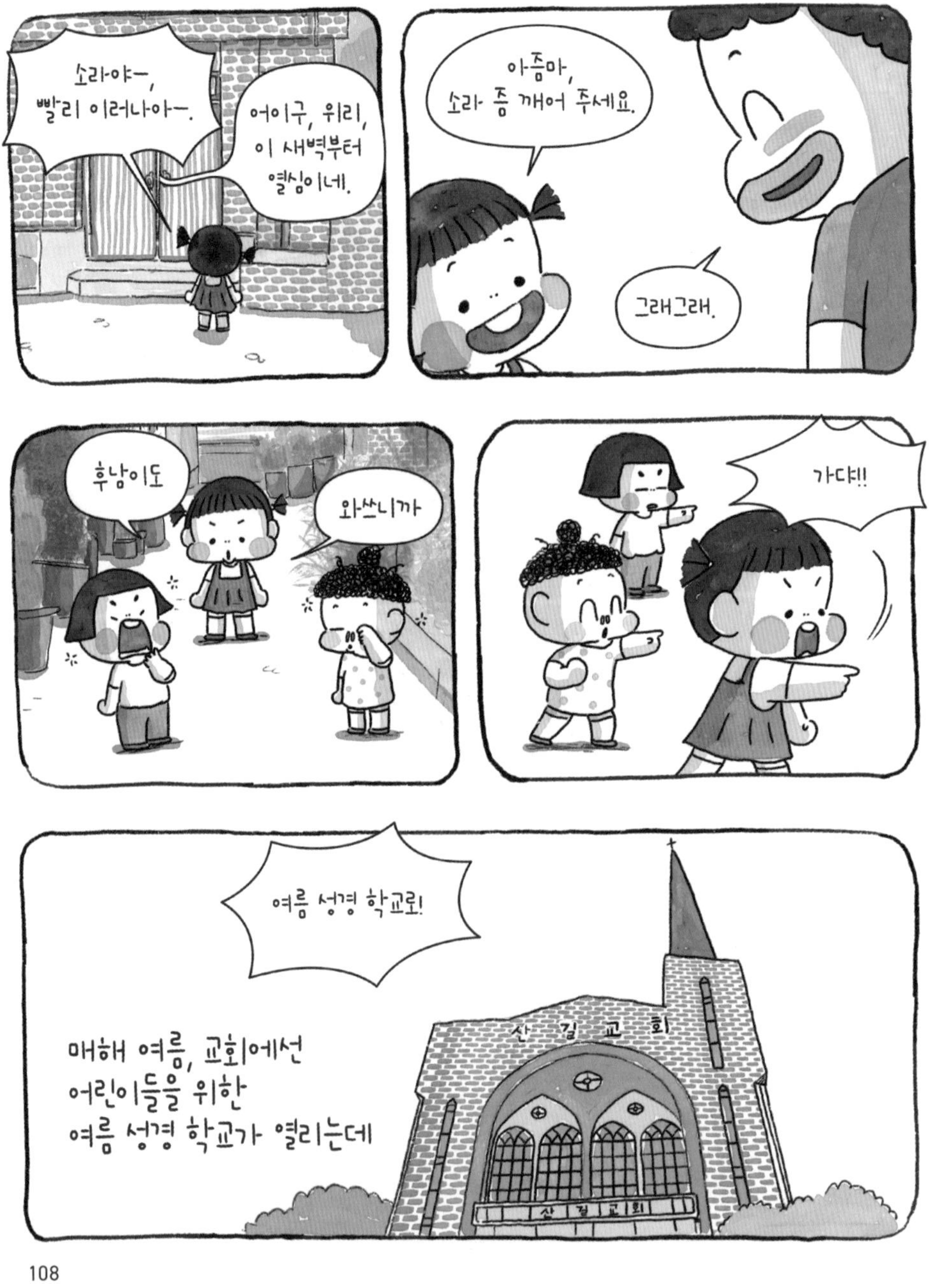
소라야~,
빨리 이러나아~.
어이구, 위리,
이 새벽부터
열심이네.
아줌마,
소라 좀 깨어 주세요.
그래그래.
후남이도
와쓰니까
가다!!
여름 성경 학교로!
매해 여름, 교회에선
어린이들을 위한
여름 성경 학교가 열리는데
산 길 교 회
산 길 교 회

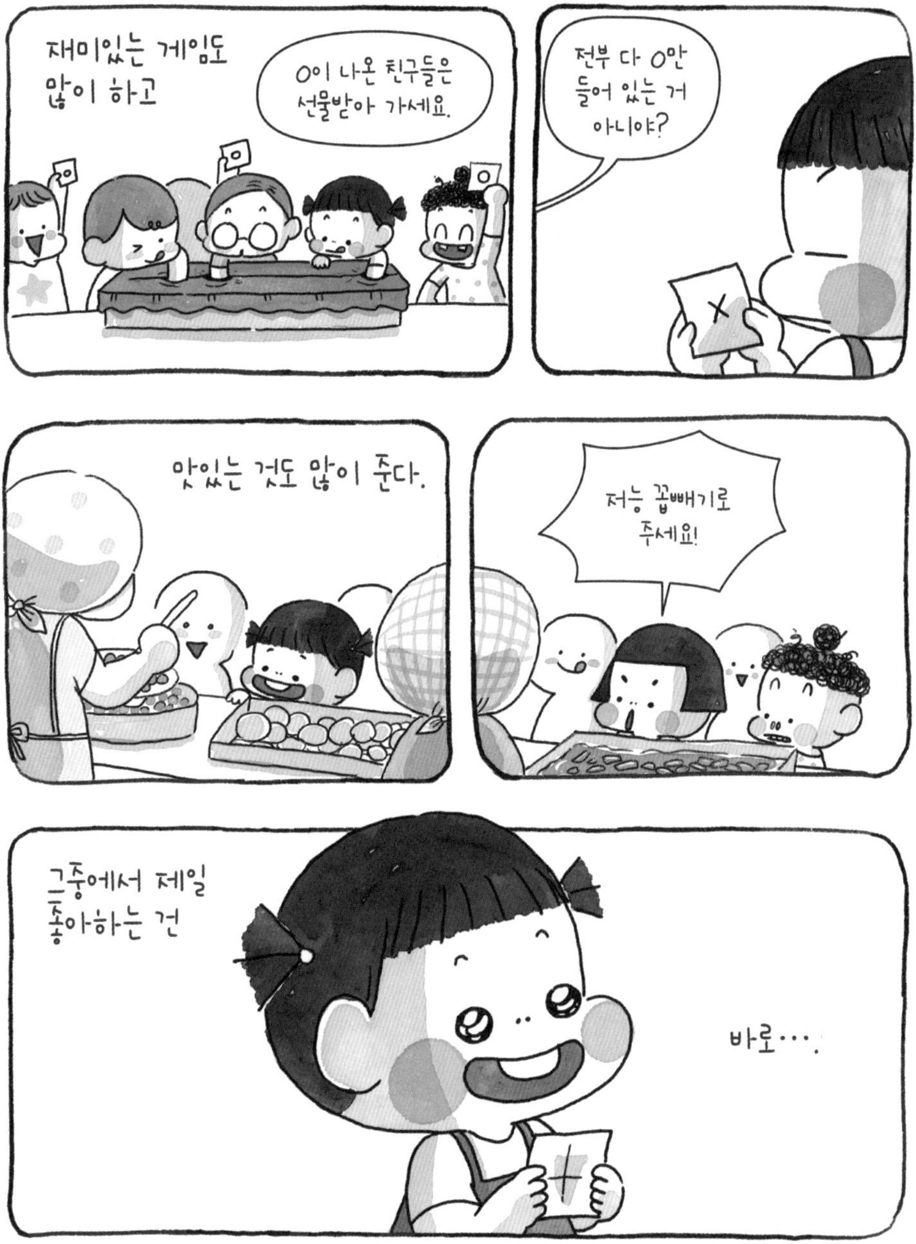
재미있는 게임도
많이 하고
O이 나온 친구들은
선물받아 가세요.
전부 다 O만
들어 있는 거
아니야?
맛있는 것도 많이 준다.
저능 꼽빼기로
주세요!
그중에서 제일
좋아하는 건
바로….

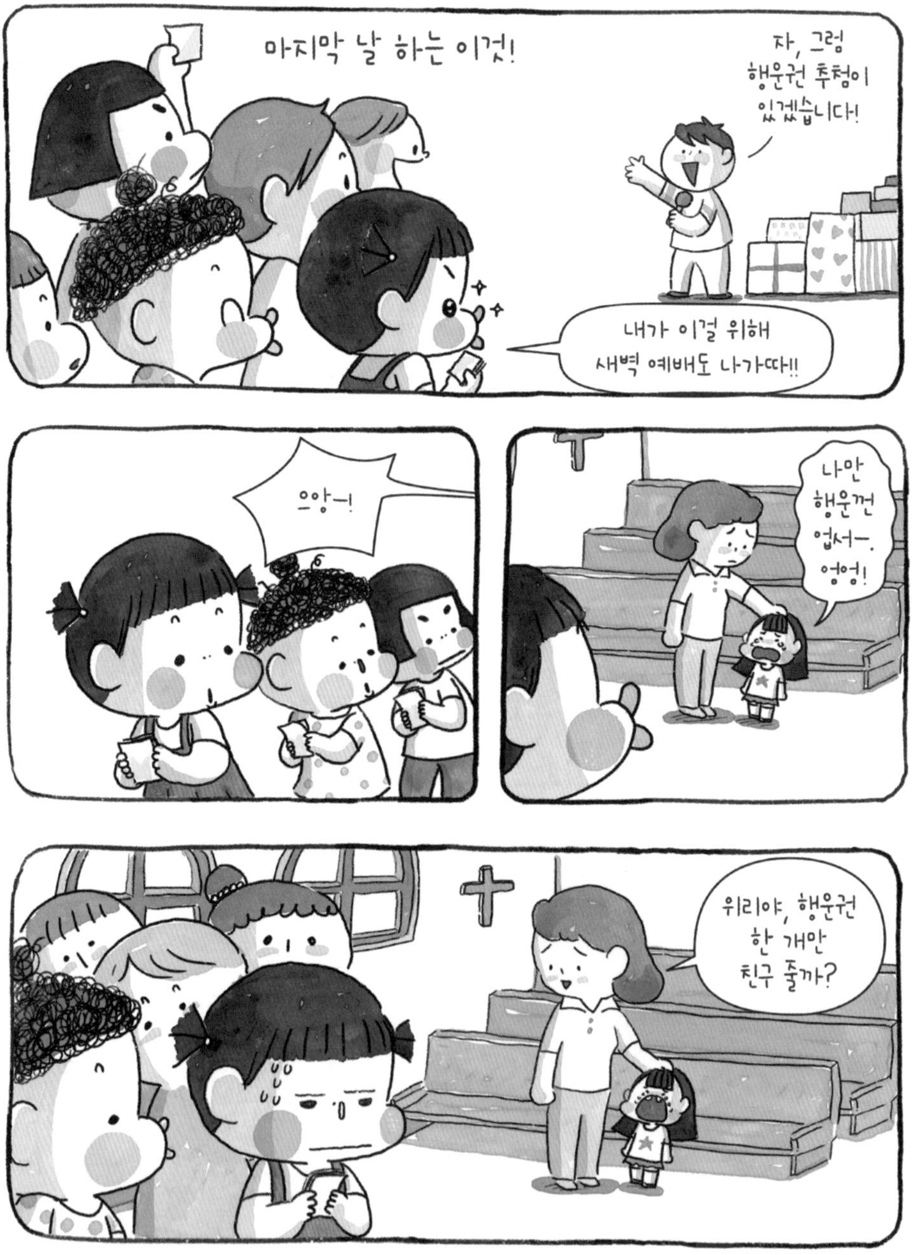
마지막 날 하는 이것!
자, 그럼 행운권 추첨이 있겠습니다!
내가 이걸 위해 새벽 예배도 나가따!!
으앙-!
나만 행운껀 업서-. 엉엉!
위리야, 행운권 한 개만 친구 줄까?

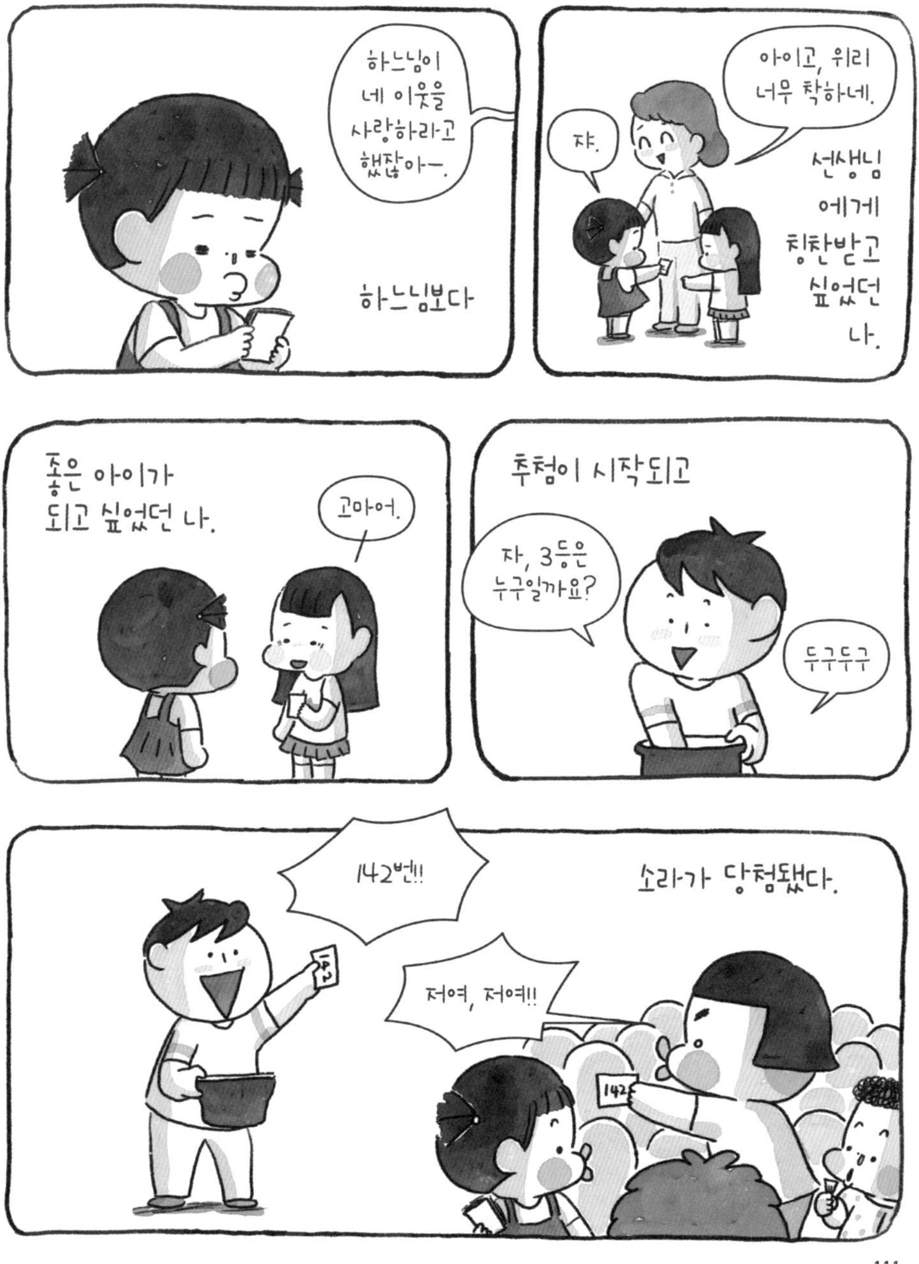
하느님이 네 이웃을 사랑하라고 했잖아—.
하느님보다
아이고, 위리 너무 착하네.
자.
선생님에게 칭찬받고 싶었던 나.
좋은 아이가 되고 싶었던 나.
고마어.
추첨이 시작되고
자, 3등은 누구일까요?
두구두구
142번!!
소라가 당첨됐다.
저여, 저여!!
142
142

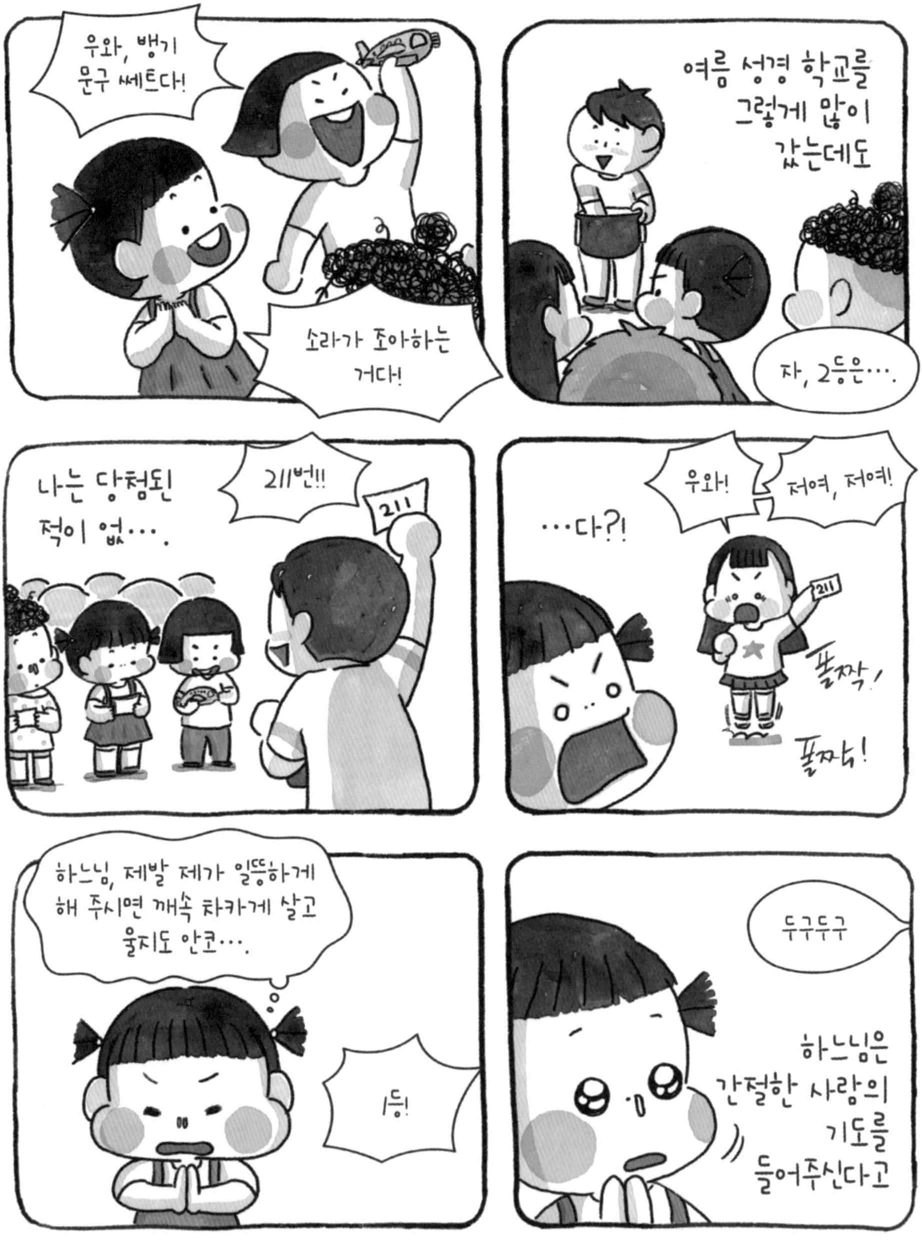

우와, 뱅기 문구 쎄트다!
소라가 조아하는 거다!
여름 성경 학교를 그렇게 많이 갔는데도
자, 2등은….
나는 당첨된 적이 없….
211번!!
211
…다?!
우와!
저여, 저여!
211
폴짝!
폴짝!
하느님, 제발 제가 일뜽하게 해 주시면 깨속 차카게 살고 울지도 안코….
1등!
두구두구
하느님은 간절한 사람의 기도를 들어주신다고

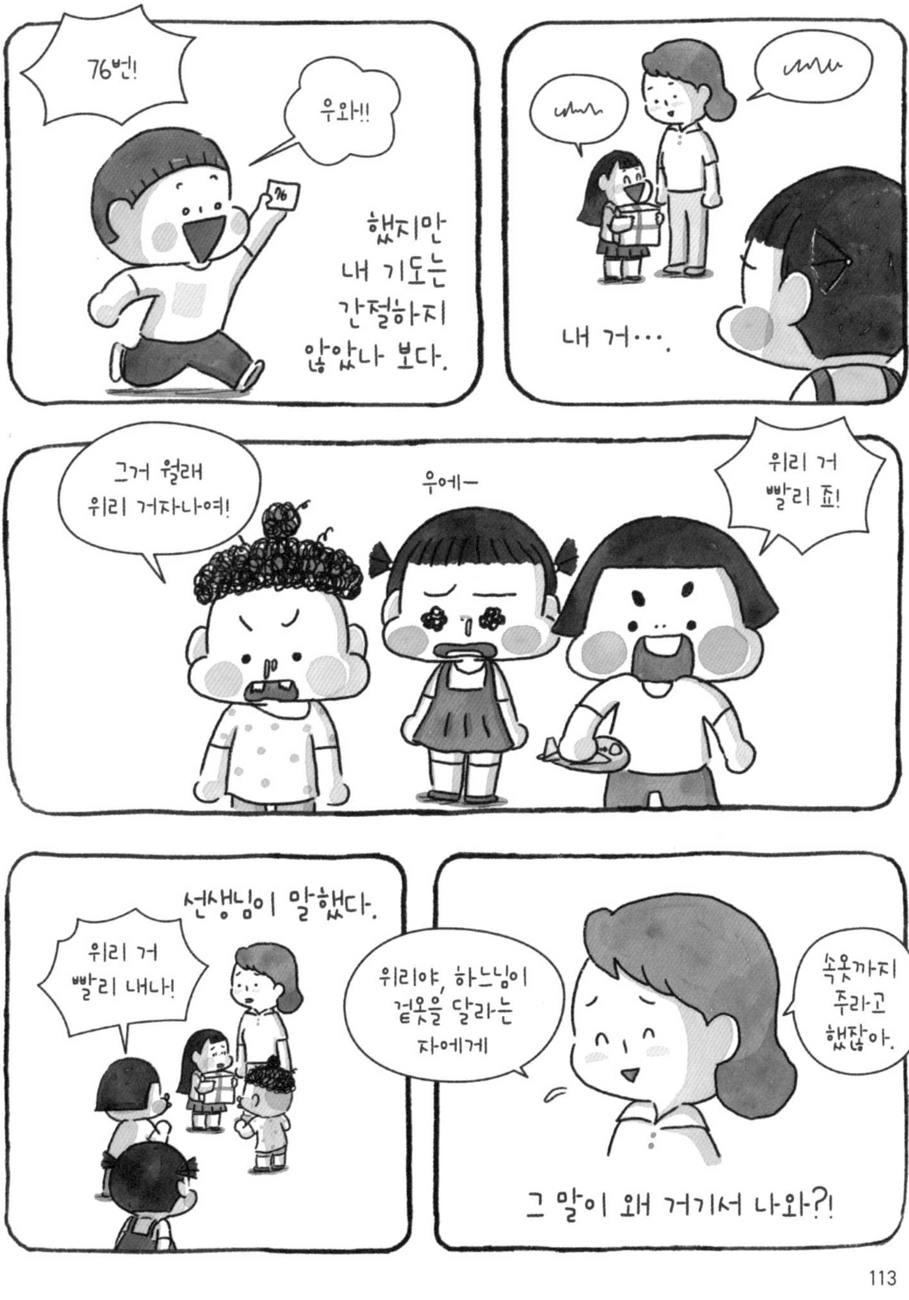
76번!
우와!!
했지만
내 기도는
간절하지
않았나 보다.
내 거….
그거 월래
위리 거자나여!
우에ㅡ
위리 거
빨리 죠!
선생님이 말했다.
위리 거
빨리 내나!
위리야, 하느님이
겉옷을 달라는
자에게
속옷까지
주라고
했잖아.
그 말이 왜 거기서 나와?!

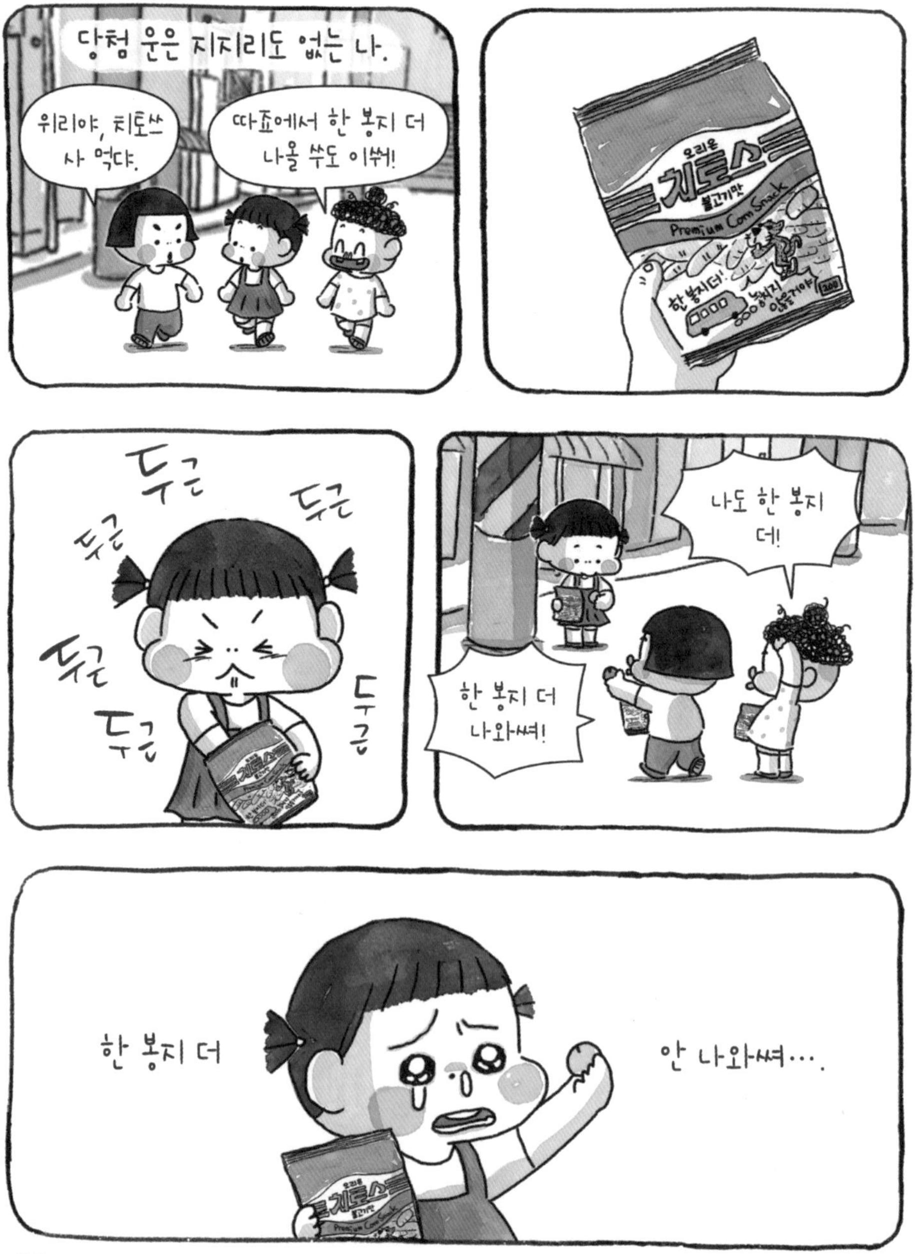

당첨 운은 지지리도 없는 나.
위리야, 치토쓰 사 먹댜.
따쬬에서 한 봉지 더 나올 쑤도 이써!
두근
두근
두근
두근
두근
두근
나도 한 봉지 더!
한 봉지 더 나와써!
한 봉지 더
안 나와써….

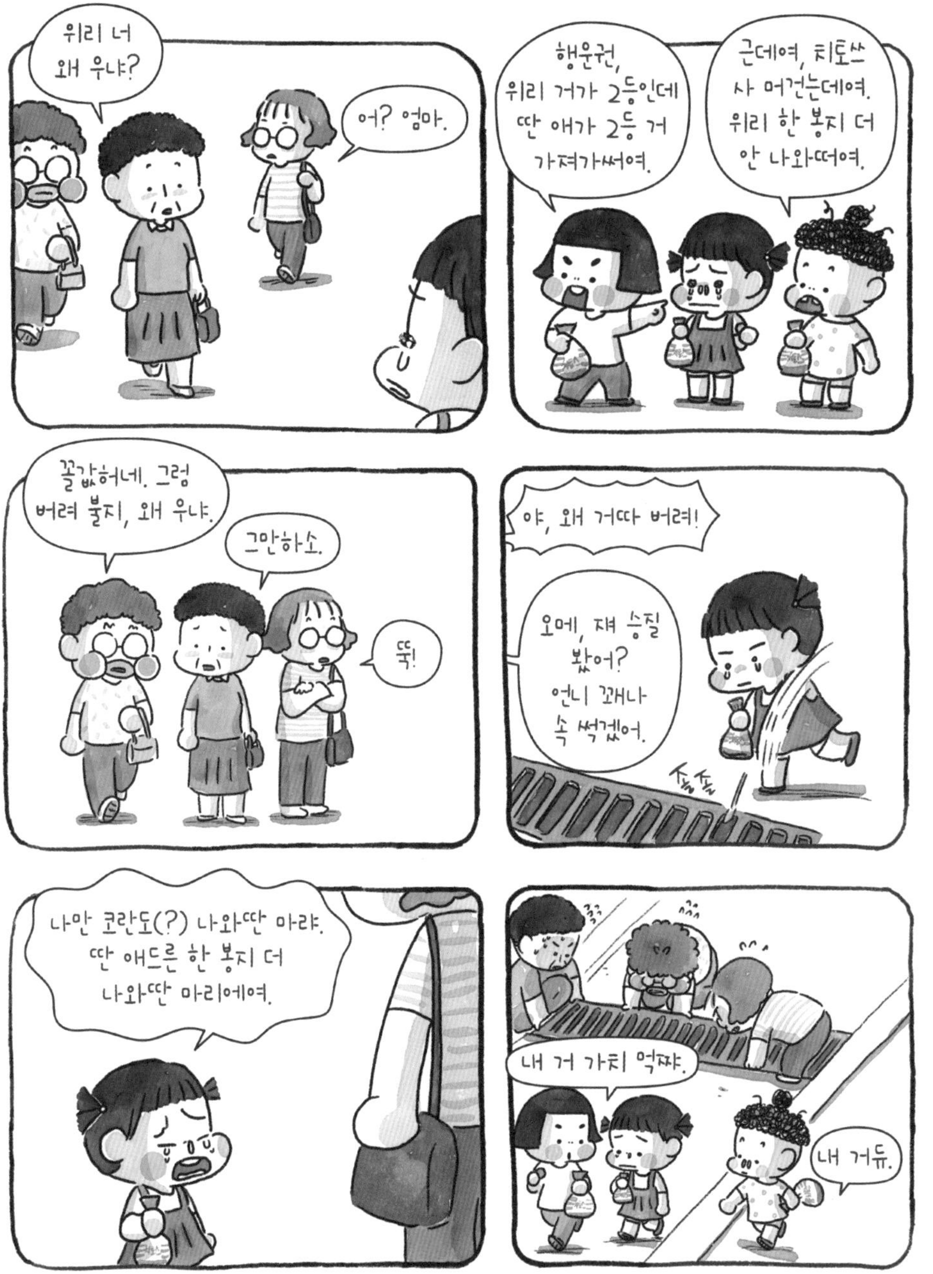

위리 너 왜 우냐?
어? 엄마.
행운권, 위리 거가 2등인데 딴 애가 2등 거 가져가써여.
근데여, 치토쓰 사 머건는데여. 위리 한 봉지 더 안 나와떠여.
꼴값허네. 그럼 버려 불지, 왜 우냐.
그만하소.
뚝!
야, 왜 거따 버려!
오메, 재 승질 봤어? 언니 꽤나 속 썩겄어.
나만 코란도(?) 나와딴 마랴. 딴 애드른 한 봉지 더 나와딴 마리에여.
내 거 가치 먹쨔.
내 거듀.

미운 오리 새끼

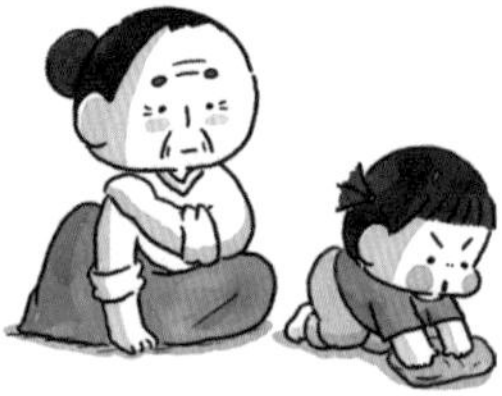

너는 미운 오리 새끼야.

네가 다른 오리들과 다르다는 걸 인정해.

그런데 미운 오리 새끼가

당장 너무 힘들다고

다른 오리들과 비슷하게 행동하고

평범한 오리가 되기로 노력했다면

백조가 되기 전,

수많은 오리들 중 하나로 살다

오리로 죽겠지.

part 6

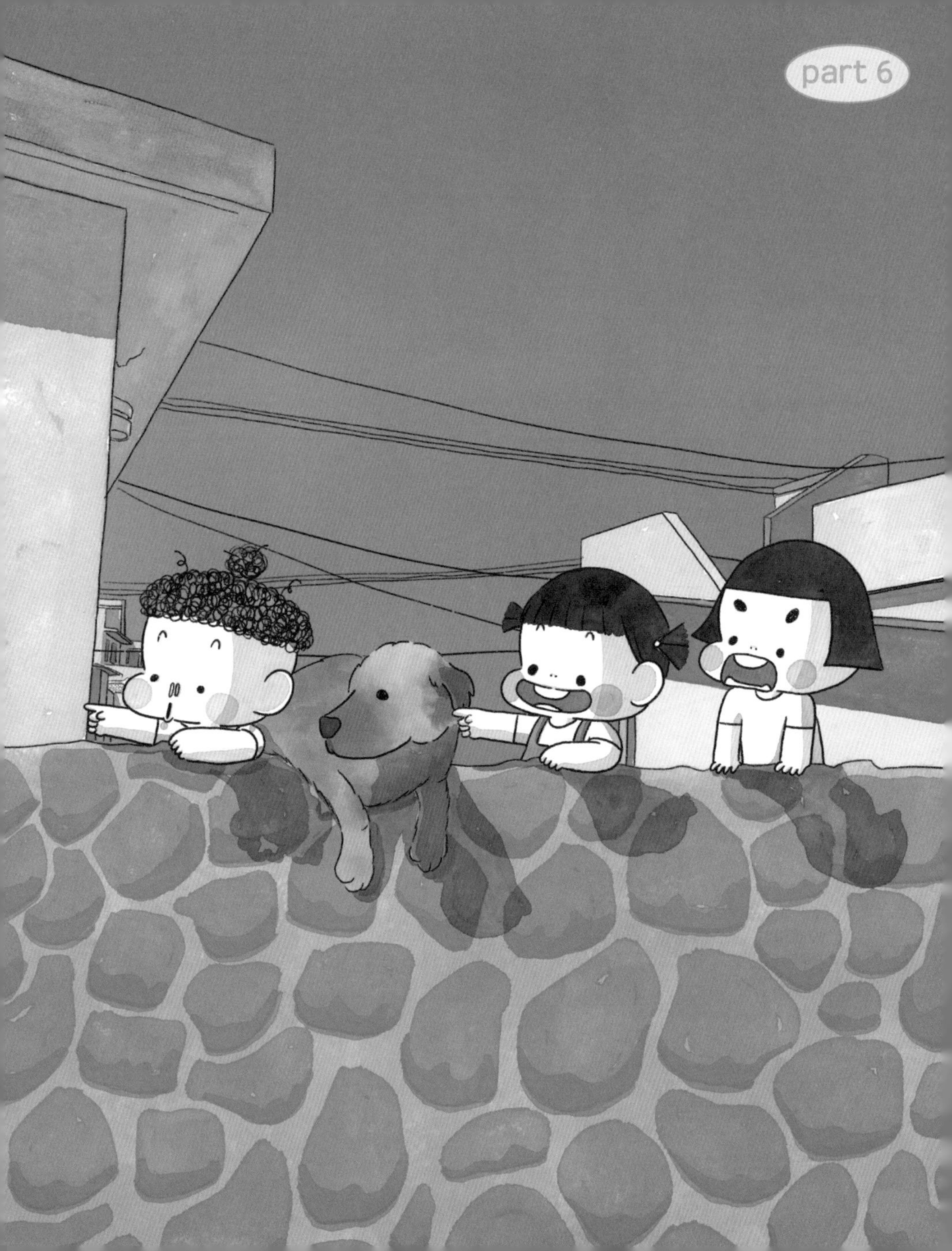

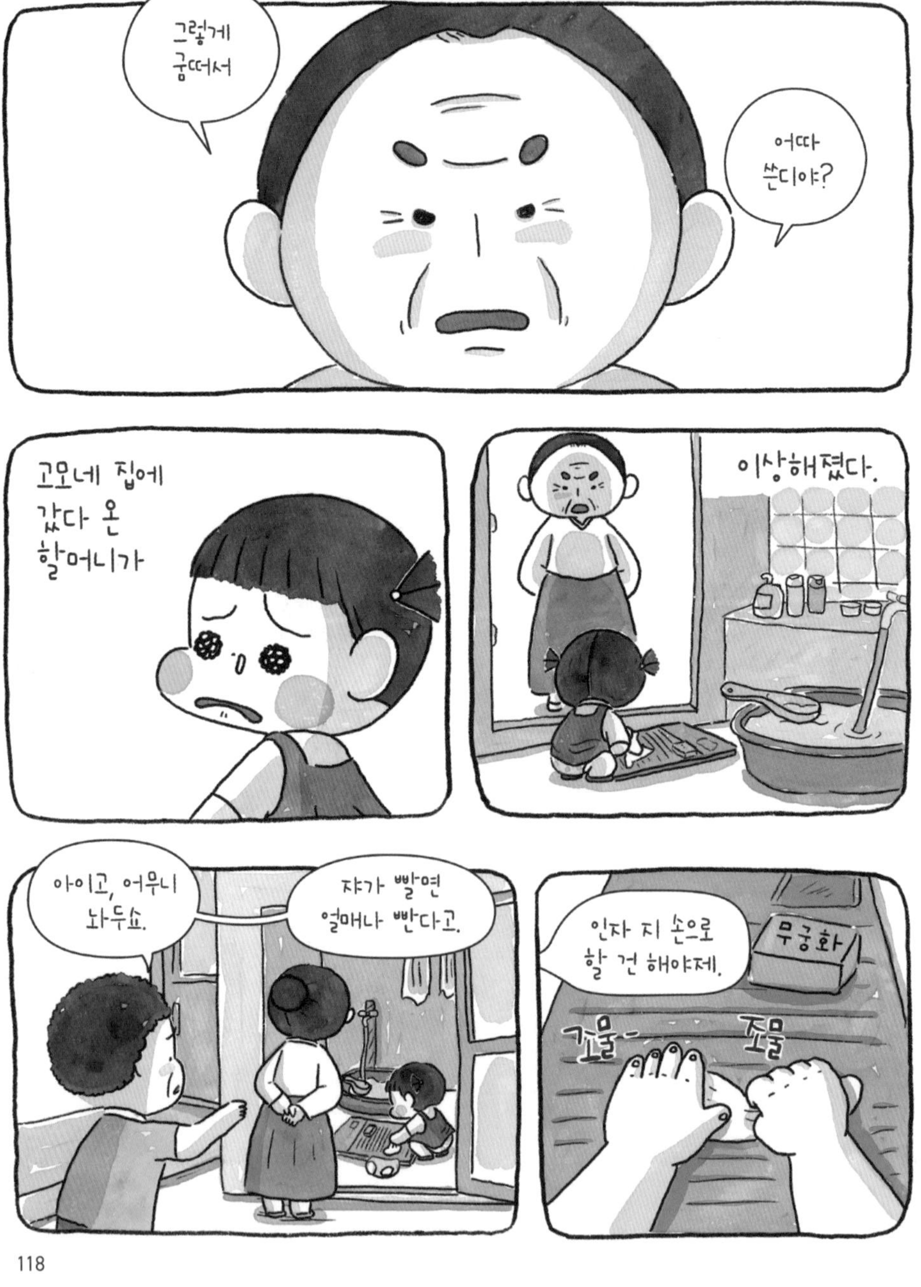

그렇게
곰떠서
어따
쓴디야?
고모네 집에
갔다 온
할머니가
이상해졌다.
아이고, 어무니
놔두쇼.
쟈가 빨면
얼매나 빤다고.
인자 지 손으로
할 건 해야제.
무궁화
꼬물-
조물

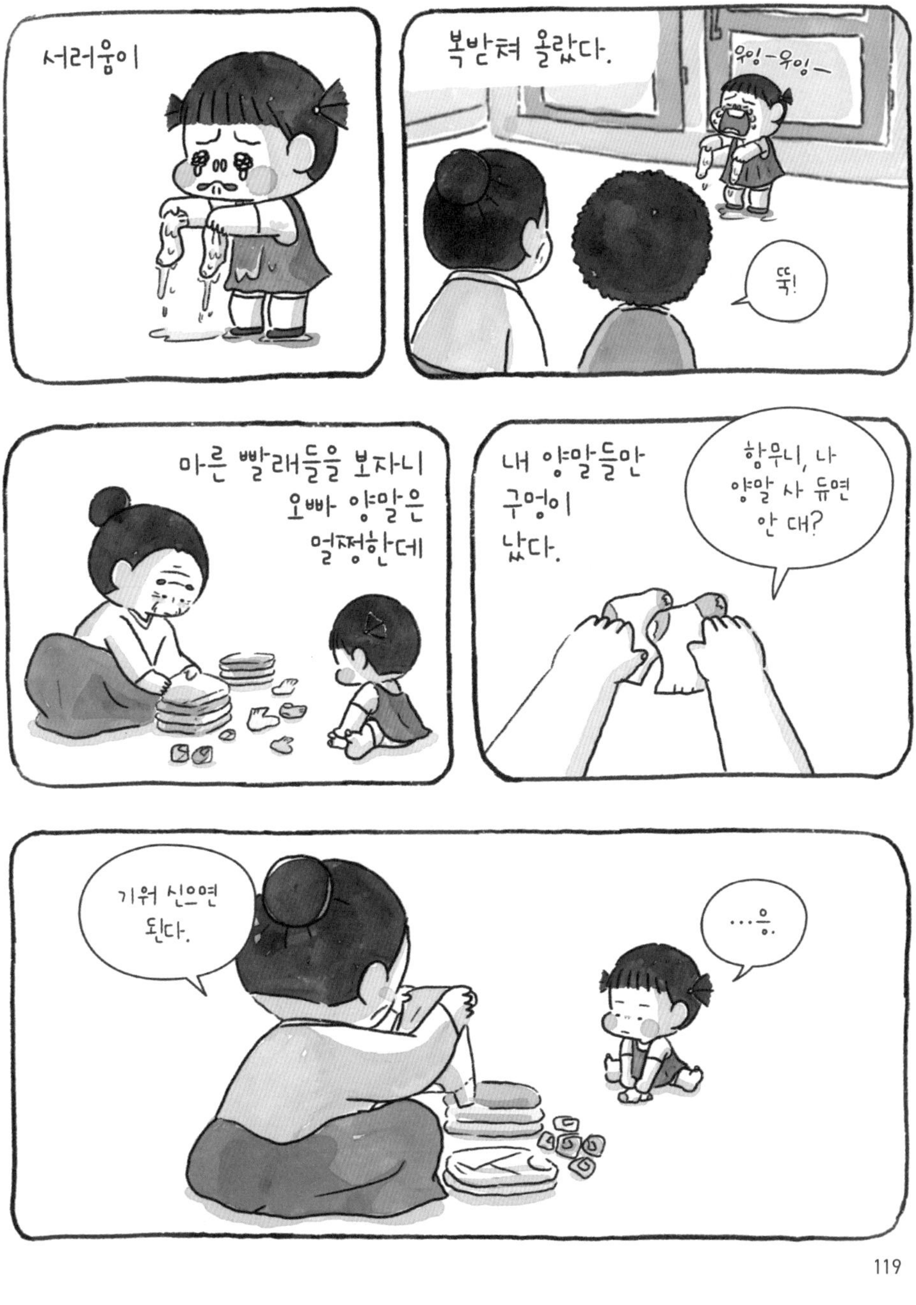
서러움이
복받쳐 올랐다.
우잉―우잉―
뚝!
마른 빨래들을 보자니 오빠 양말은 멀쩡한데
내 양말들만 구멍이 났다.
함무니, 나 양말 사 듀면 안 대?
기워 신으면 된다.
…응.

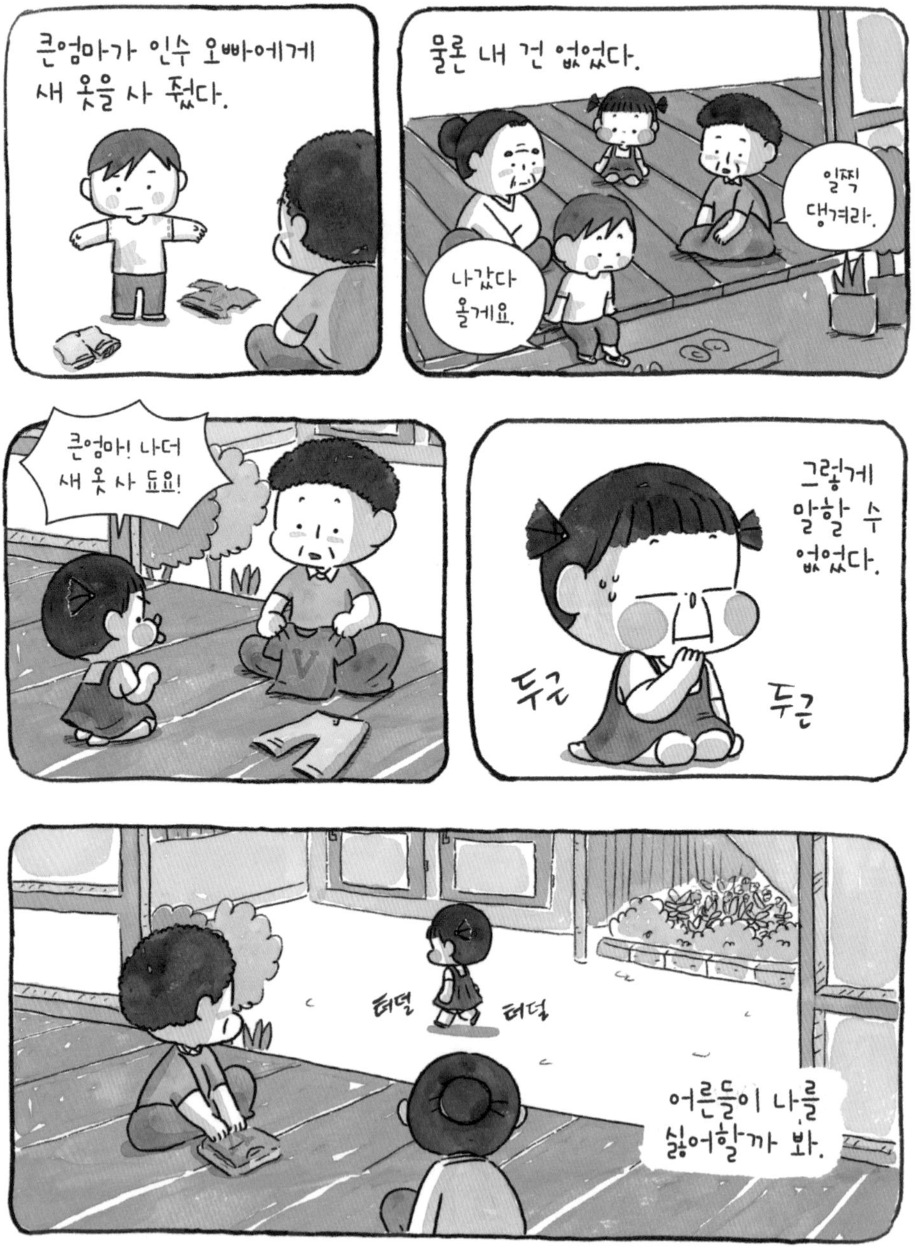

큰엄마가 인수 오빠에게
새 옷을 사 줬다.
물론 내 건 없었다.
일찍 댕겨라.
나갔다 올게요.
큰엄마! 나더 새 옷 사 됴요!
그렇게 말할 수 없었다.
두근
두근
터덜
터덜
어른들이 나를 싫어할까 봐.

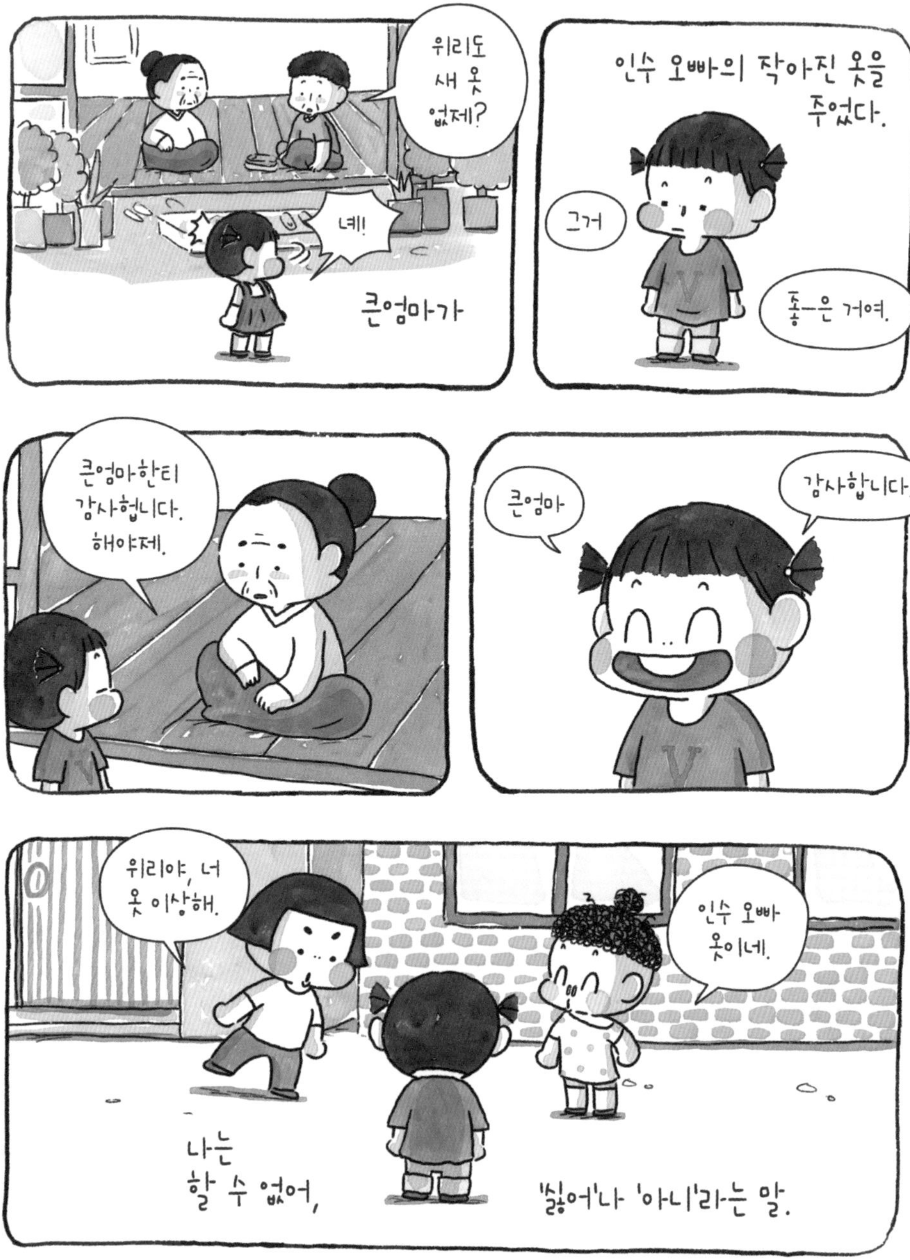
위리도 새 옷 없제?
네!
큰엄마가
인수 오빠의 작아진 옷을 주었다.
그거
좋~은 거여.
큰엄마한티 감사헙니다. 해야제.
큰엄마
감사합니다.
위리야, 너 옷 이상해.
인수 오빠 옷이네.
나는 할 수 없어,
'싫어'나 '아니'라는 말.

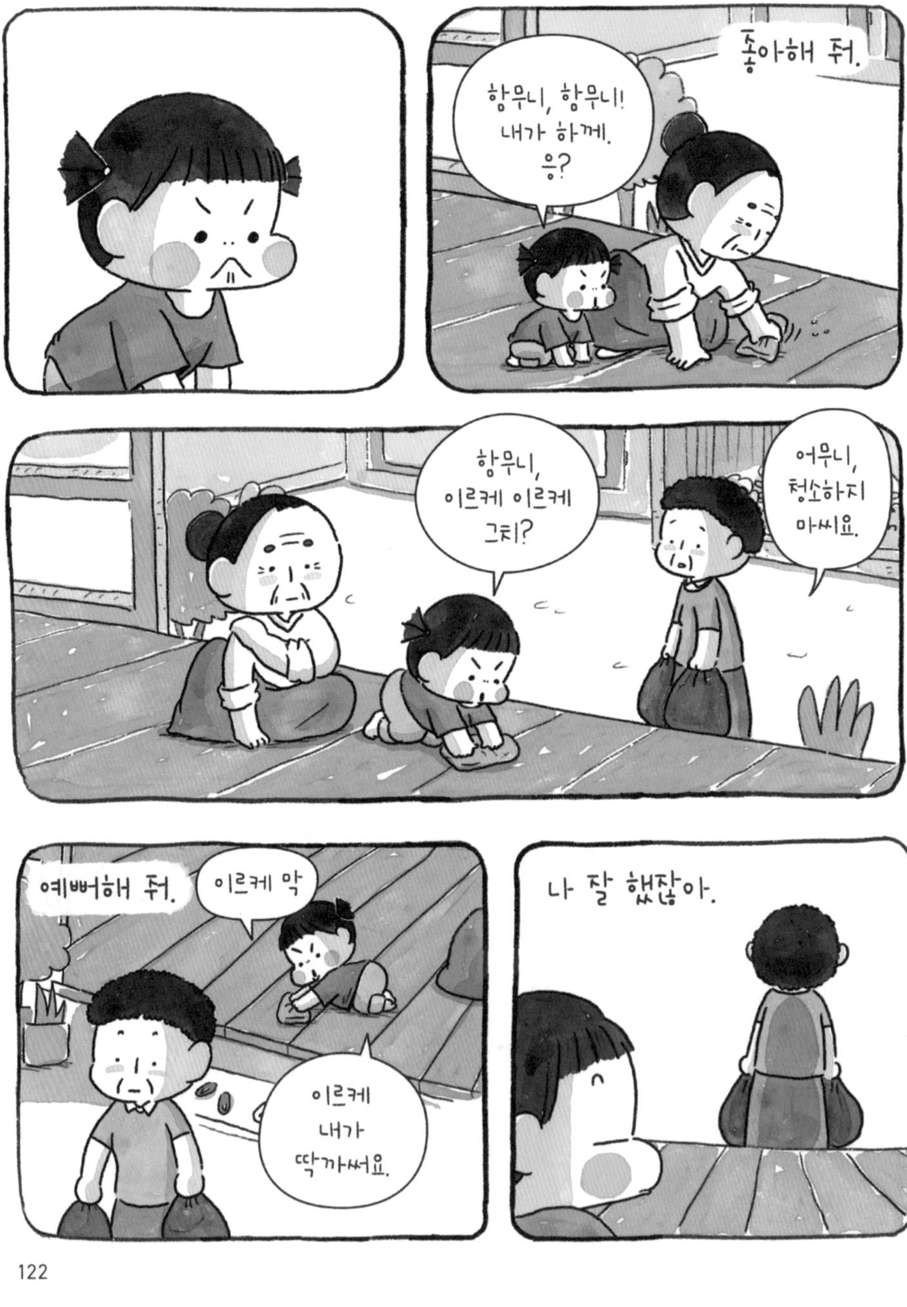
좋아해 줘.
함무니, 함무니! 내가 하께. 응?
함무니, 이르케 이르케 그치?
어무니, 청소하지 마씨요.
예뻐해 줘.
이르케 막
이르케 내가 딱가써요.
나 잘 했잖아.

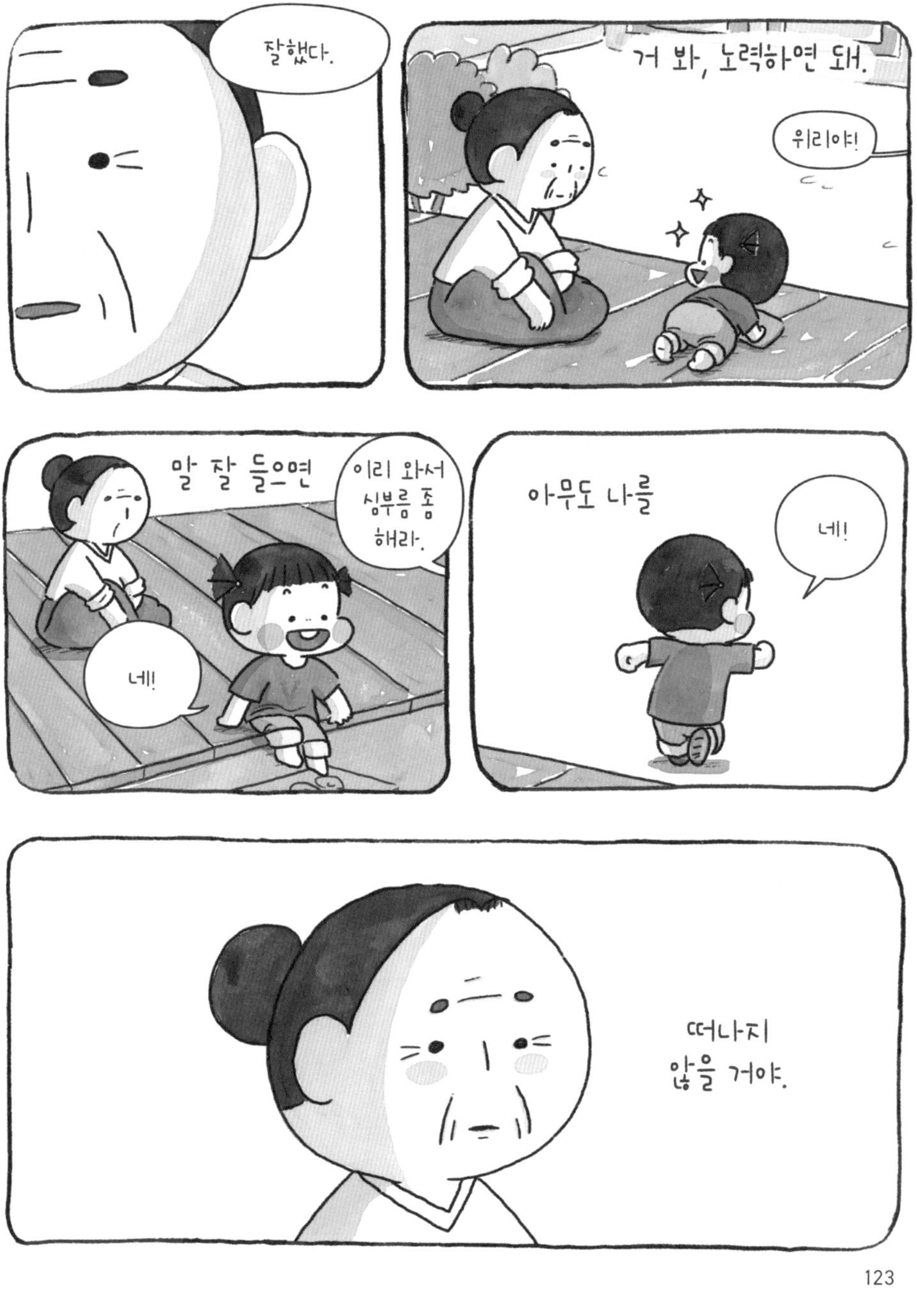
잘했다.
거 봐, 노력하면 돼.
위리야!
말 잘 들으면
이리 와서 심부름 좀 해라.
네!
아무도 나를
네!
떠나지 않을 거야.

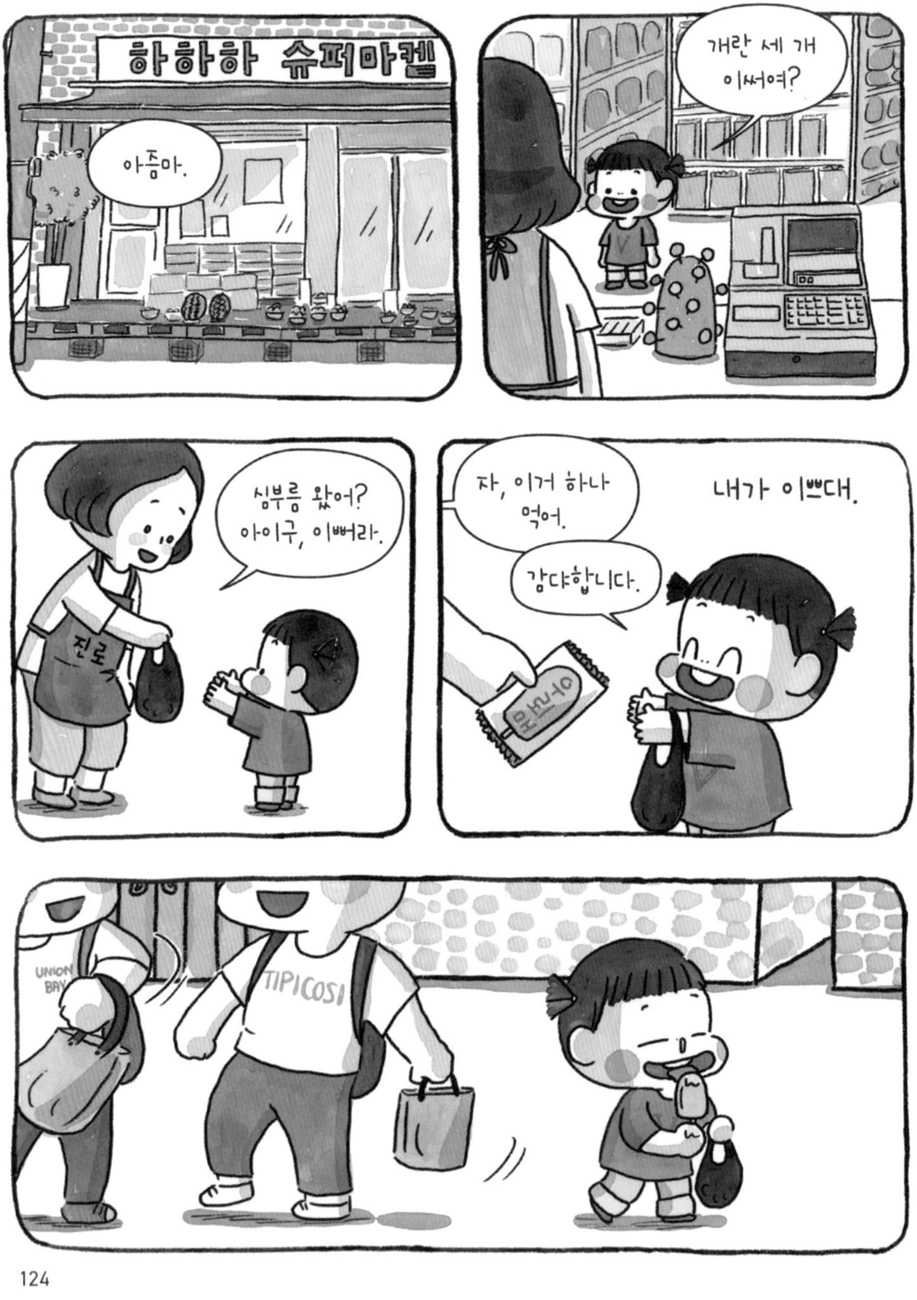
하하하 슈퍼마켙
아즘마.
개란 세 개 이써여?
심부름 왔어? 아이구, 이뻐라.
진로
자, 이거 하나 먹어.
감댜합니다.
내가 이쁘대.
UNION BAY
TIPICOSI

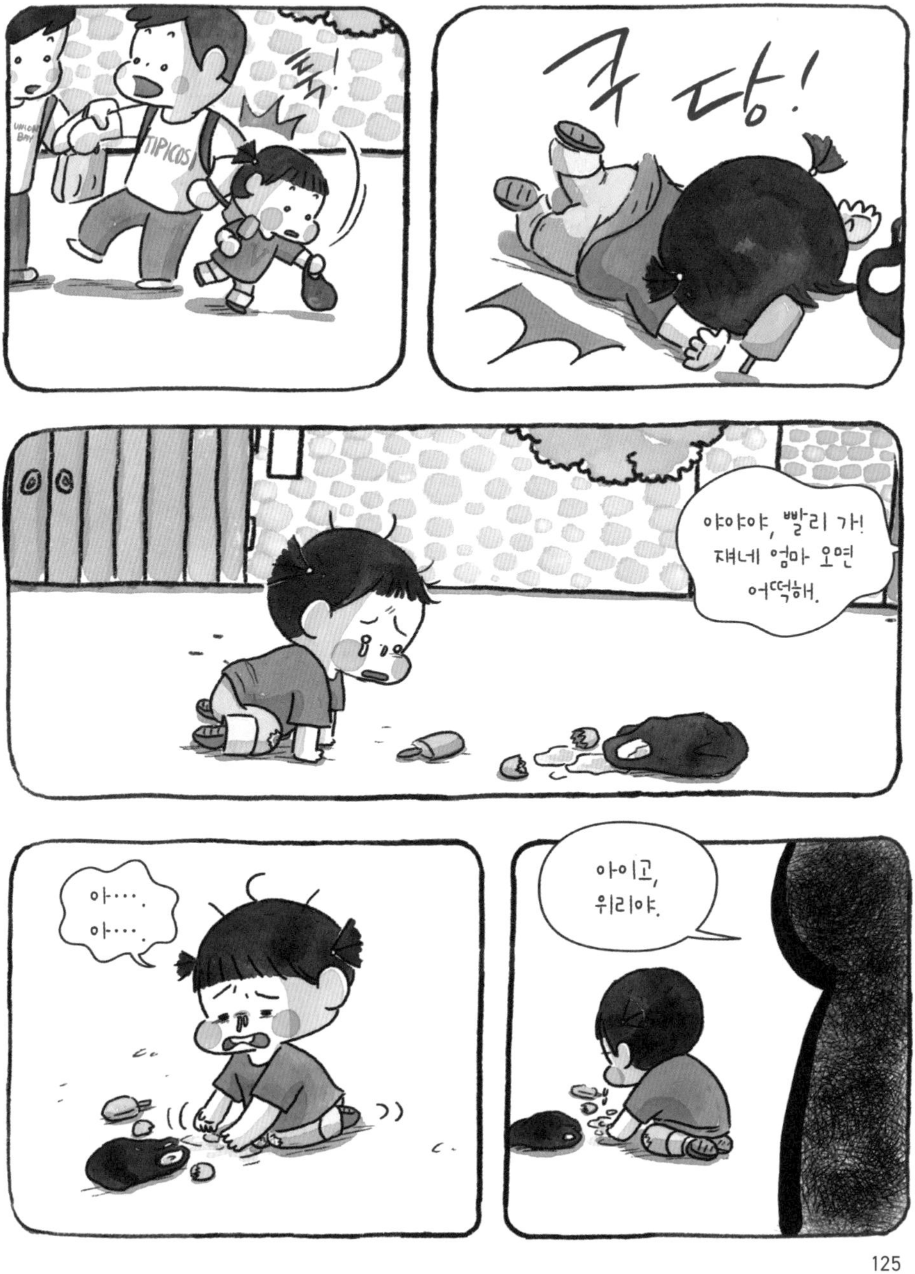
툭!
쿠당!
야야야, 빨리 가! 쟤네 엄마 오면 어떡해.
아…. 아….
아이고, 위리야.

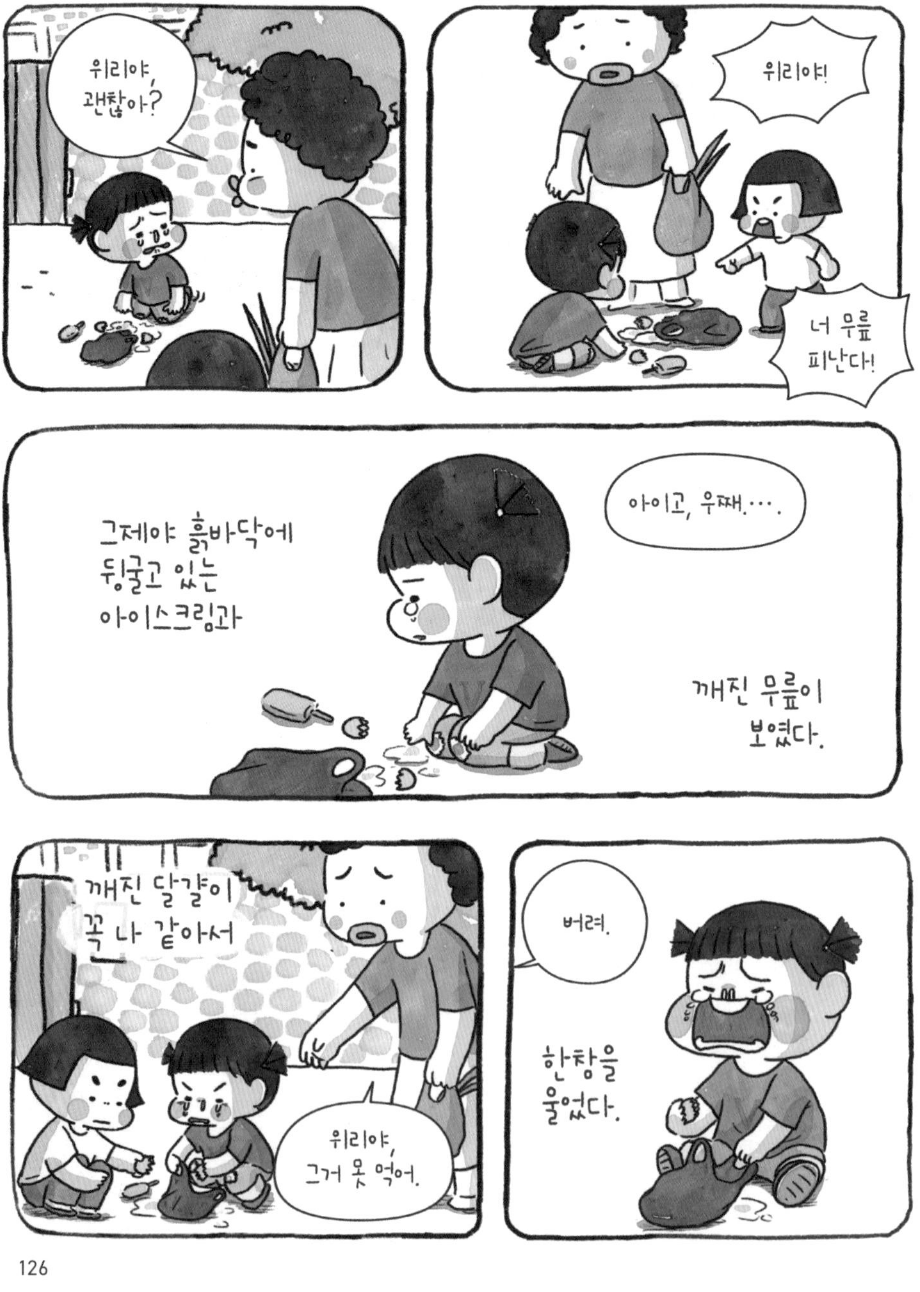

위리야, 괜찮아?
위리야!
너 무릎 피난다!
그제야 흙바닥에 뒹굴고 있는 아이스크림과
아이고, 우째….
깨진 무릎이 보였다.
깨진 달걀이 꼭 나 같아서
위리야, 그거 못 먹어.
버려.
한참을 울었다.

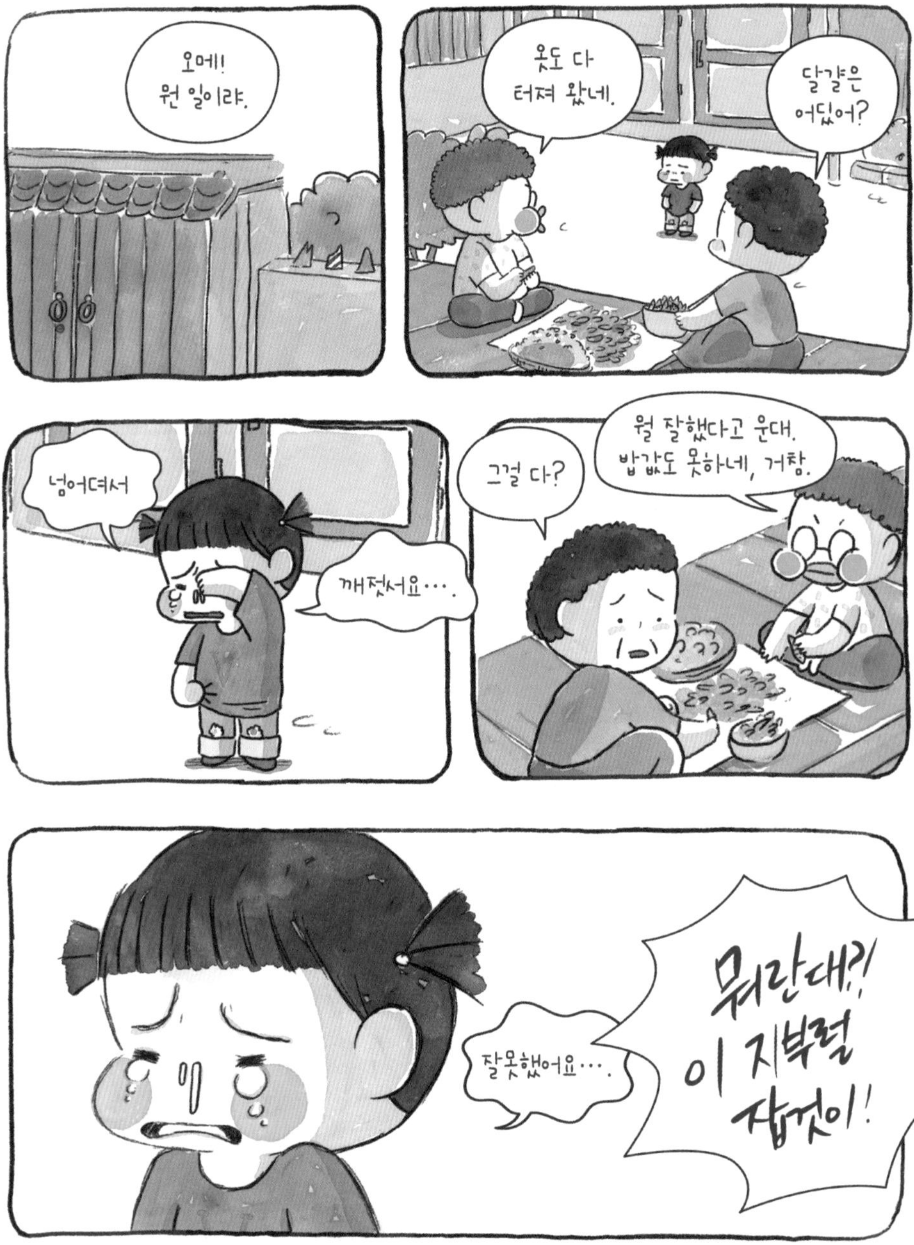
오메! 뭔 일이랴.
옷도 다 터져 왔네.
달걀은 어딨어?
넘어뎌서
깨졌서요….
그걸 다?
뭘 잘했다고 운대. 밥값도 못하네, 거참.
잘못했어요….
뭐란대?! 이 지부렁 잡것이!

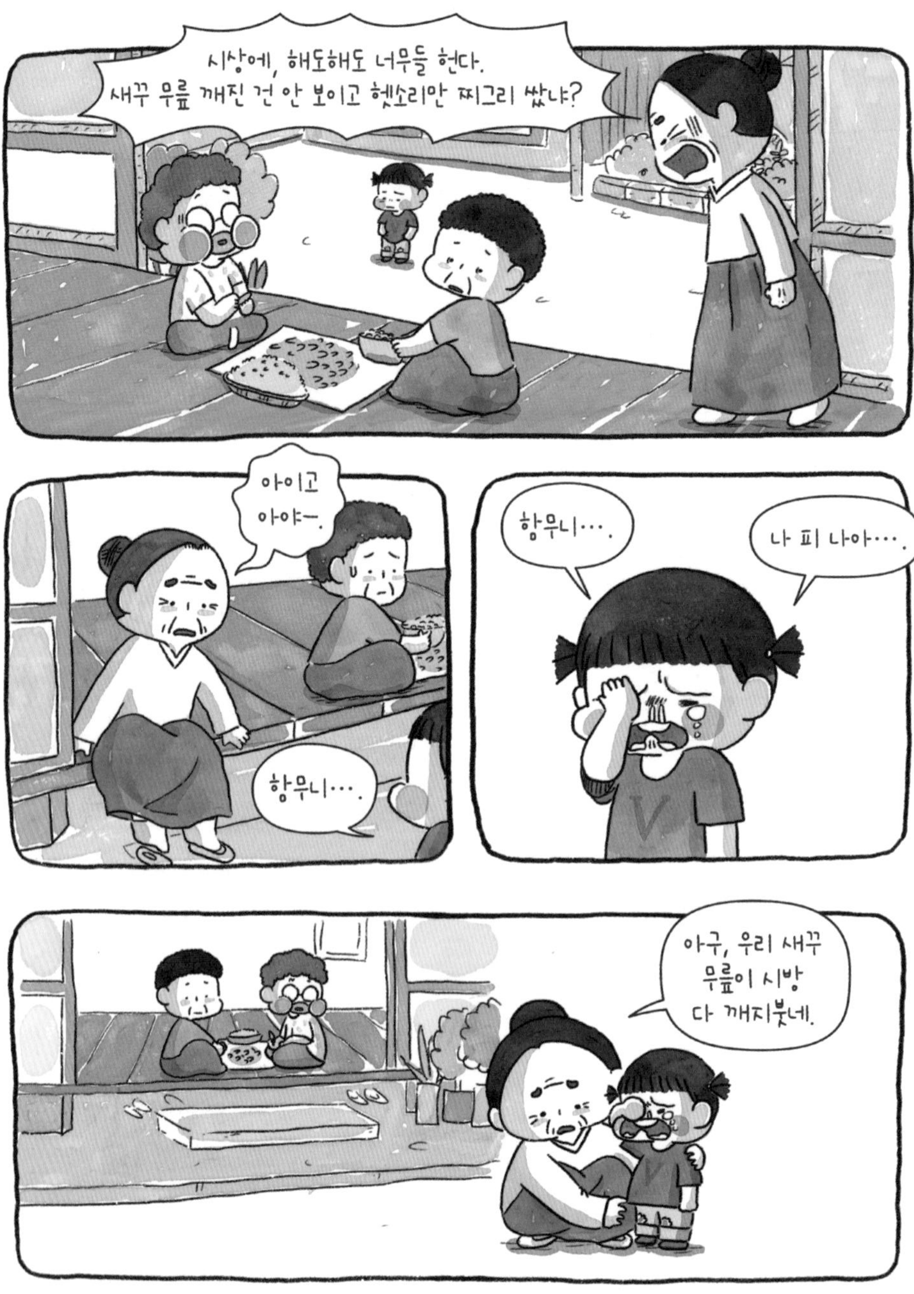
시상에, 해도해도 너무들 헌다.
새끄 무릎 깨진 건 안 보이고 헷소리만 찌그리 쌌냐?
아이고 아야~.
함무니….
함무니….
나 피 나아….
아구, 우리 새끄 무릎이 시방 다 깨지붓네.

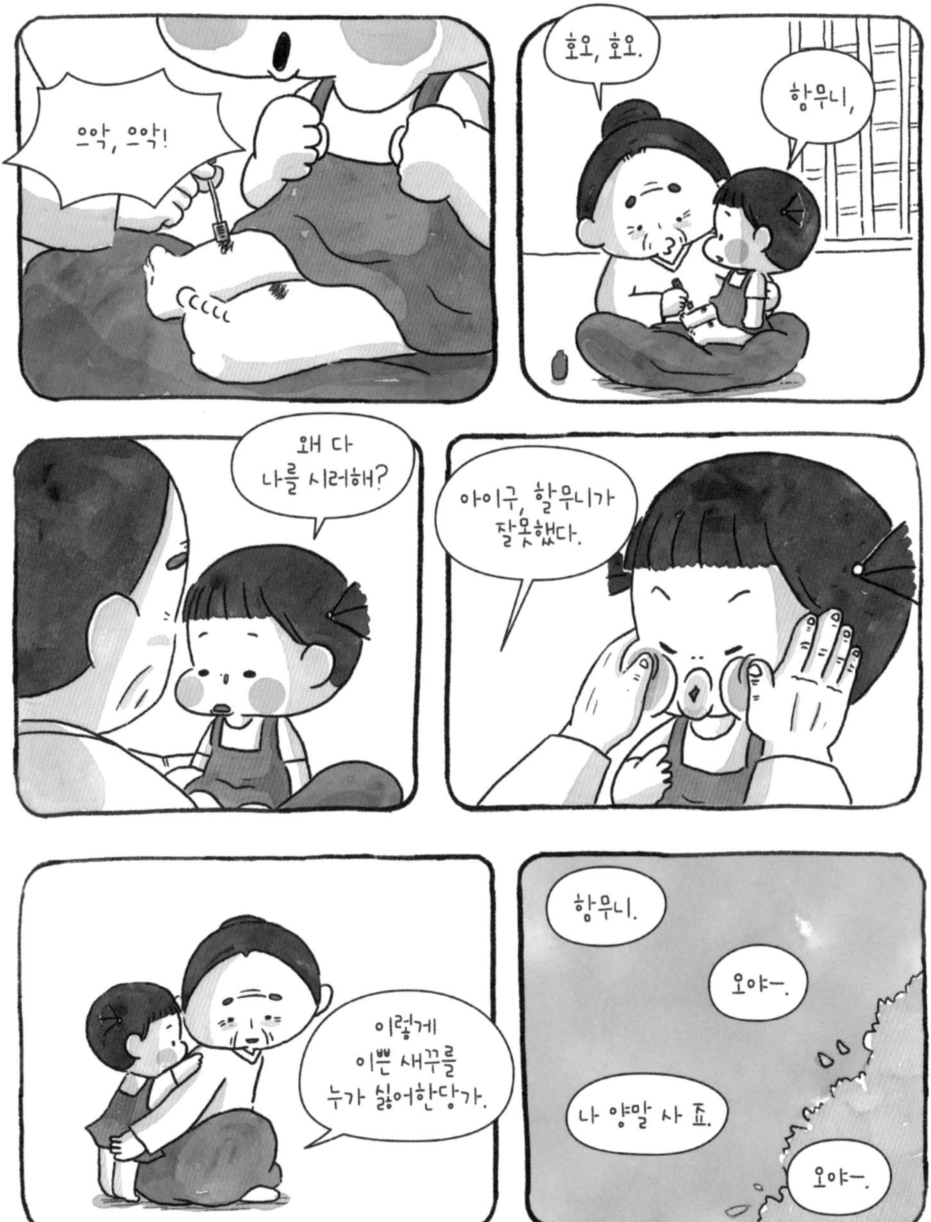

으악, 으악!
호오, 호오.
함무니,
왜 다
나를 시러해?
아이구, 할무니가
잘못했다.
이렇게
이쁜 새끄를
누가 싫어한당가.
함무니.
오야ㅡ.
나 양말 사 죠.
오야ㅡ.

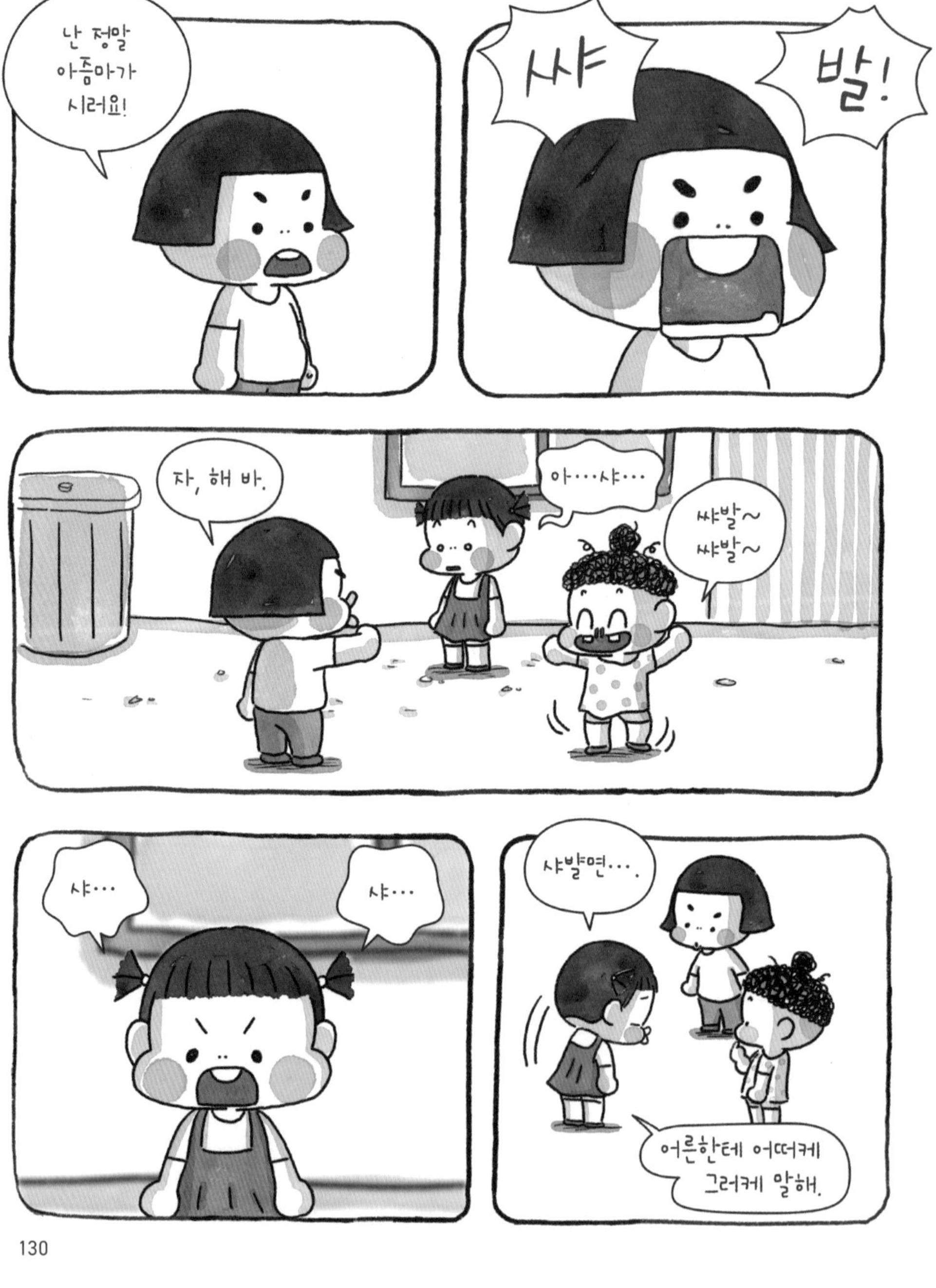
난 정말 아좀마가 시러요!
쌰
발!
자, 해 바.
아…샤…
쌰발~ 쌰발~
샤…
샤…
샤발면….
어른한테 어떠케 그러케 말해.

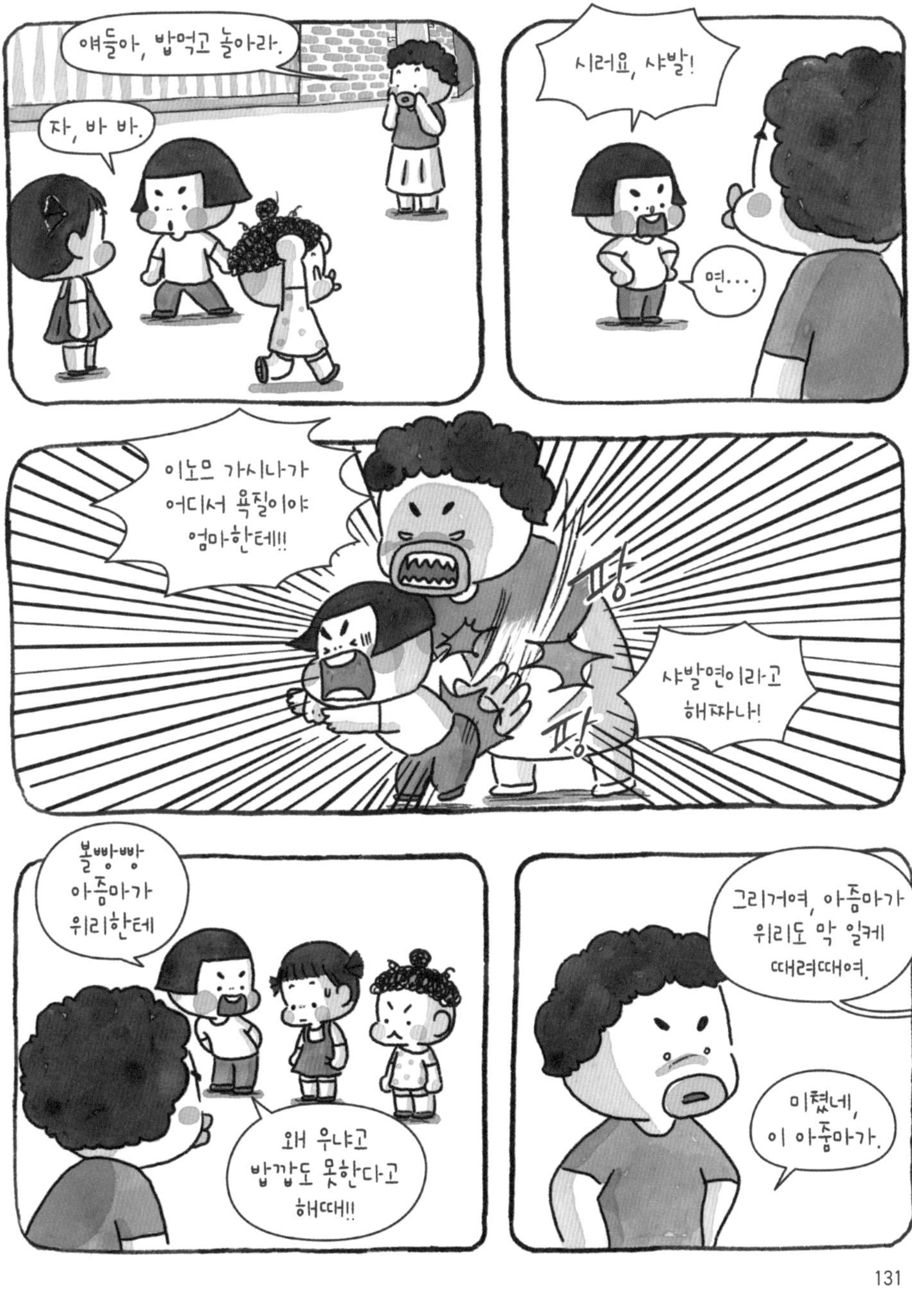
얘들아, 밥먹고 놀아라.
자, 바 바.
시러요, 샤발!
면….
이노므 가시나가 어디서 욕질이야 엄마한테!!!
팡
샤발연이라고 해짜나!
팡
볼빵빵 아좀마가 위리한테
왜 우냐고 밥깝도 못한다고 해때!!
그리거여, 아좀마가 위리도 막 일케 때려때여.
미쳤네, 이 아좀마가.

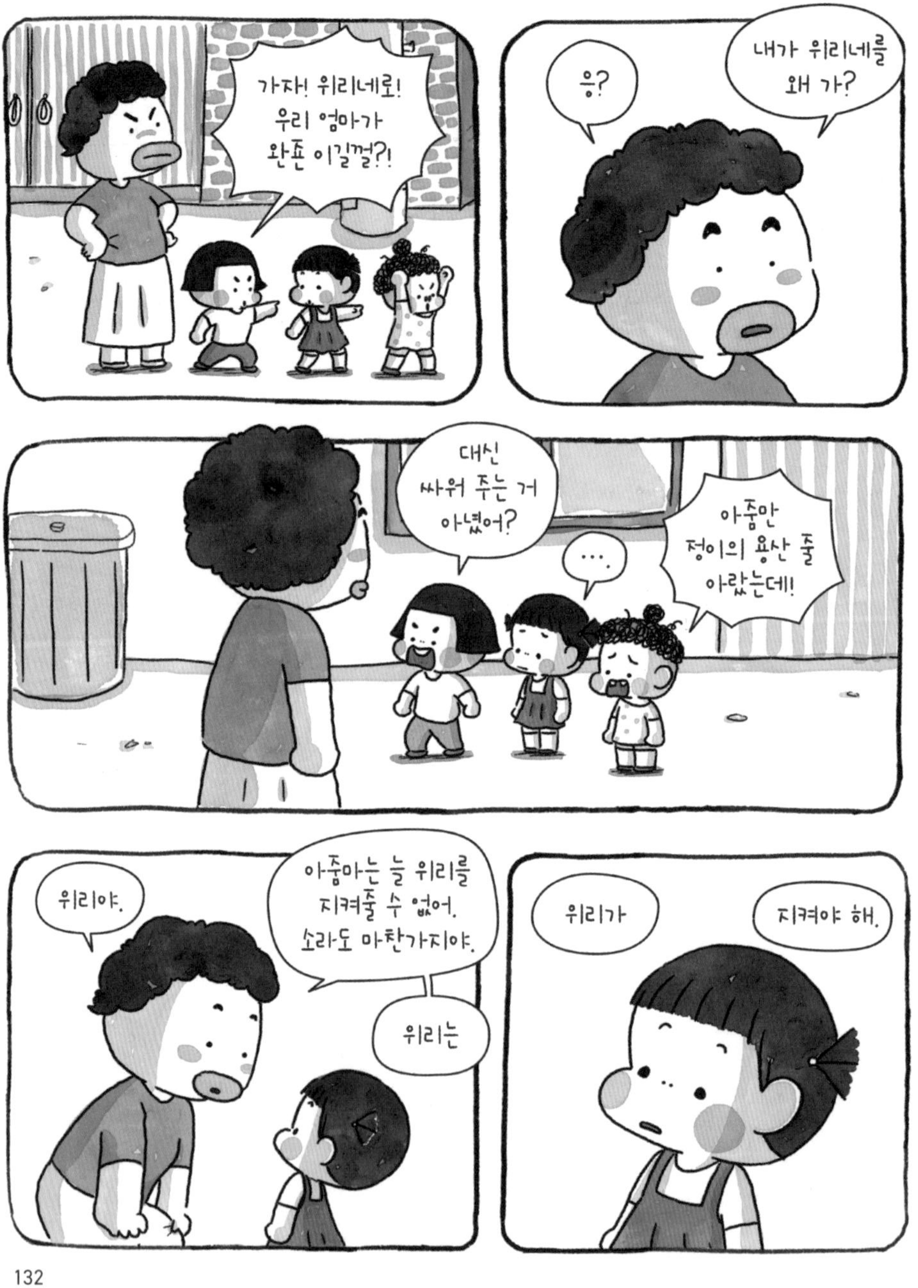
가자! 위리네로!
우리 엄마가
완표 이길껄?!
응?
내가 위리네를
왜 가?
대신
싸워 주는 거
아녔어?
...
아줌만
정이의 용산 줄
아랐는데!
위리야.
아줌마는 늘 위리를
지켜줄 수 없어.
소라도 마찬가지야.
위리는
위리가
지켜야 해.

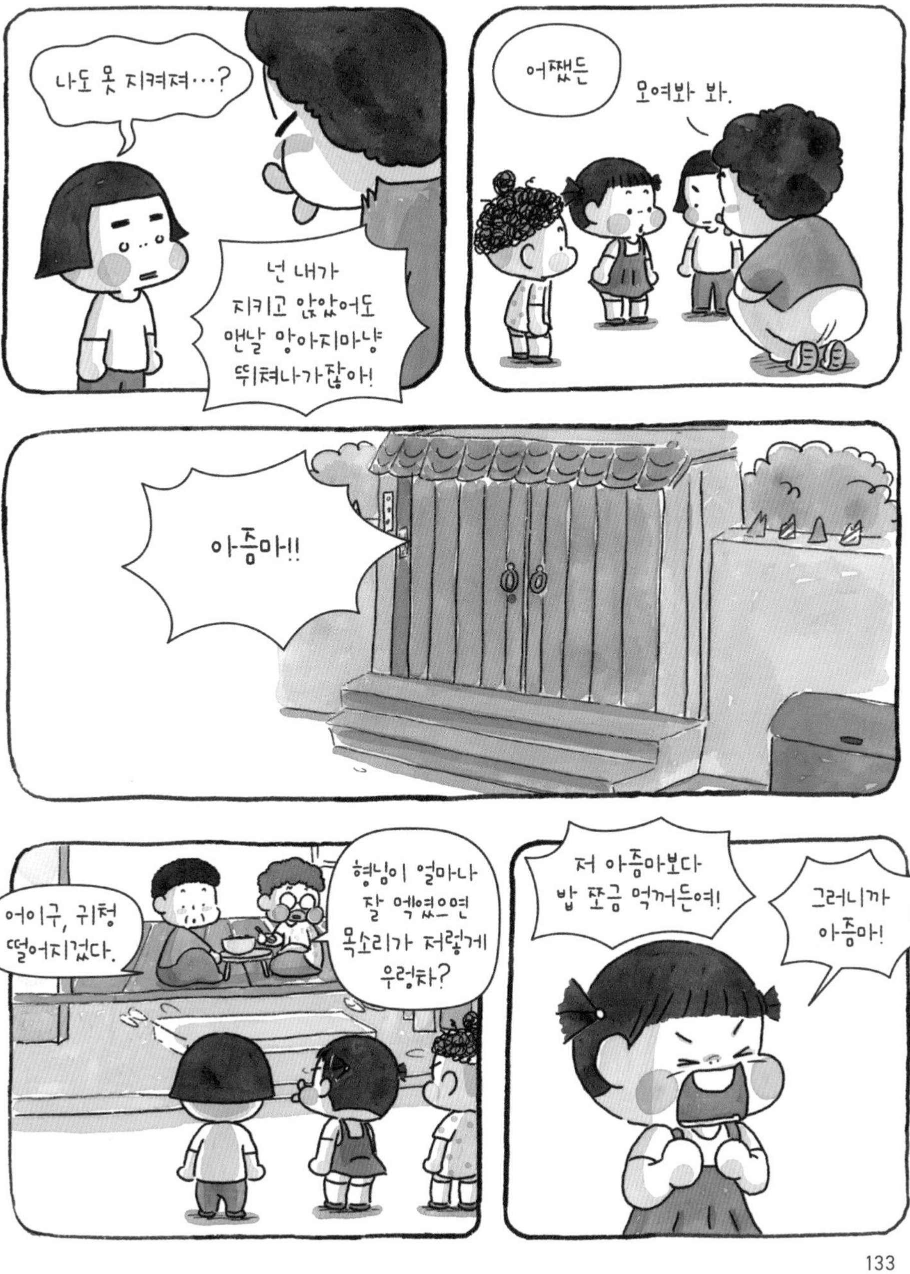

나도 못 지켜져…?
넌 내가 지키고 앉았어도 맨날 망아지마냥 뛰쳐나가잖아!
어쨌든
모여봐 봐.
아즘마!!
어이구, 귀청 떨어지겄다.
형님이 얼마나 잘 멕였으면 목소리가 저렇게 우렁차?
저 아즘마보다 밥 쪼금 먹꺼든여!
그러니까 아즘마!

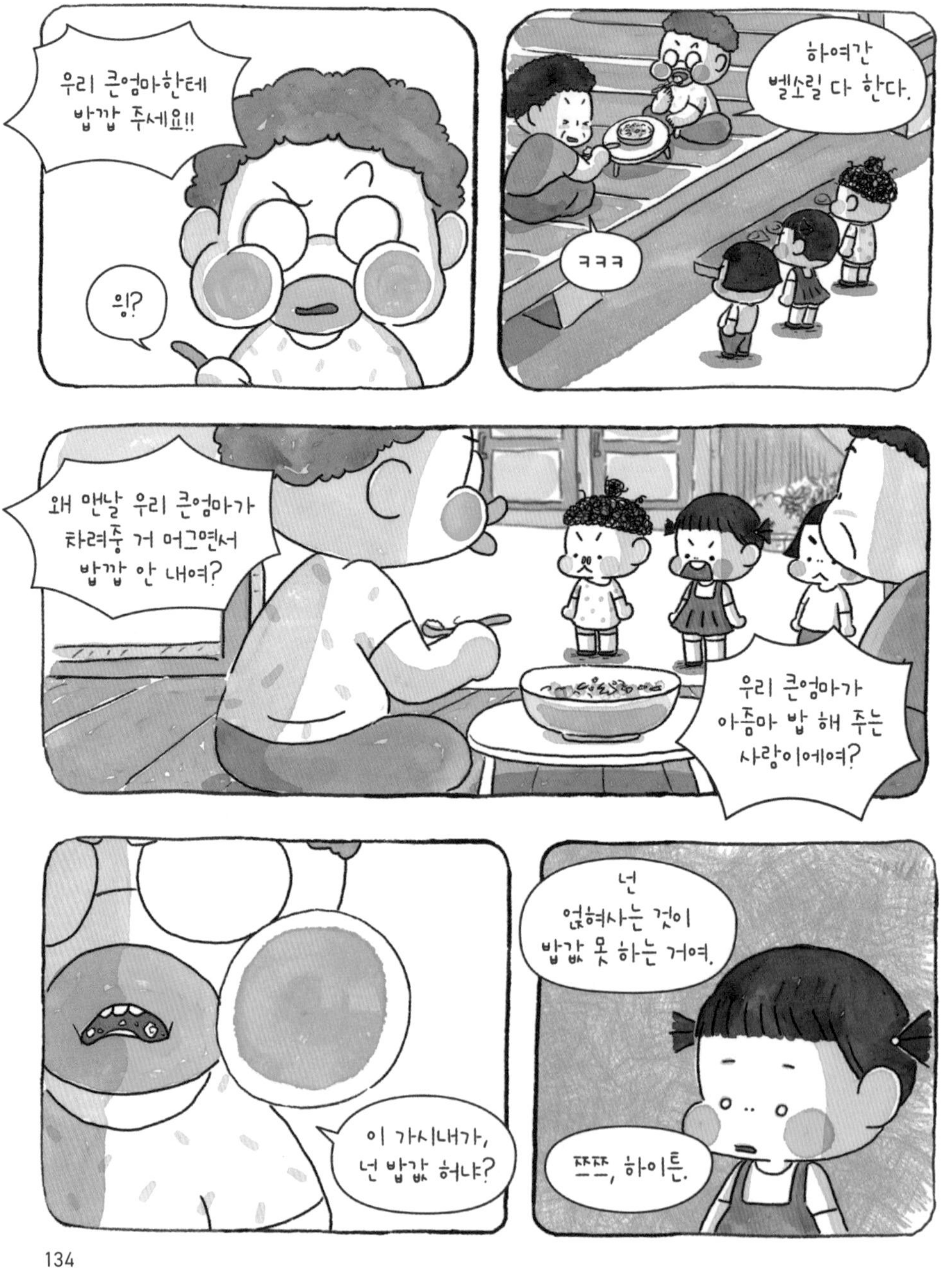
우리 큰엄마한테
밥깝 주세요!!
잉?
하여간
벨소릴 다 한다.
ㅋㅋㅋ
왜 맨날 우리 큰엄마가
차려중 거 머그면서
밥깝 안 내여?
우리 큰엄마가
아즘마 밥 해 주는
사람이에여?
이 가시내가,
넌 밥값 허냐?
넌
얹혀사는 것이
밥값 못 하는 거여.
쯧쯧, 하이튼.

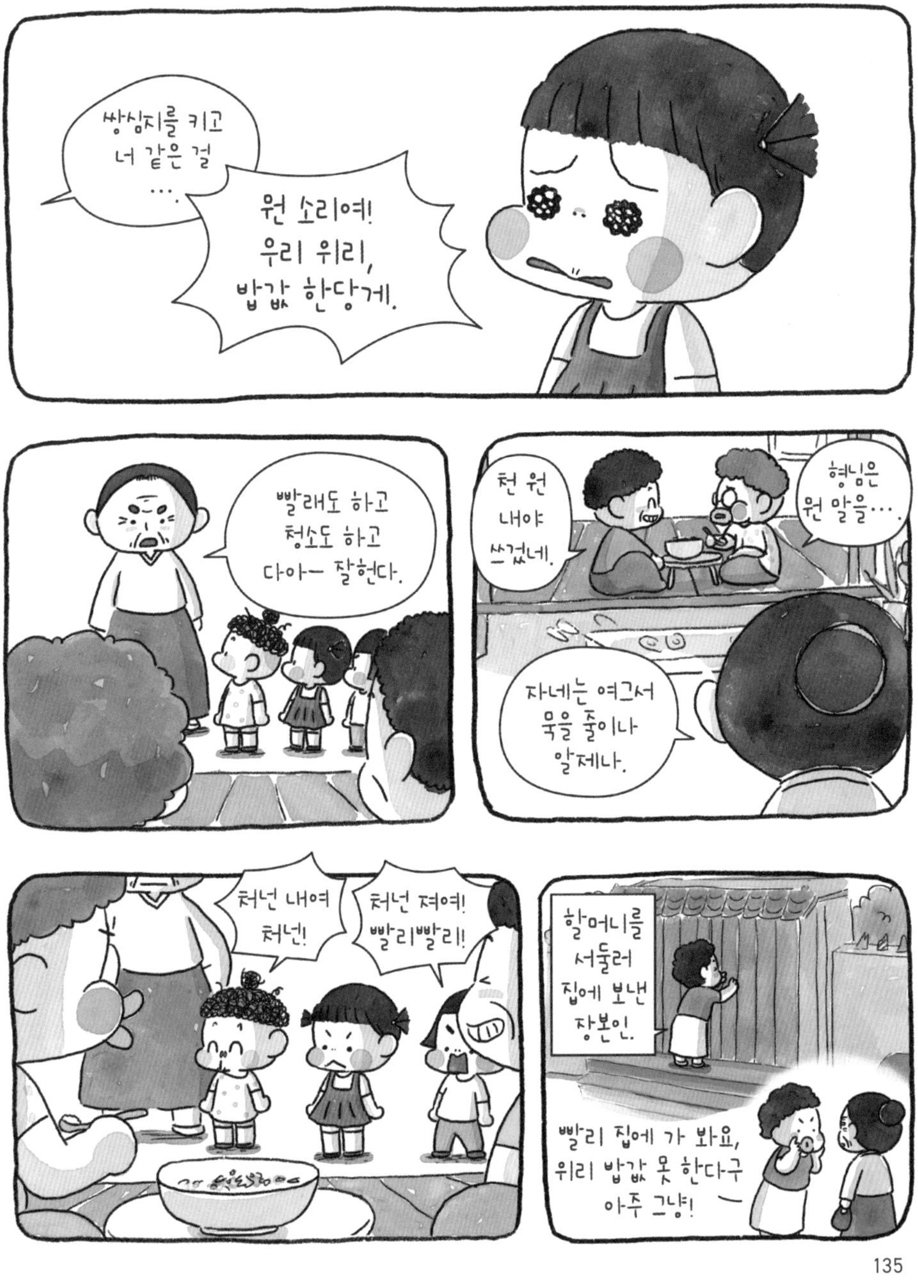
쌍심지를 키고 너 같은 걸 ···.
뭔 소리여! 우리 위리, 밥값 한당게.
빨래도 하고 청소도 하고 다아— 잘헌다.
천 원 내야 쓰겄네.
형님은 뭔 말을….
자네는 여그서 묵을 줄이나 알제나.
처넌 내여 처넌!
처넌 져여! 빨리빨리!
할머니를 서둘러 집에 보낸 장본인.
빨리 집에 가 봐요, 위리 밥값 못 한다구 아주 그냥!

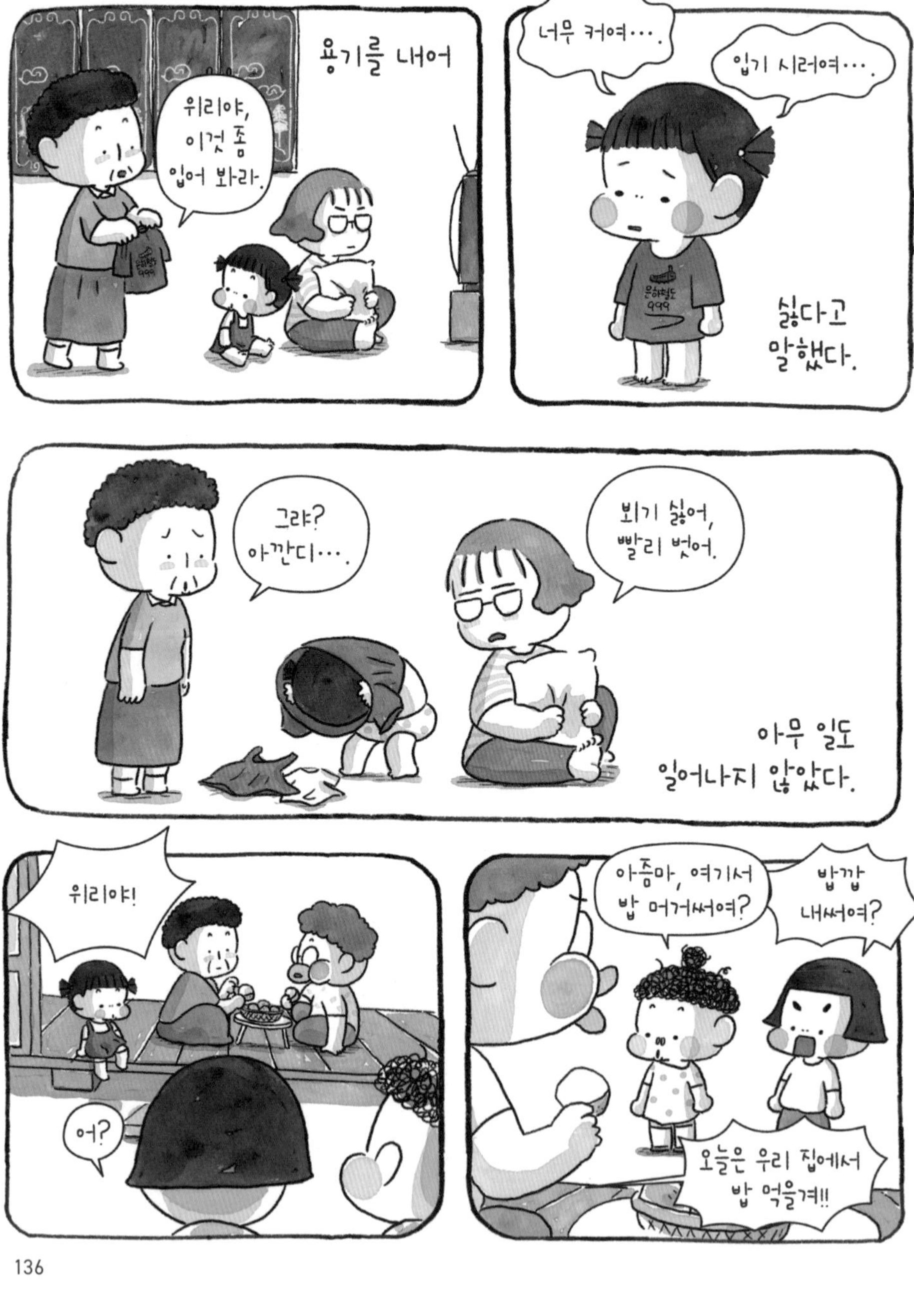
용기를 내어
위리야, 이것 좀 입어 봐라.
너무 커여….
입기 시러여….
싫다고 말했다.
그랴? 아깐디….
뵈기 싫어, 빨리 벗어.
아무 일도 일어나지 않았다.
위리야!
어?
아좀마, 여기서 밥 머거써여?
밥깝 내써여?
오늘은 우리 집에서 밥 먹을겨!!

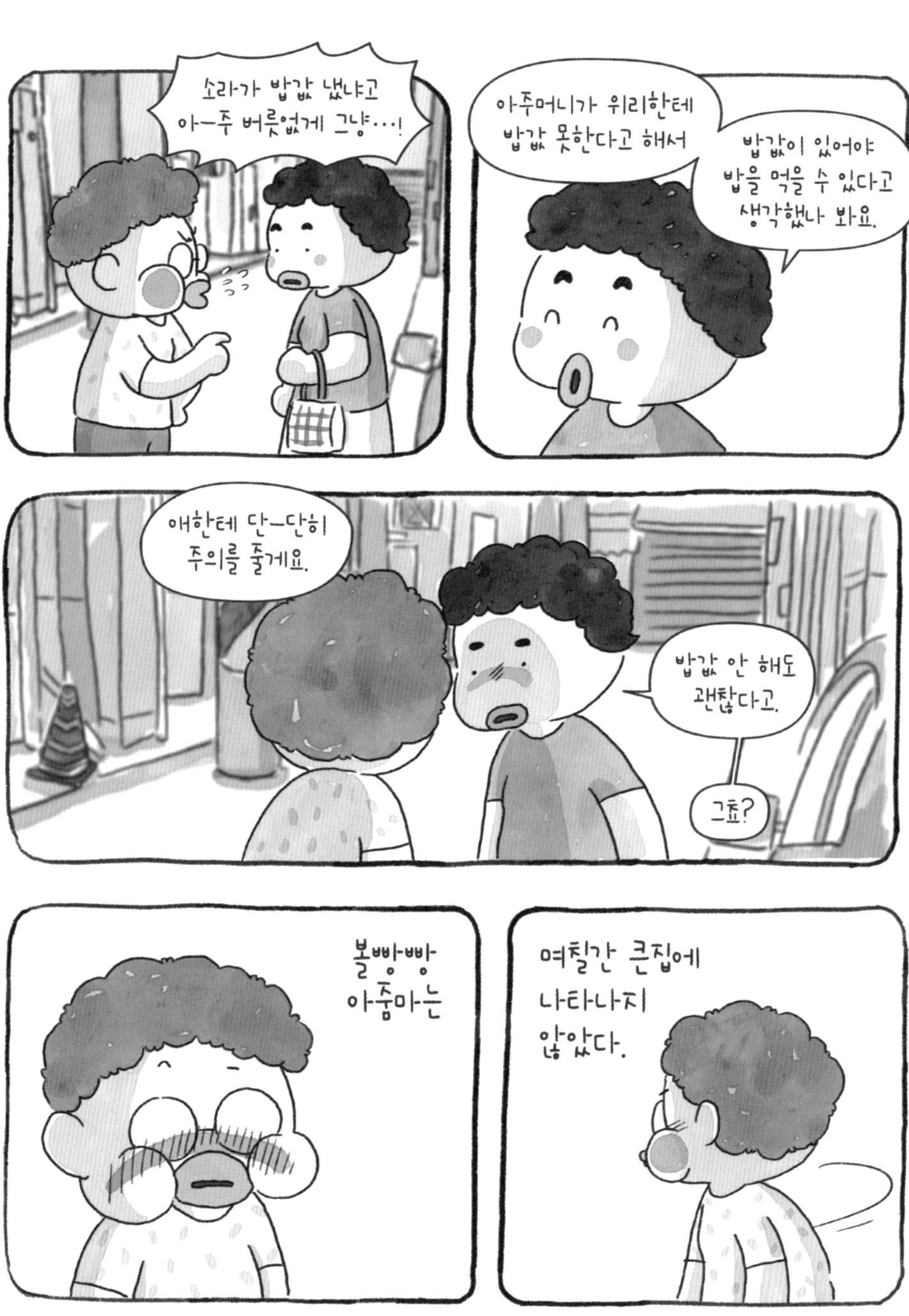
소리가 밥값 냈냐고
아—주 버릇없게 그냥···!
아주머니가 우리한테
밥값 못한다고 해서
밥값이 있어야
밥을 먹을 수 있다고
생각했나 봐요.
애한테 단—단히
주의를 줄게요.
밥값 안 해도
괜찮다고.
그쵸?
볼빵빵
아줌마는
며칠간 큰집에
나타나지
않았다.

세상에 단 하나뿐인

똥차 가고 벤츠 온다는 말 있잖아.

그건 틀린 말이야.

이미 네가 풀옵션 벤츠인걸.

그것도 이 세상에 하나밖에 없는 희귀한 벤츠야.

이 희귀한 벤츠의 가격이 얼만 줄 알아?

가격이 없어. 백지수표야.

네가 직접 그 백지수표에 숫자를 써 내려가 봐.

아마 어어어어엄~~~~~~~~청 비쌀걸.

그러니까 너를 함부로 대하는 사람을 태우지 마.

너를 아껴 주는 멋지고 좋은 사람을 태워.

너는 비싼 사람이니까.

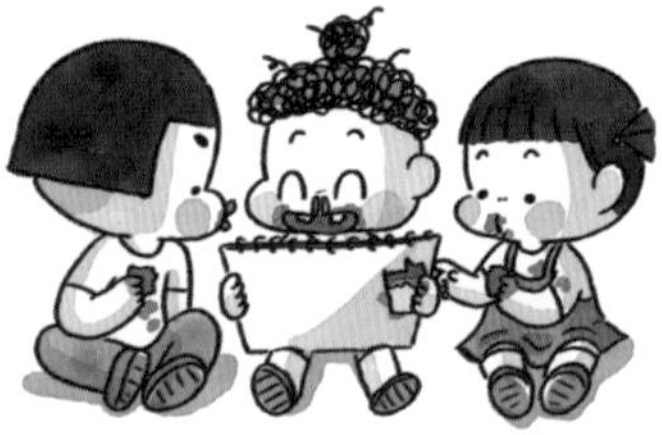

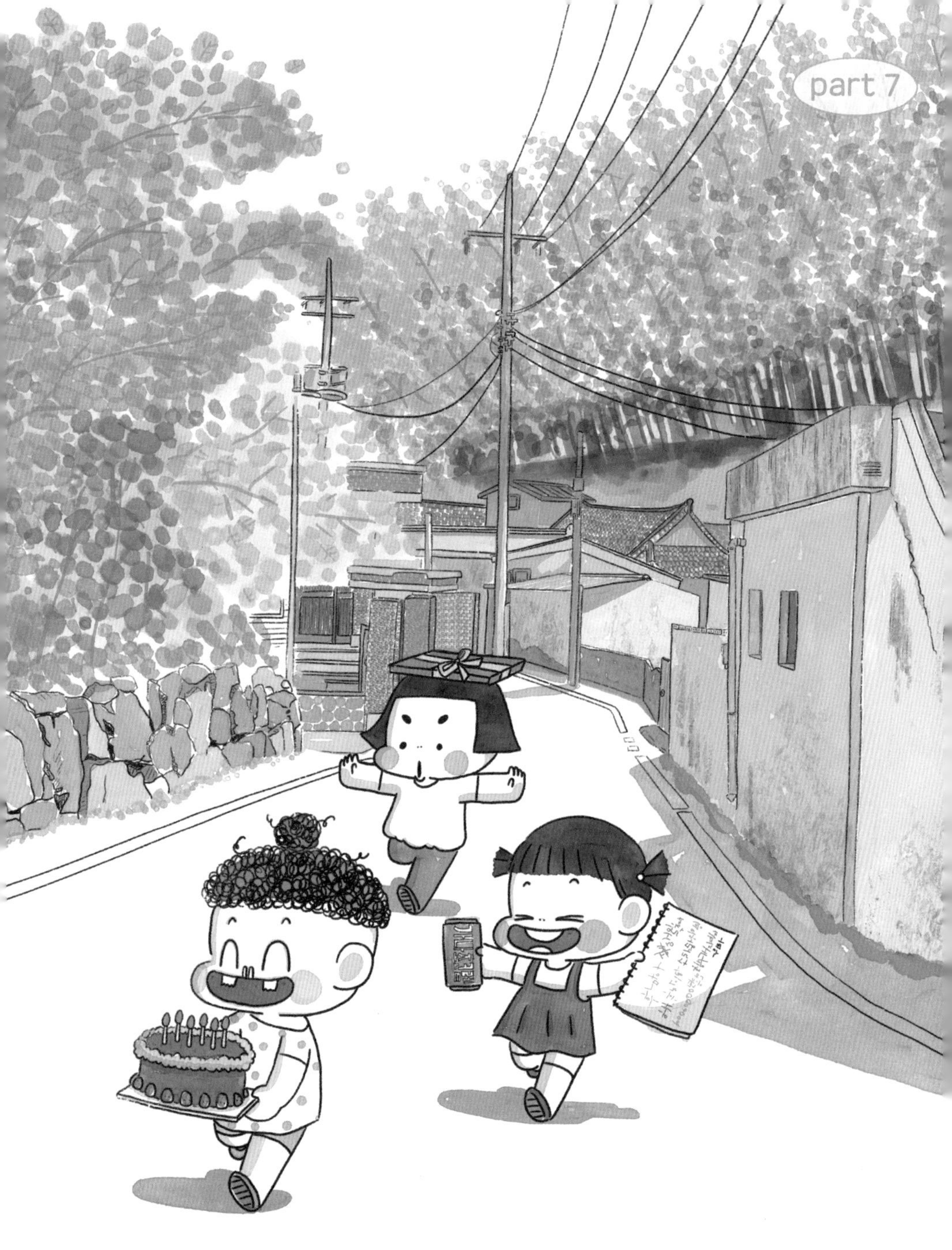
part 7

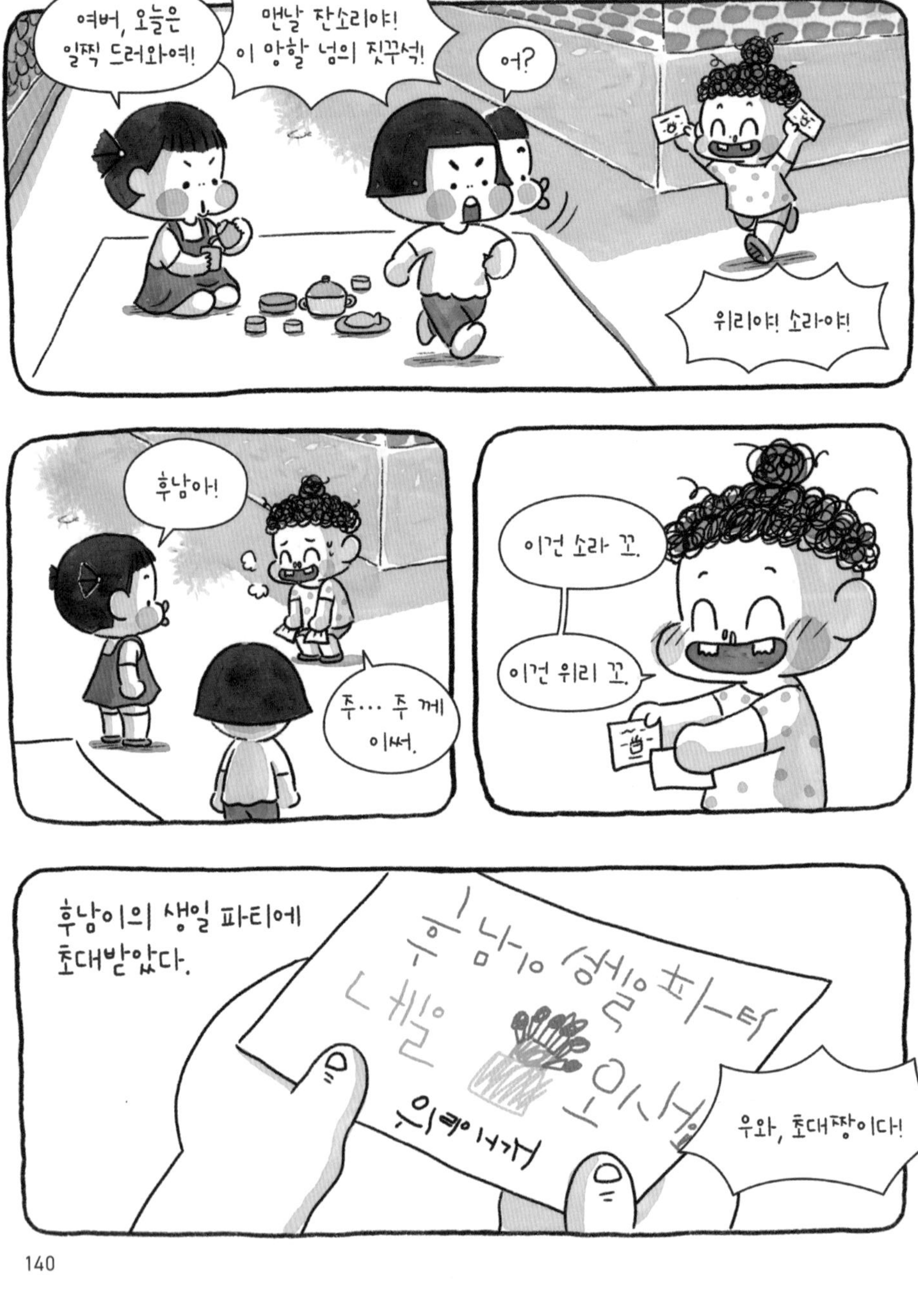

여버, 오늘은 일찍 드러와여!
맨날 잔소리야! 이 망할 넘의 짓꾸석!
어?
위리야! 소라야!
후남아!
주… 주 께 이써.
이건 소라 꼬.
이건 위리 꼬.
후남이의 생일 파티에 초대받았다.
우와, 초대짱이다!

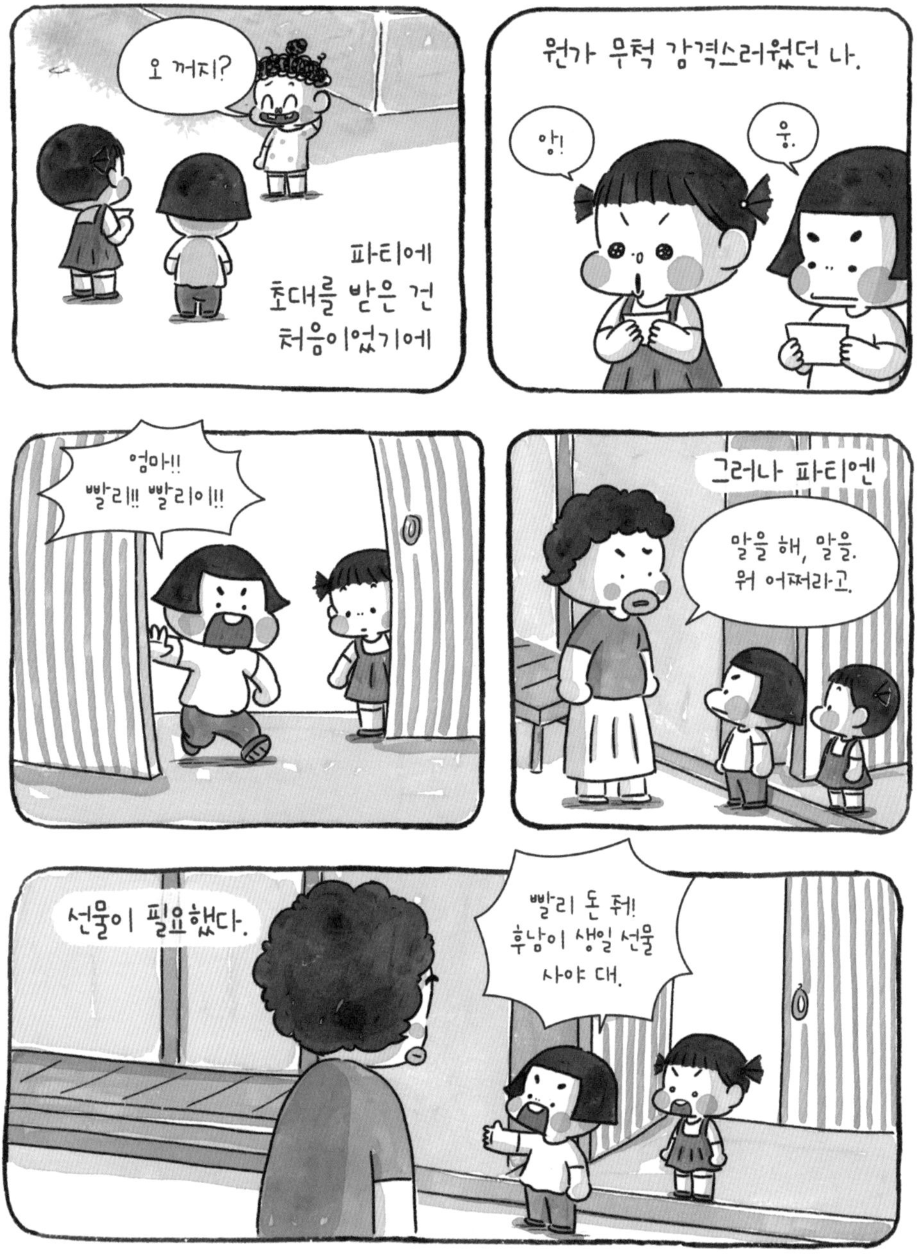
오 꺼지?
파티에 초대를 받은 건 처음이었기에
뭔가 무척 감격스러웠던 나.
앙!
웅.
엄마!! 빨리!! 빨리이!!
그러나 파티엔
말을 해, 말을. 뭐 어쩌라고.
선물이 필요했다.
빨리 돈 줘! 후남이 생일 선물 사야 대.

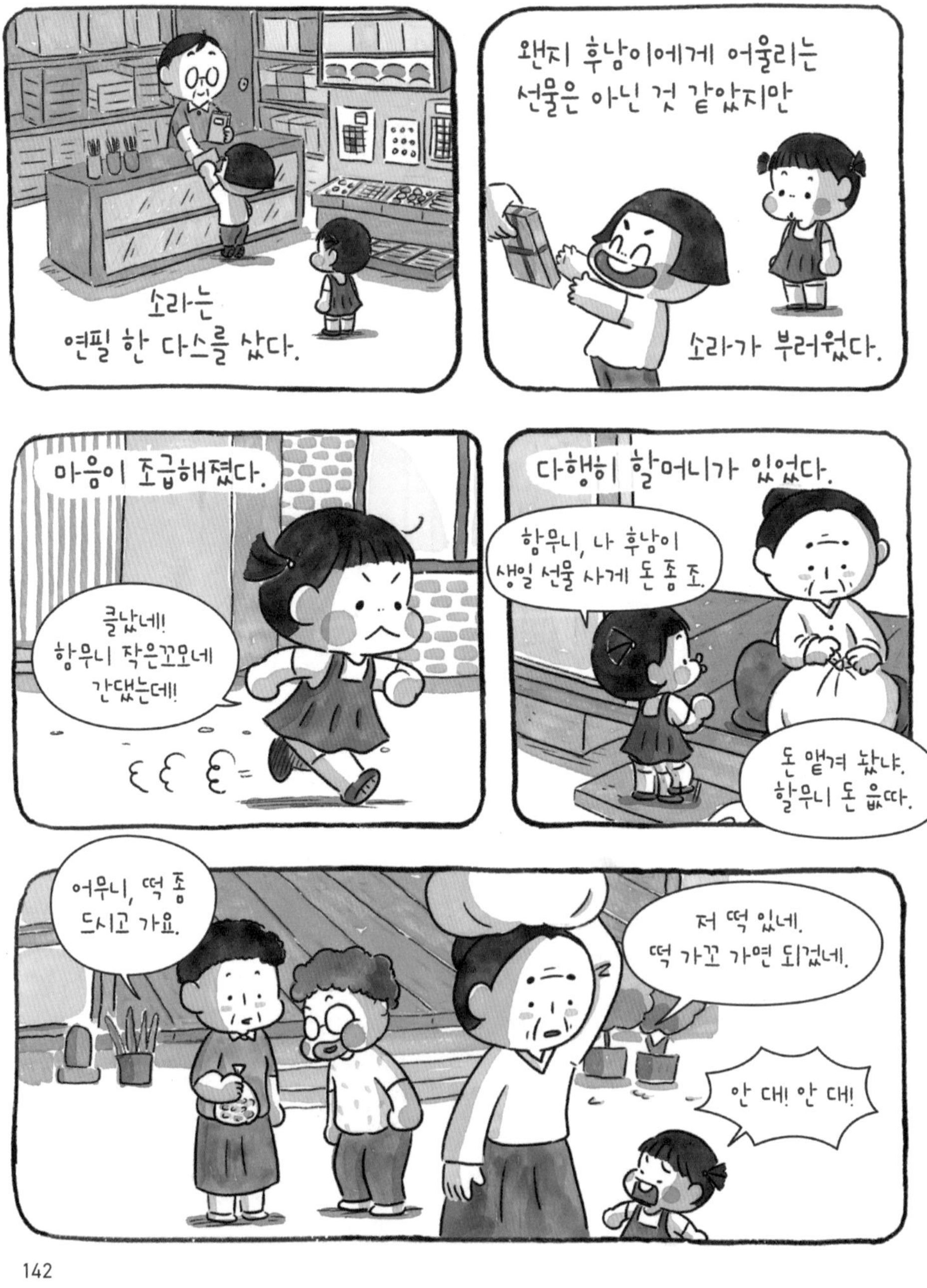
소라는
연필 한 다스를 샀다.
왠지 후남이에게 어울리는
선물은 아닌 것 같았지만
소라가 부러웠다.
마음이 조급해졌다.
큰났네!
함무니 작은꼬모네
간댔는데!
다행히 할머니가 있었다.
함무니, 나 후남이
생일 선물 사게 돈 좀 조.
돈 맽겨 놨냐.
할무니 돈 읎따.
어무니, 떡 좀
드시고 가요.
저 떡 있네.
떡 가꼬 가면 되겄네.
안 대! 안 대!

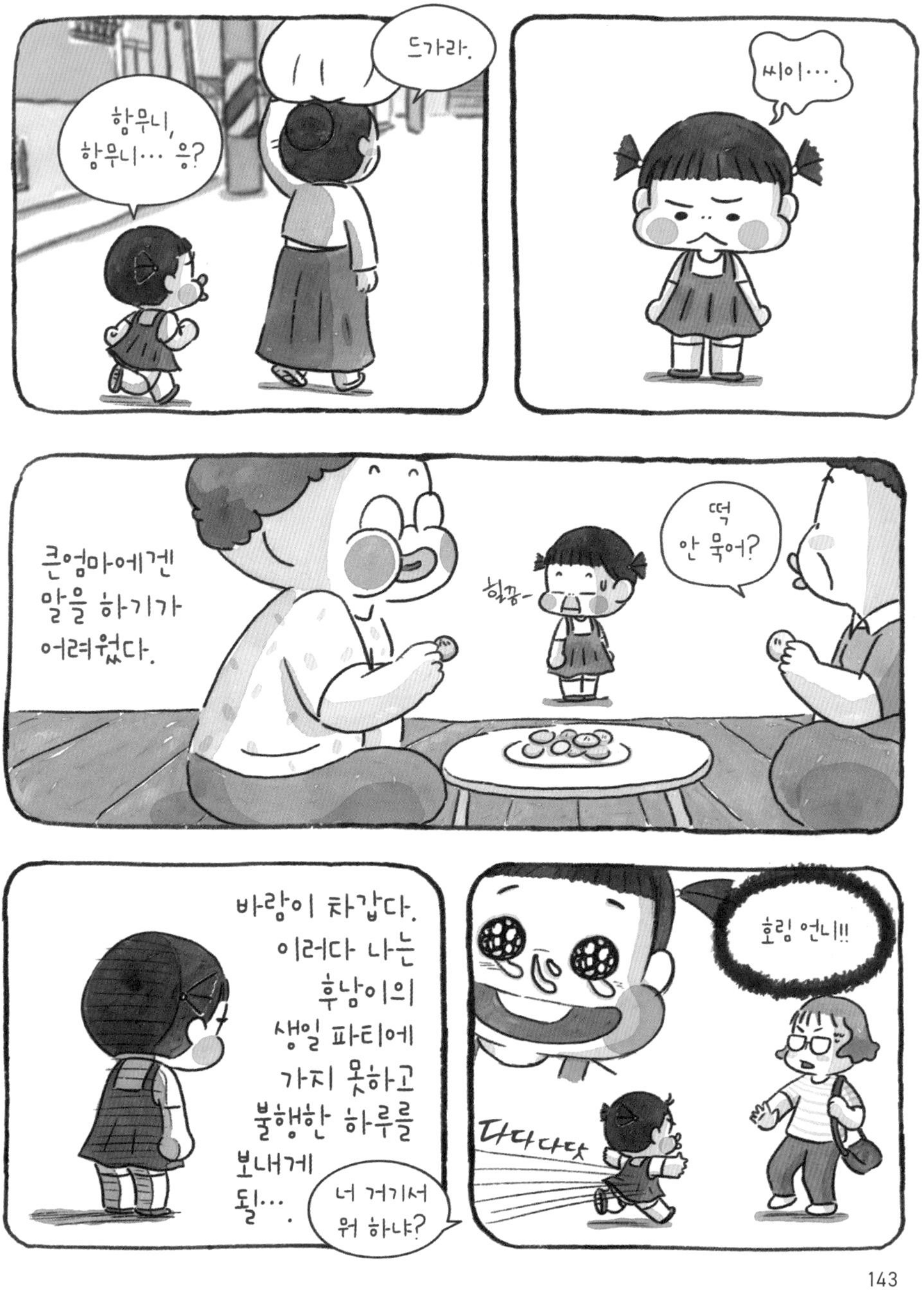
함무니,
함무니… 응?
드가라.
씨이….
큰엄마에게
말을 하기가
어려웠다.
힐끔-
떡
안 묵어?
바람이 차갑다.
이러다 나는
후남이의
생일 파티에
가지 못하고
불행한 하루를
보내게
될….
너 거기서
뭐 하냐?
호림 언니!!
다다다닷

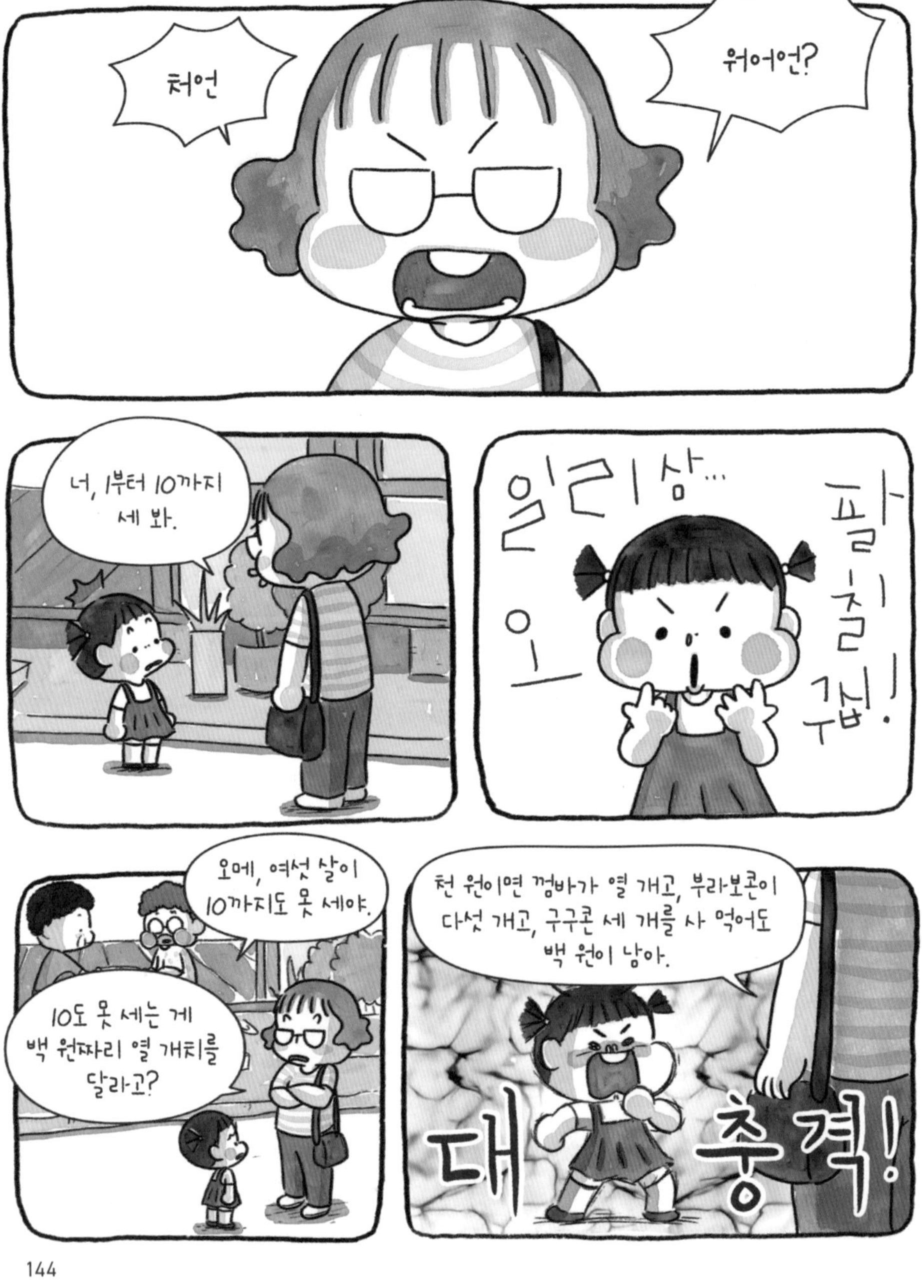
처언
워어언?
너, 1부터 10까지 세 봐.
일리삼…
오
팔칠구십!
오메, 여섯 살이 10까지도 못 세야.
10도 못 세는 게 백 원짜리 열 개치를 달라고?
천 원이면 껌바가 열 개고, 부라보콘이 다섯 개고, 구구콘 세 개를 사 먹어도 백 원이 남아.
대충격!

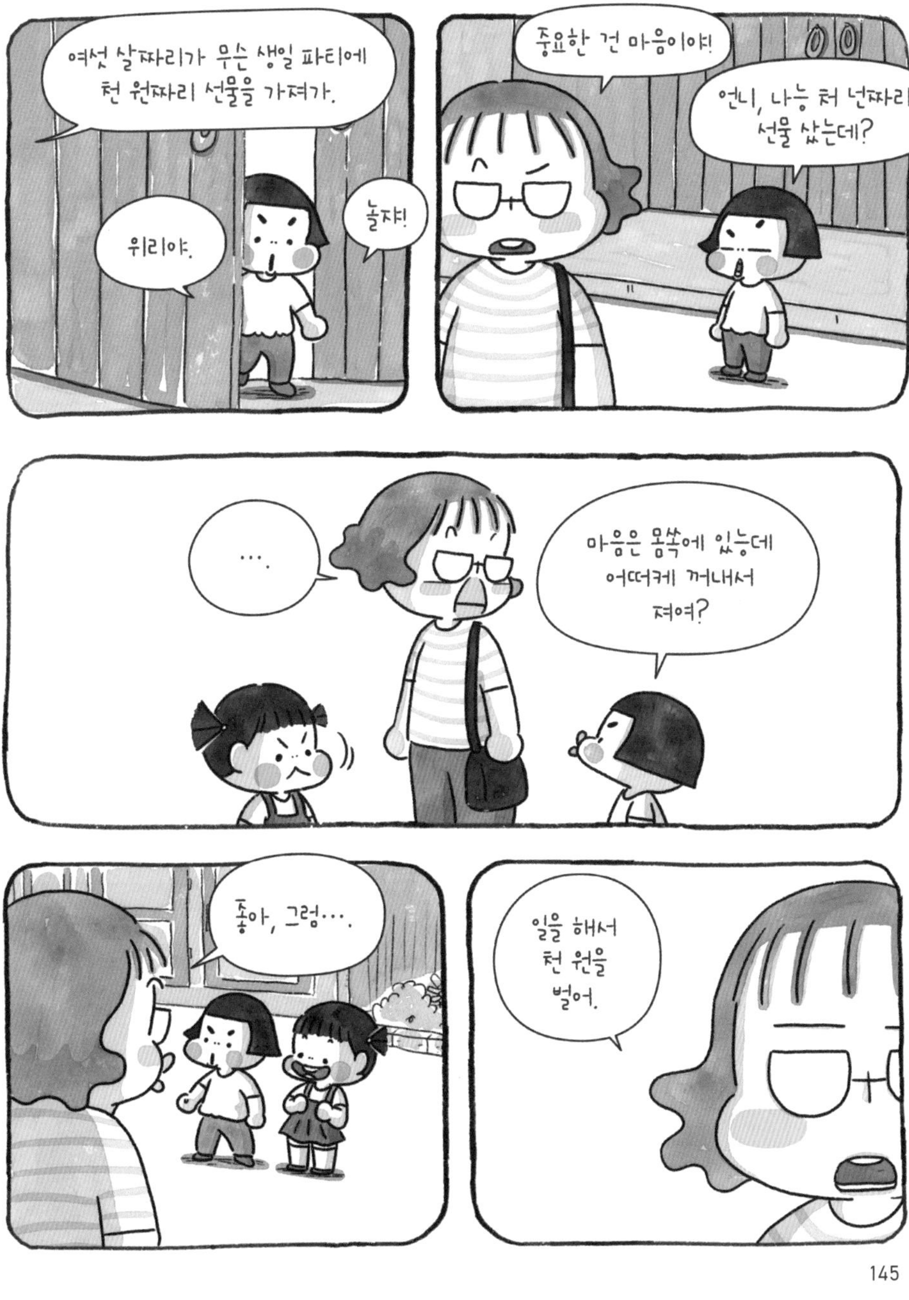
여섯 살짜리가 무슨 생일 파티에 천 원짜리 선물을 가져가.
위리야.
놀자!
중요한 건 마음이야!
언니, 나능 처 넌짜리 선물 삾는데?
….
마음은 몸쏙에 있능데 어떠케 꺼내서 져여?
좋아, 그럼….
일을 해서 천 원을 벌어.

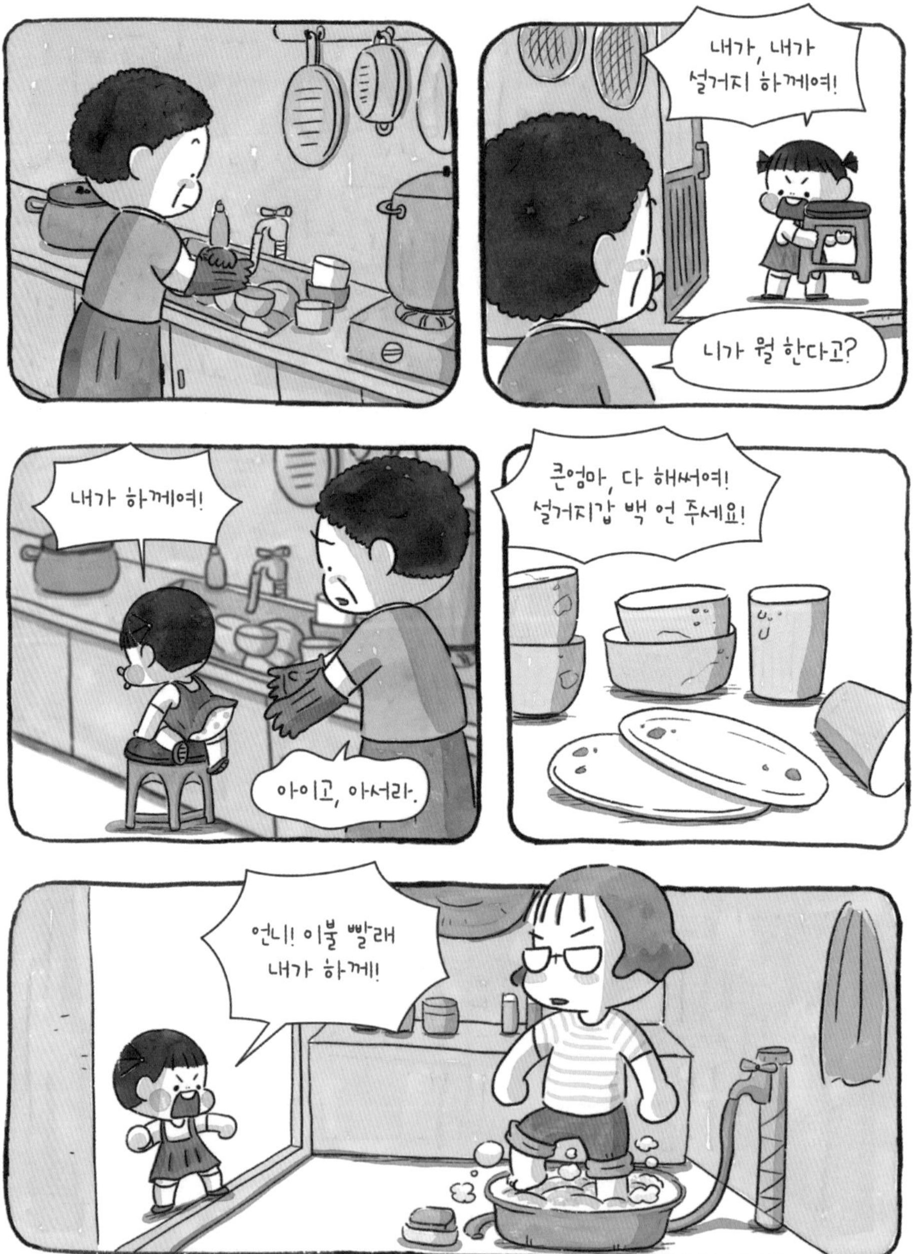

내가, 내가
설거지 하께여!
니가 뭘 한다고?
내가 하께여!
아이고, 아서라.
큰엄마, 다 해써여!
설거지갑 백 언 주세요!
언니! 이불 빨래
내가 하께!

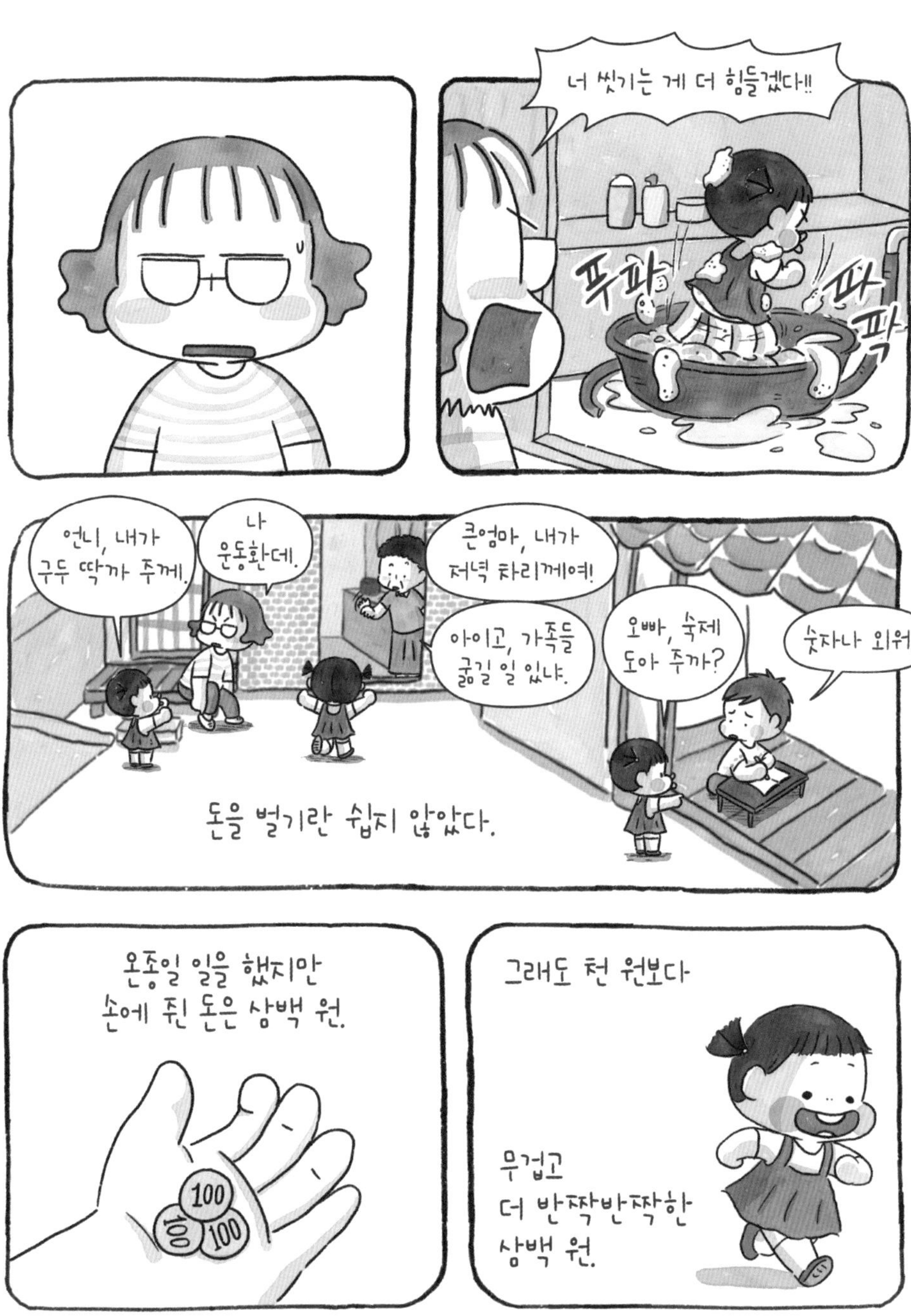

너 씻기는 게 더 힘들겠다!!
푸팍
파팍
언니, 내가 구두 딱까 주께.
나 운동핸데.
큰엄마, 내가 저녁 차리께여!
아이고, 가족들 굶길 일 있나.
오빠, 숙제 도아 주까?
숫자나 외워.
돈을 벌기란 쉽지 않았다.
온종일 일을 했지만 손에 쥔 돈은 삼백 원.
100
100
100
그래도 천 원보다
무겁고
더 반짝반짝한
삼백 원.

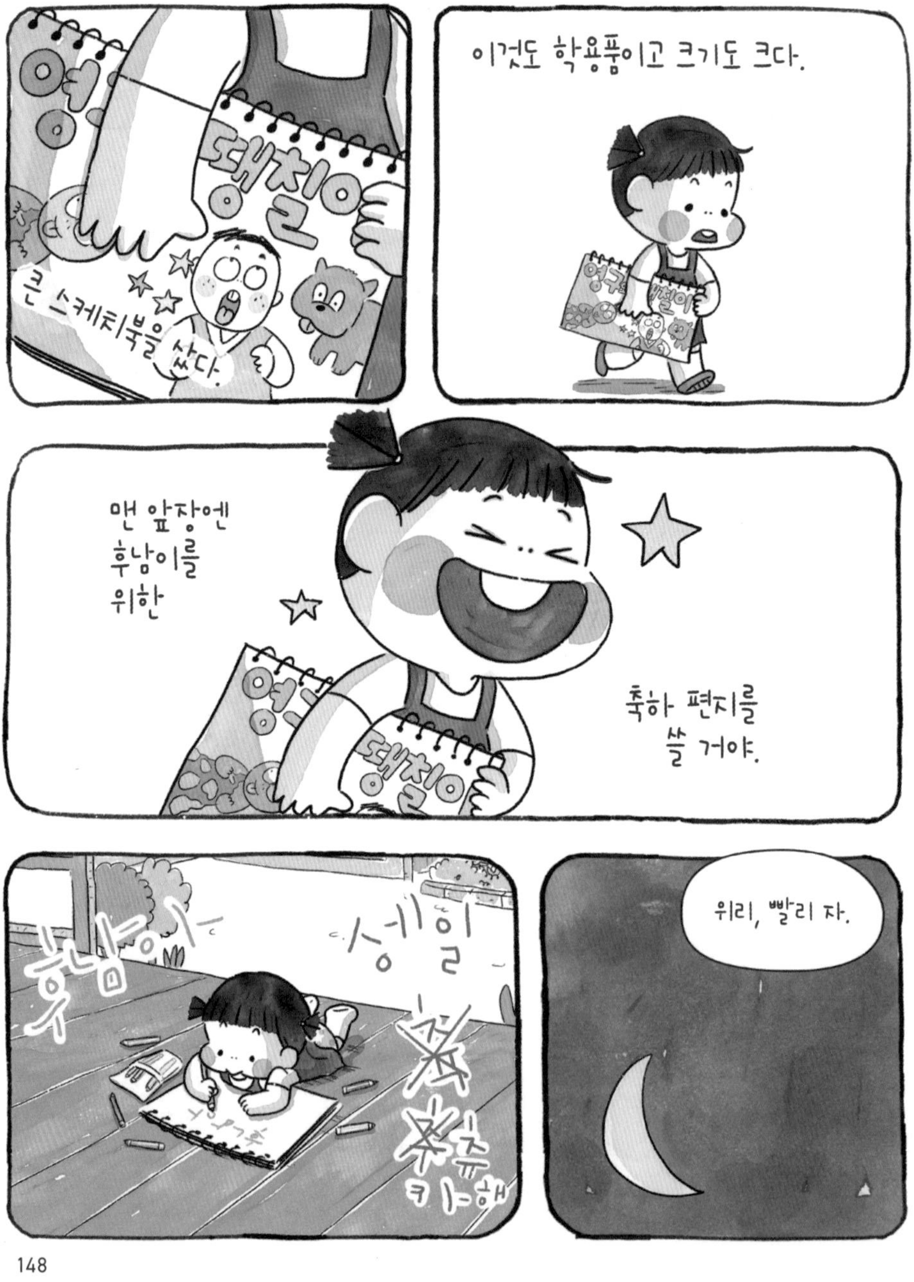
큰 스케치북을 샀다.
이것도 학용품이고 크기도 크다.
맨 앞장엔 후남이를 위한
축하 편지를 쓸 거야.
위리, 빨리 자.

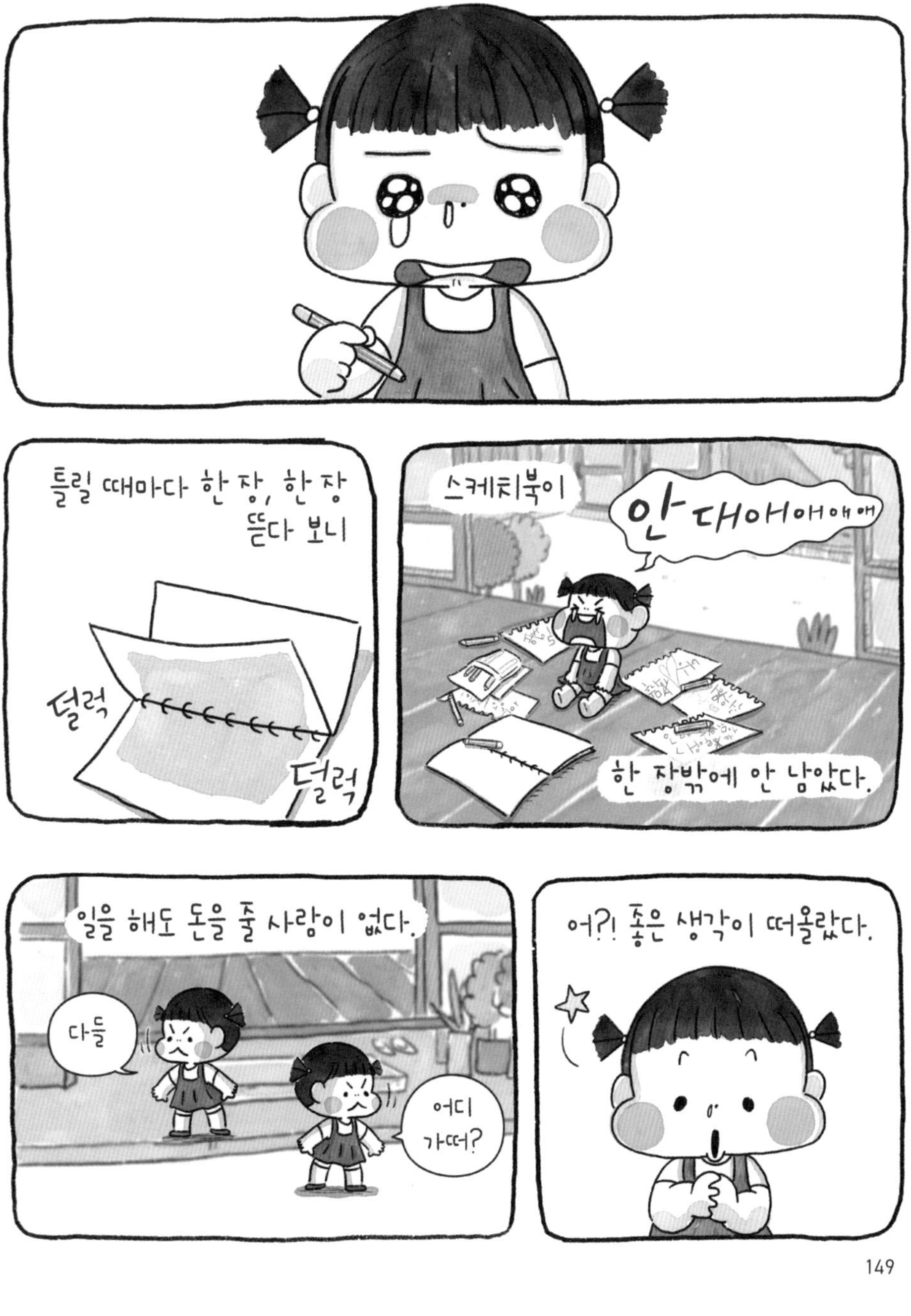
틀릴 때마다 한 장, 한 장
뜯다 보니
덜럭
덜럭
스케치북이
안 대애애애애
한 장밖에 안 남았다.
일을 해도 돈을 줄 사람이 없다.
다들
어디 가떠?
어?! 좋은 생각이 떠올랐다.

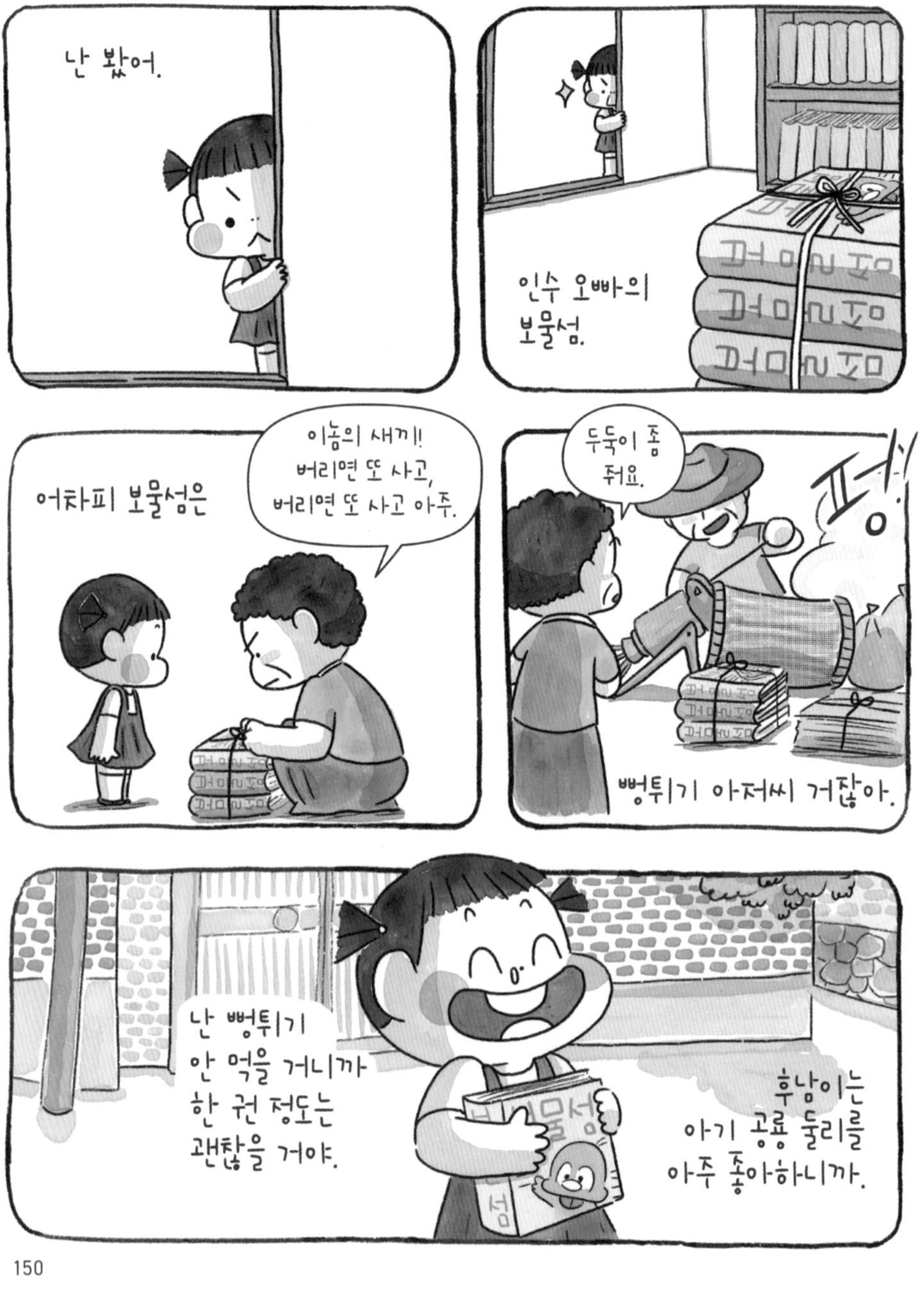
난 봤어.
인수 오빠의
보물섬.
어차피 보물섬은
이놈의 새끼! 버리면 또 사고, 버리면 또 사고 아주.
두둑이 좀 줘요.
펑!
뻥튀기 아저씨 거잖아.
난 뻥튀기 안 먹을 거니까 한 권 정도는 괜찮을 거야.
후남이는 아기 공룡 둘리를 아주 좋아하니까.

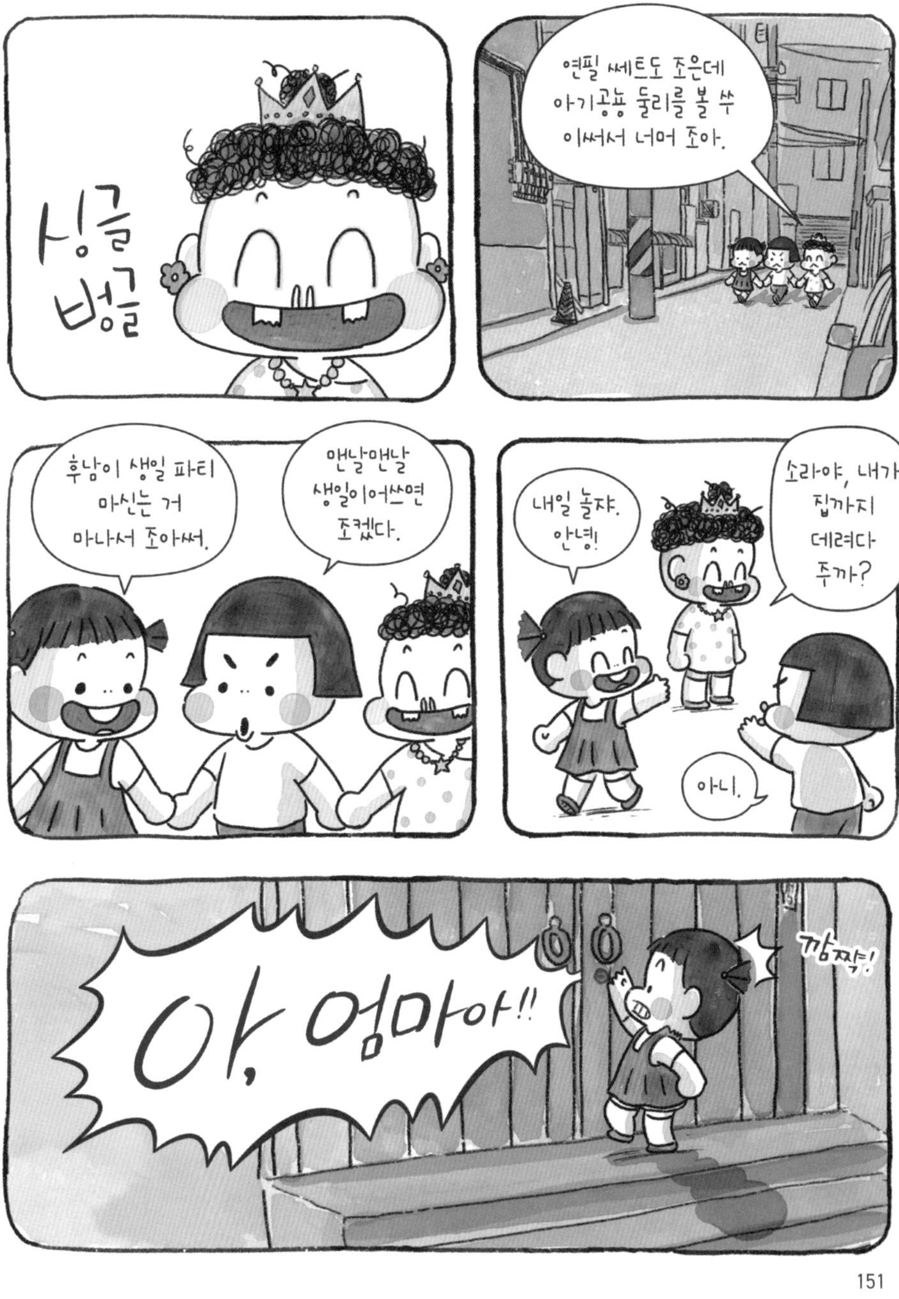
싱글
벙글
연필 쎄트도 조은데 아기공뇽 둘리를 볼 쑤 이써서 너머 조아.
후남이 생일 파티 마신는 거 마나서 조아써.
맨날맨날 생일이어쓰면 조켔다.
내일 놀자. 안녕!
소라야, 내가 집까지 데려다 주까?
아니.
야, 엄마야!!
깜짝!

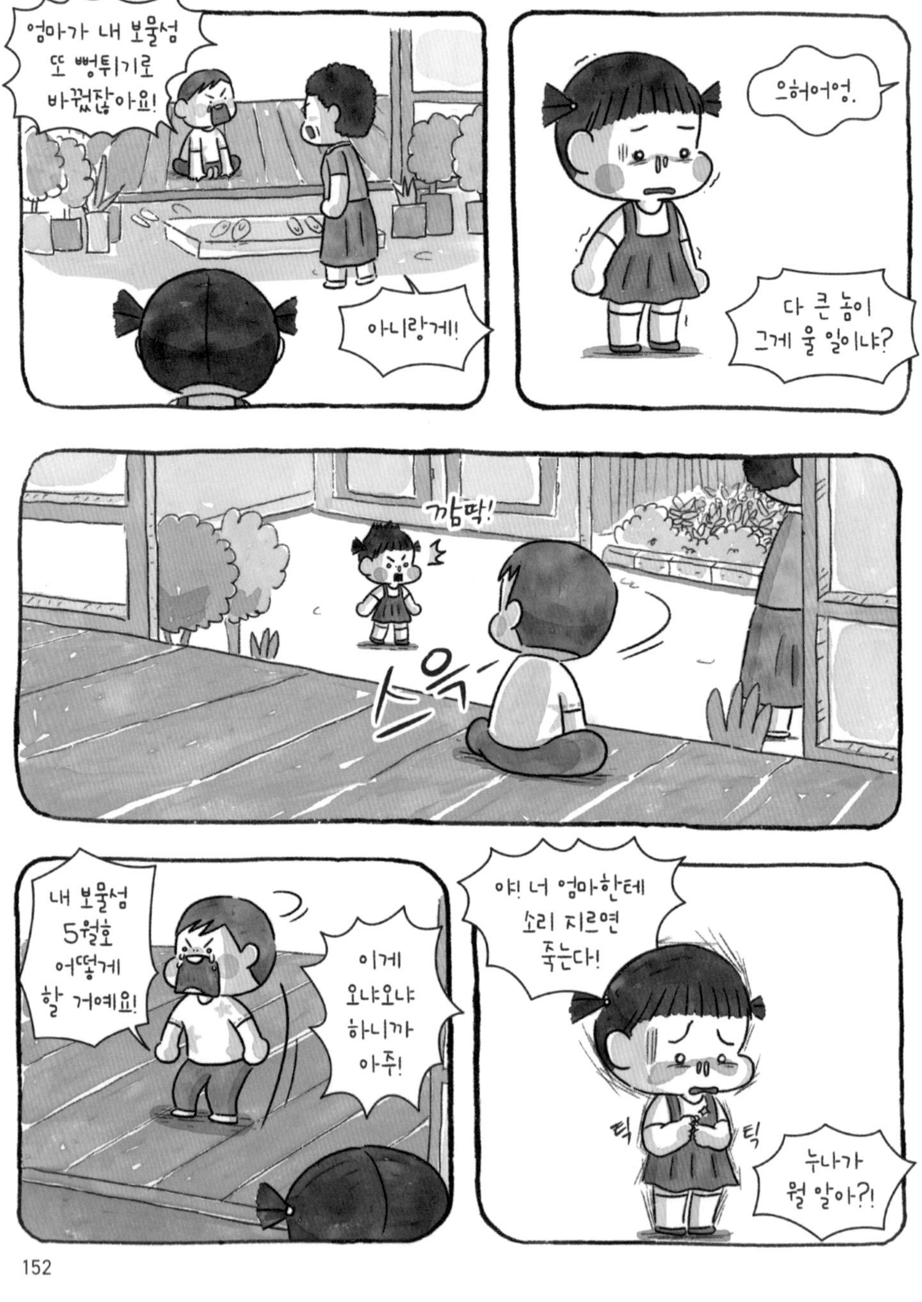
엄마가 내 보물섬
또 뻥튀기로
바꿨잖아요!
아니랑게!
으허어엉.
다 큰 놈이
그게 울 일이냐?
깜딱!
스윽
내 보물섬
5월호
어떻게
할 거예요!
이게
오냐오냐
하니까
아주!
야! 너 엄마한테
소리 지르면
죽는다!
틱
틱
누나가
뭘 알아?!

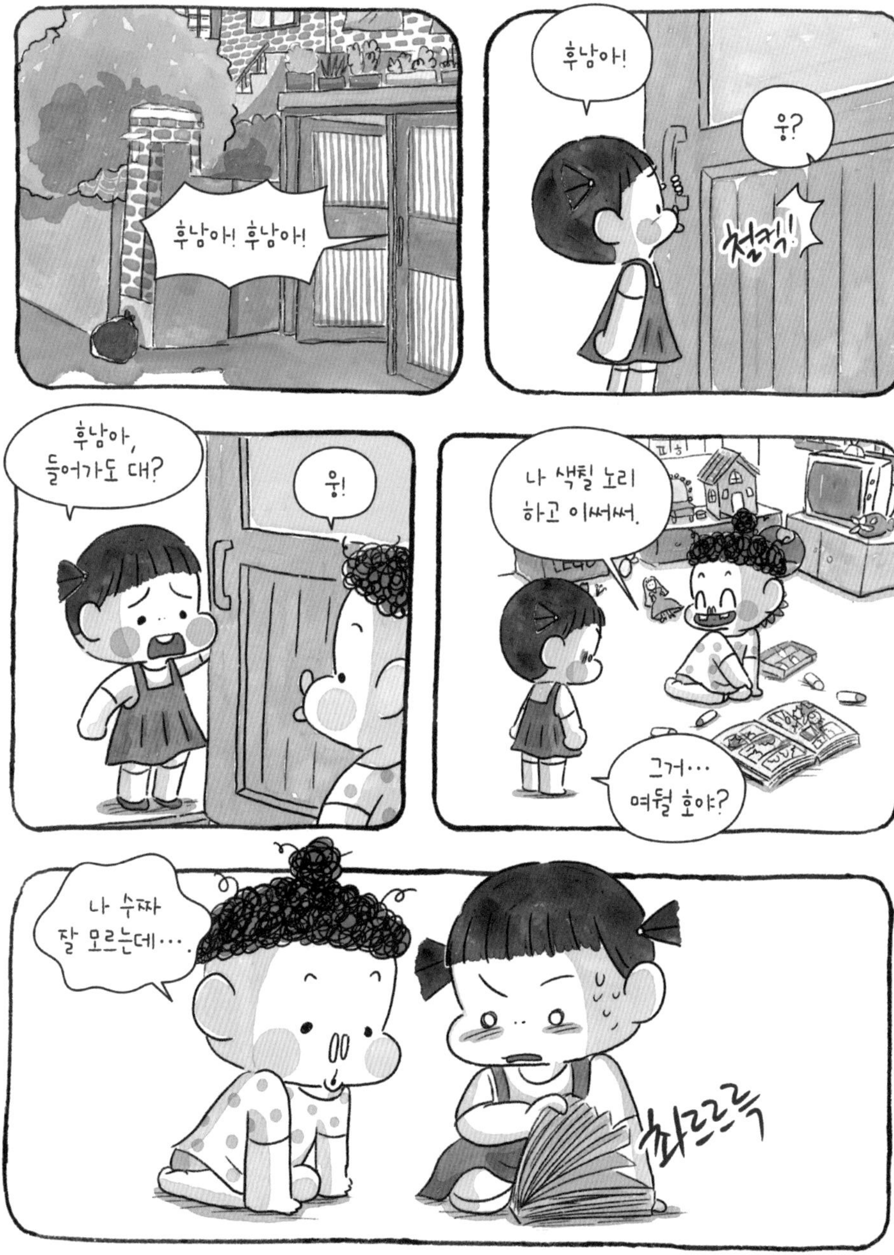
후남아! 후남아!
후남아!
웅?
철컥!
후남아,
들어가도 대?
웅!
나 색칠 노리
하고 이써써.
그거…
며뒬 호야?
나 수짜
잘 모르는데….
촤르르륵

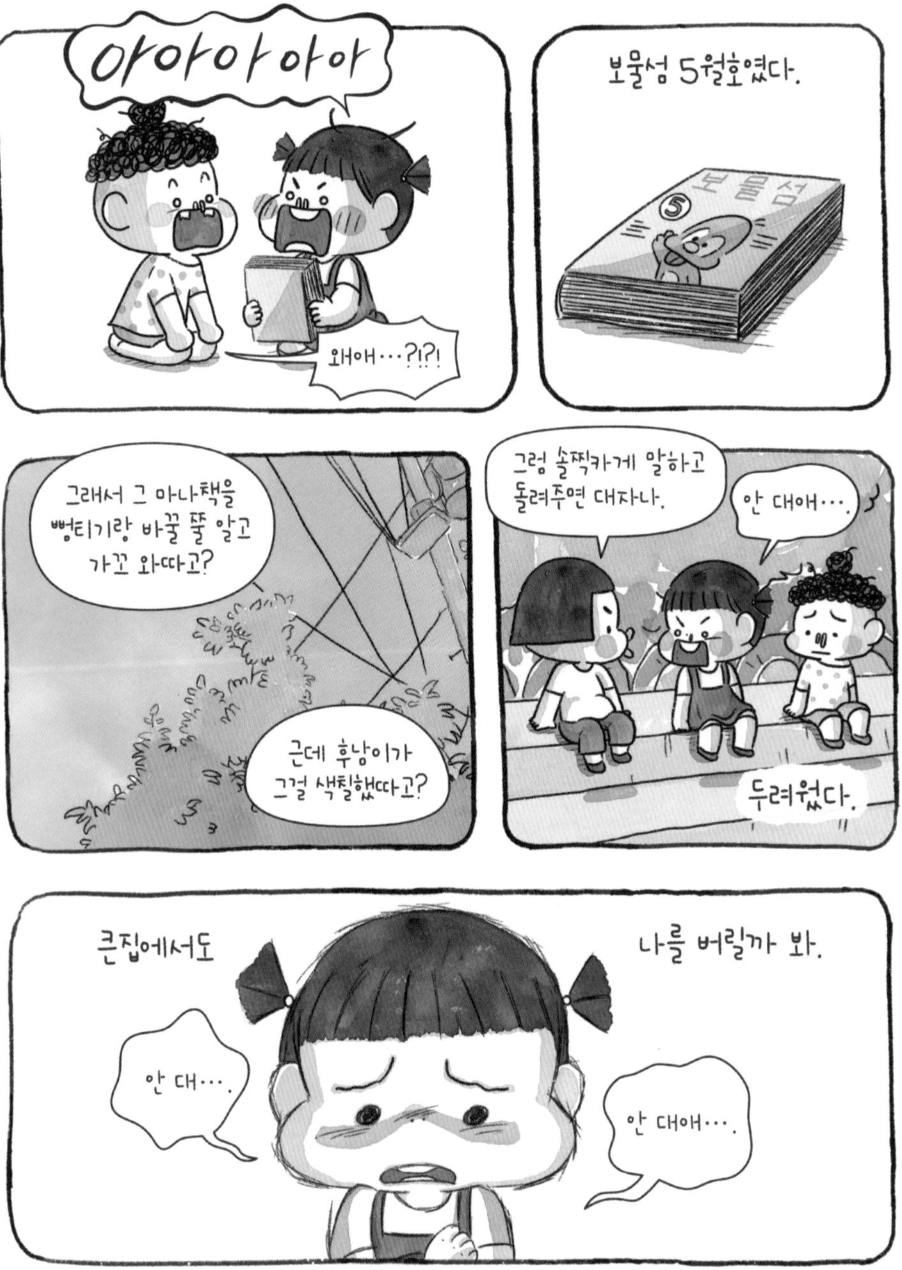

아아아아아
왜애…?!?!
보물섬 5월호였다.
그래서 그 마나책을 뻥티기랑 바꿀 쭐 알고 가꼬 와따고?
근데 후남이가 그걸 색칠했따고?
그럼 솔찍카게 말하고 돌려주면 대자나.
안 대애….
두려웠다.
큰집에서도
나를 버릴까 봐.
안 대….
안 대애….

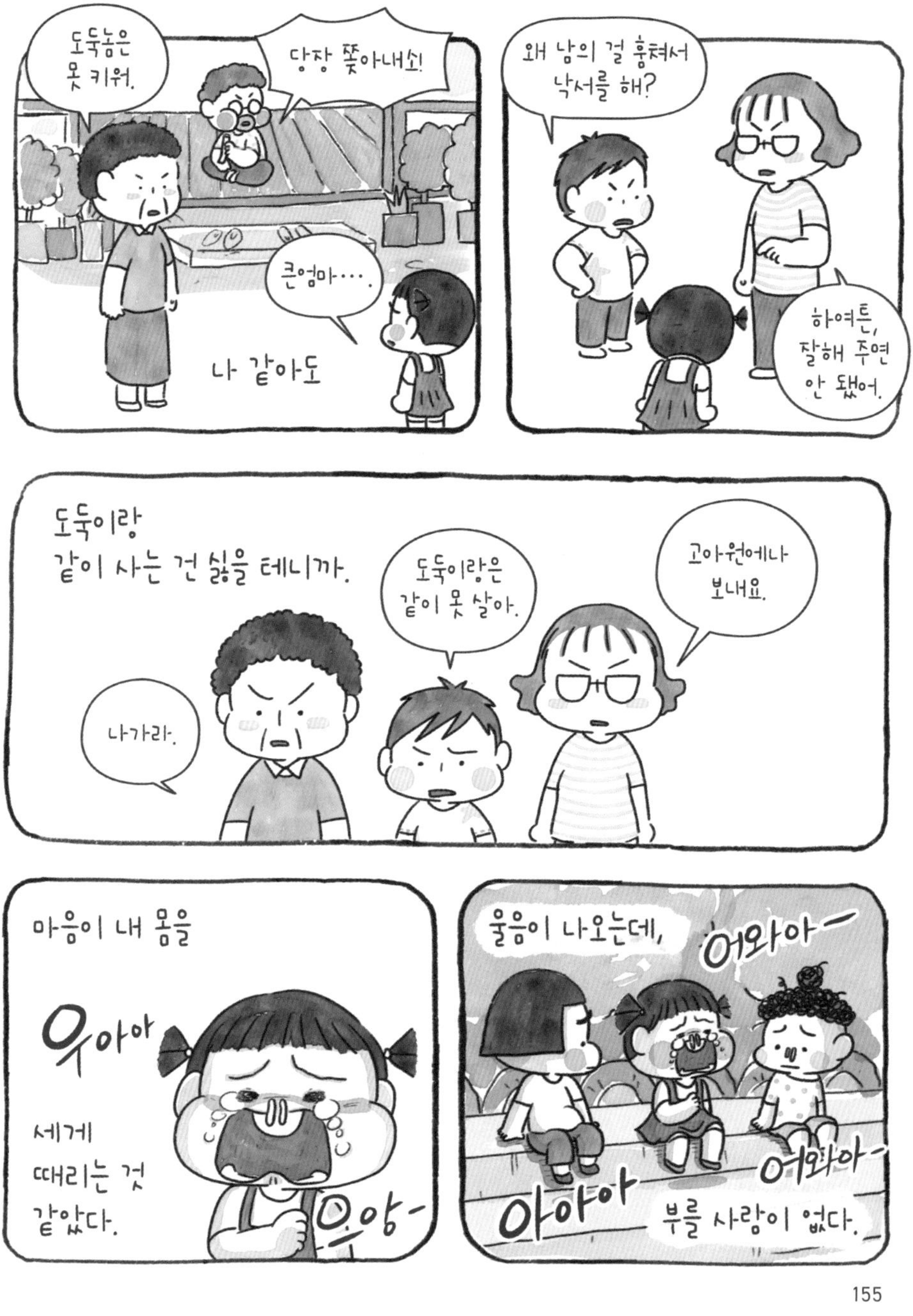
도둑놈은 못 키워.
당장 쫓아내소!
큰엄마….
나 같아도
왜 남의 걸 훔쳐서 낙서를 해?
하여튼, 잘해 주면 안 됐어.
도둑이랑 같이 사는 건 싫을 테니까.
나가라.
도둑이랑은 같이 못 살아.
고아원에나 보내요.
마음이 내 몸을
우아아
세게 때리는 것 같았다.
으앙—
울음이 나오는데,
어와아—
어와아—
아아아
부를 사람이 없다.

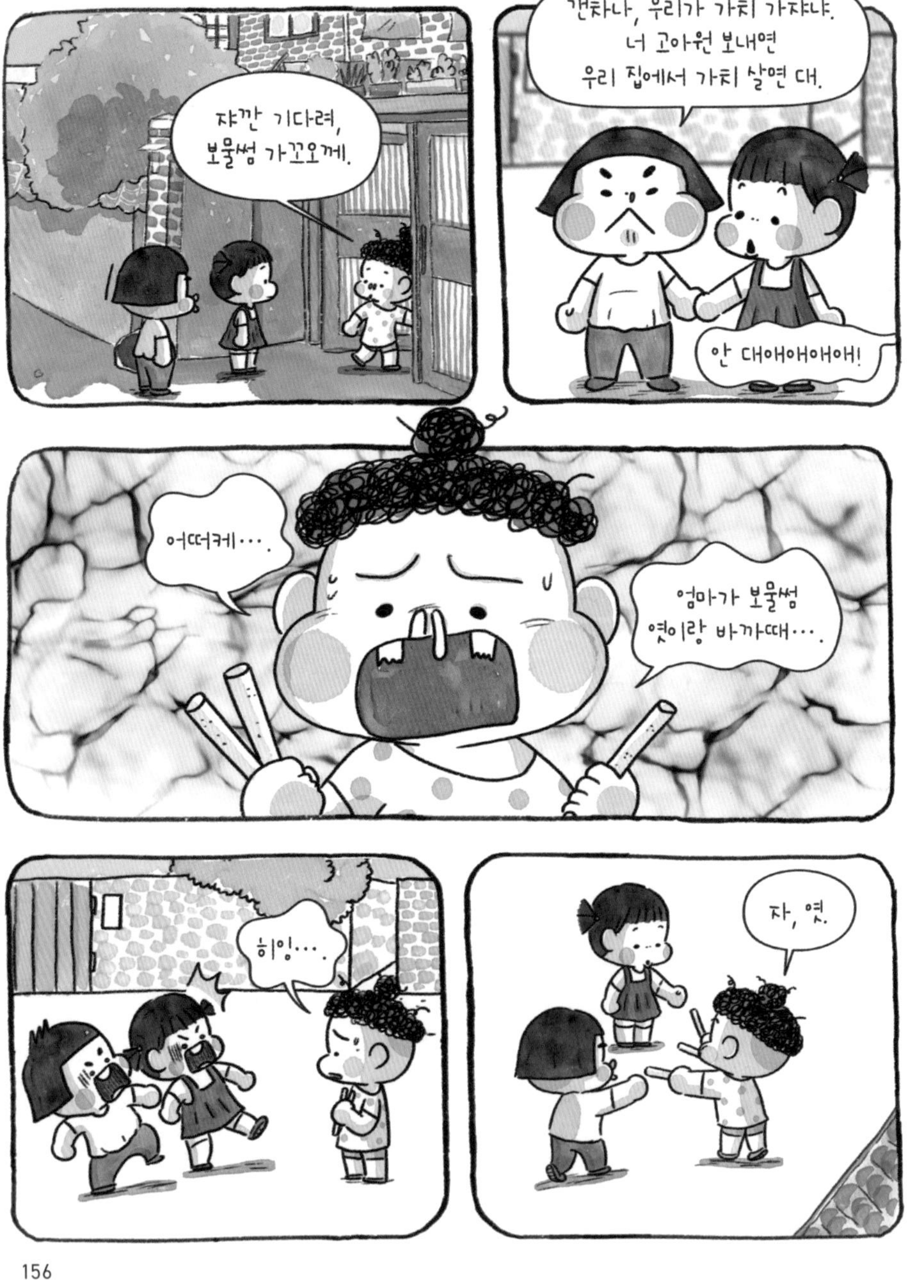
쟈깐 기다려, 보물썸 가꼬오께.
갠차나, 우리가 가치 가쟈나. 너 고아원 보내면 우리 집에서 가치 살면 대.
안 대애애애애!
어떠케….
엄마가 보물썸 엿이랑 바까때….
히잉….
자, 엿.

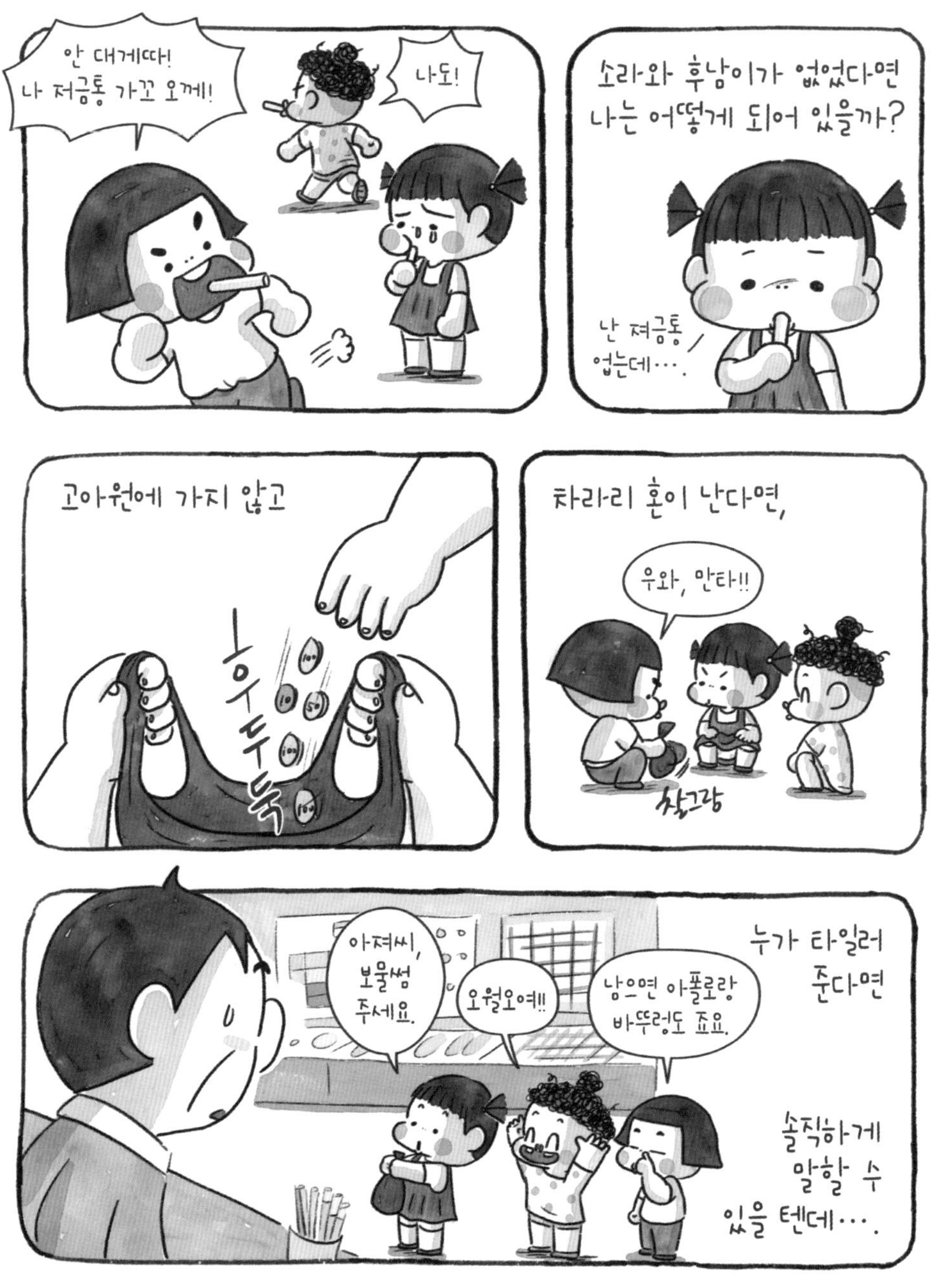
안 대게따!
나 저금통 가꼬 오께!
나도!
소리와 후남이가 없었다면
나는 어떻게 되어 있을까?
난 저금통
업는데….
고아원에 가지 않고
우두둑
차라리 혼이 난다면,
우와, 만타!!
찰그랑
누가 타일러
준다면
아저씨,
보물썸
주세요.
오웠오여!!
남으면 아폴로랑
바뚜렁도 죠요.
솔직하게
말할 수
있을 텐데….

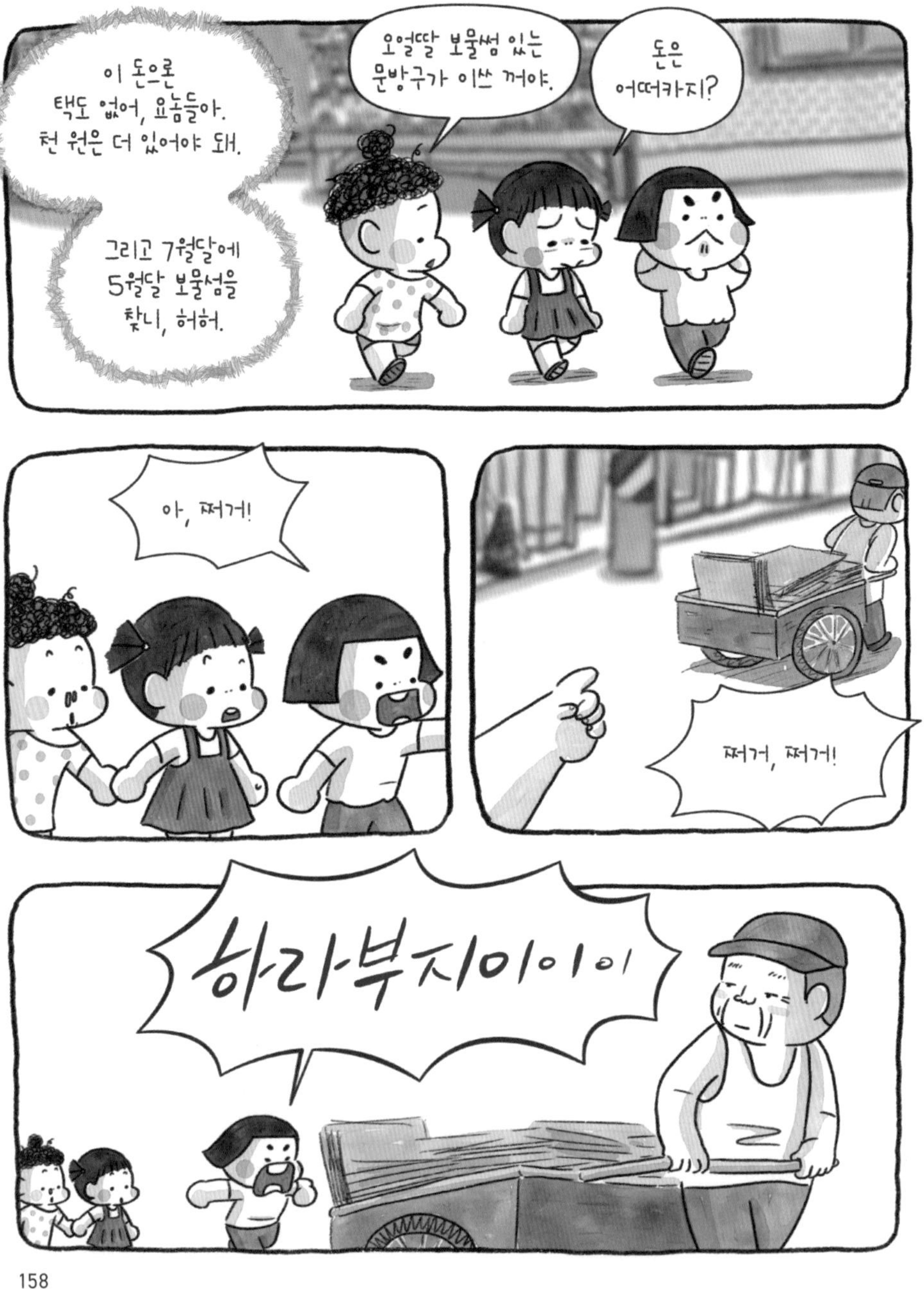
이 돈으론
택도 없어, 요놈들아.
천 원은 더 있어야 돼.
그리고 7월달에
5월달 보물섬을
찾니, 허허.
오얼딸 보물썸 있는
문방구가 이쓴 꺼야.
돈은
어떠카지?
아, 쩌거!
쩌거, 쩌거!
하라부지이이이

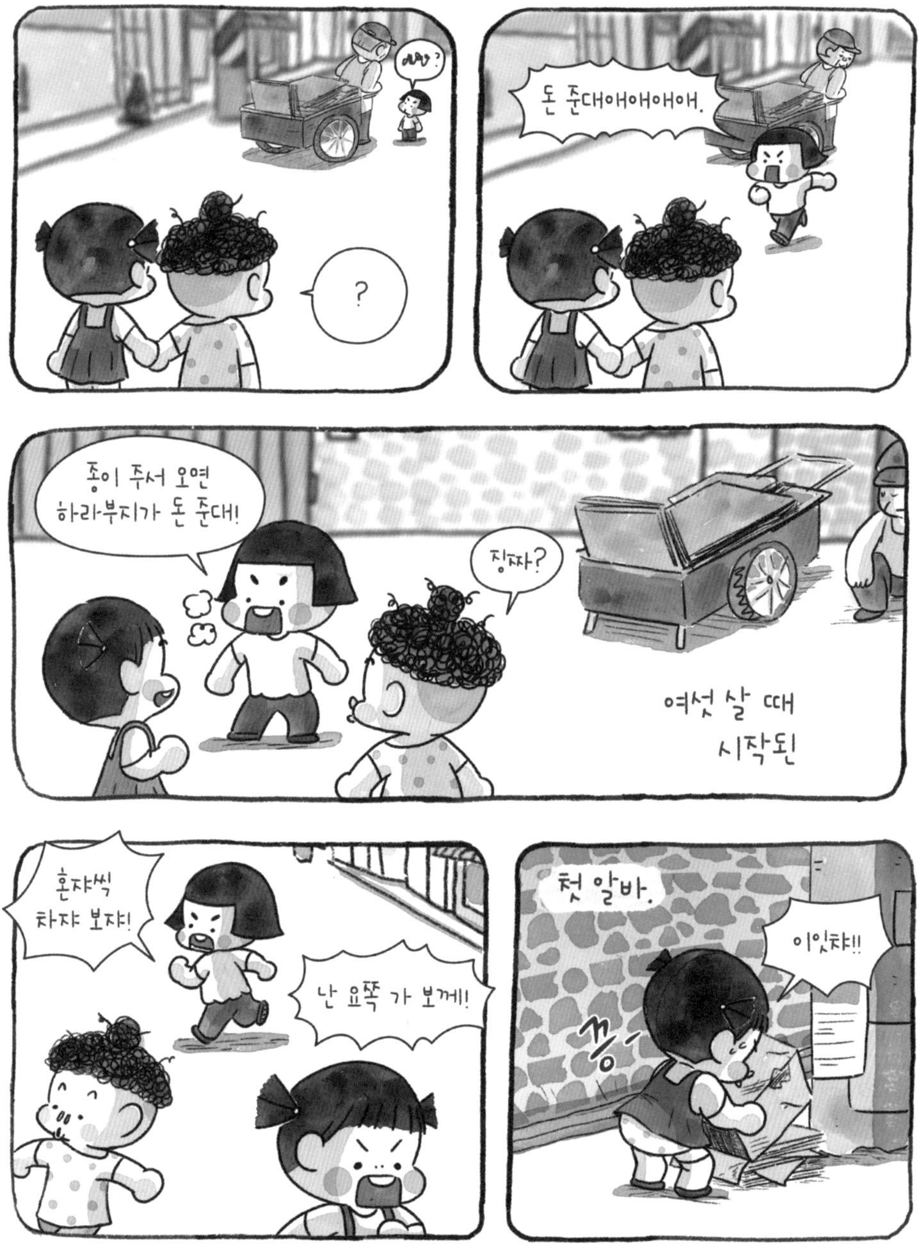
?
돈 준대애애애애.
종이 주서 오연
하라부지가 돈 준대!
징짜?
여섯 살 때
시작된
혼자씩
차자 보자!
난 요쪽 가 보께!
첫 알바.
이잇챠!!
끙-

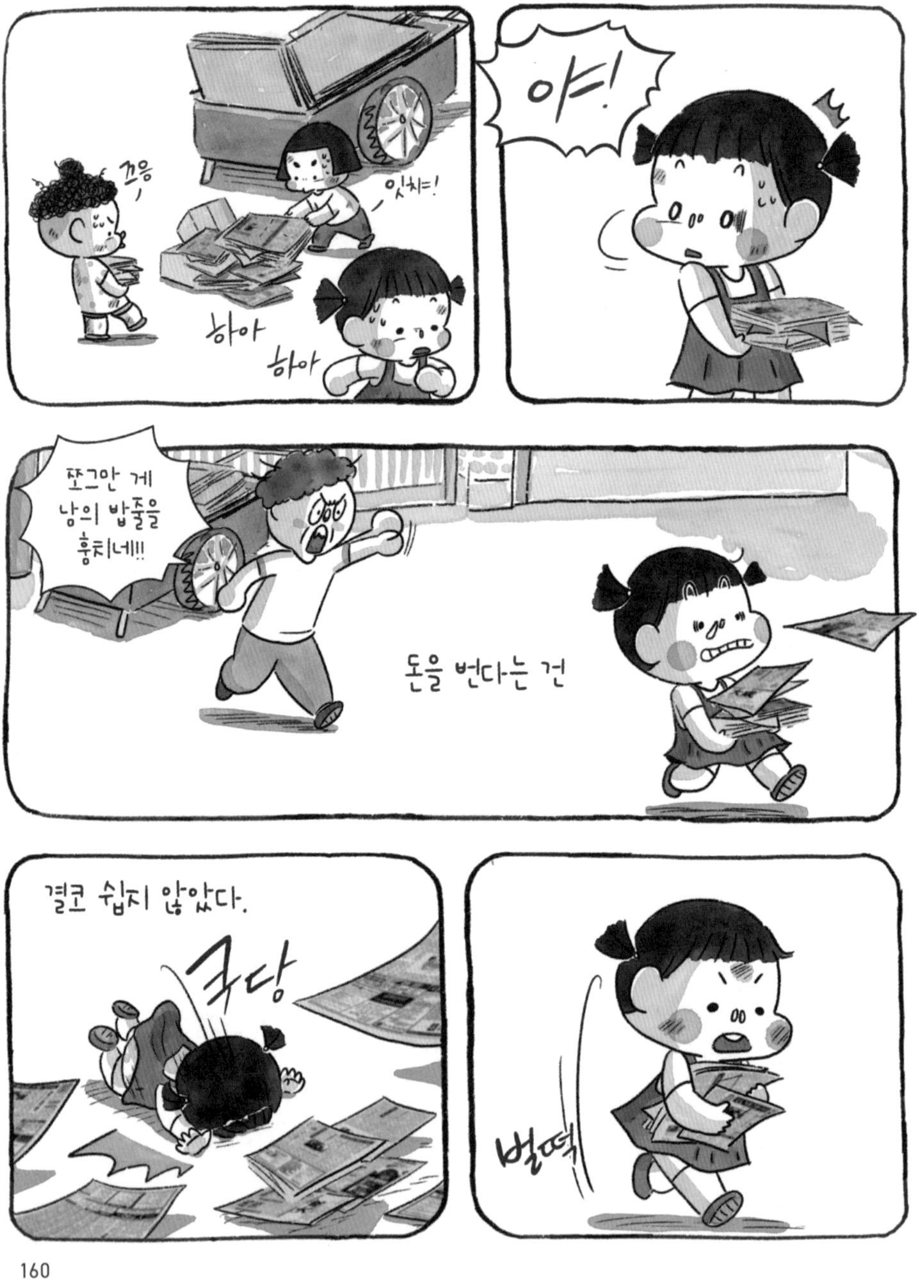
끄응
잇차!
하아
하아
야!
쪼그만 게 남의 밥줄을 훔치네!!!
돈을 번다는 건
결코 쉽지 않았다.
쿠당
벌떡

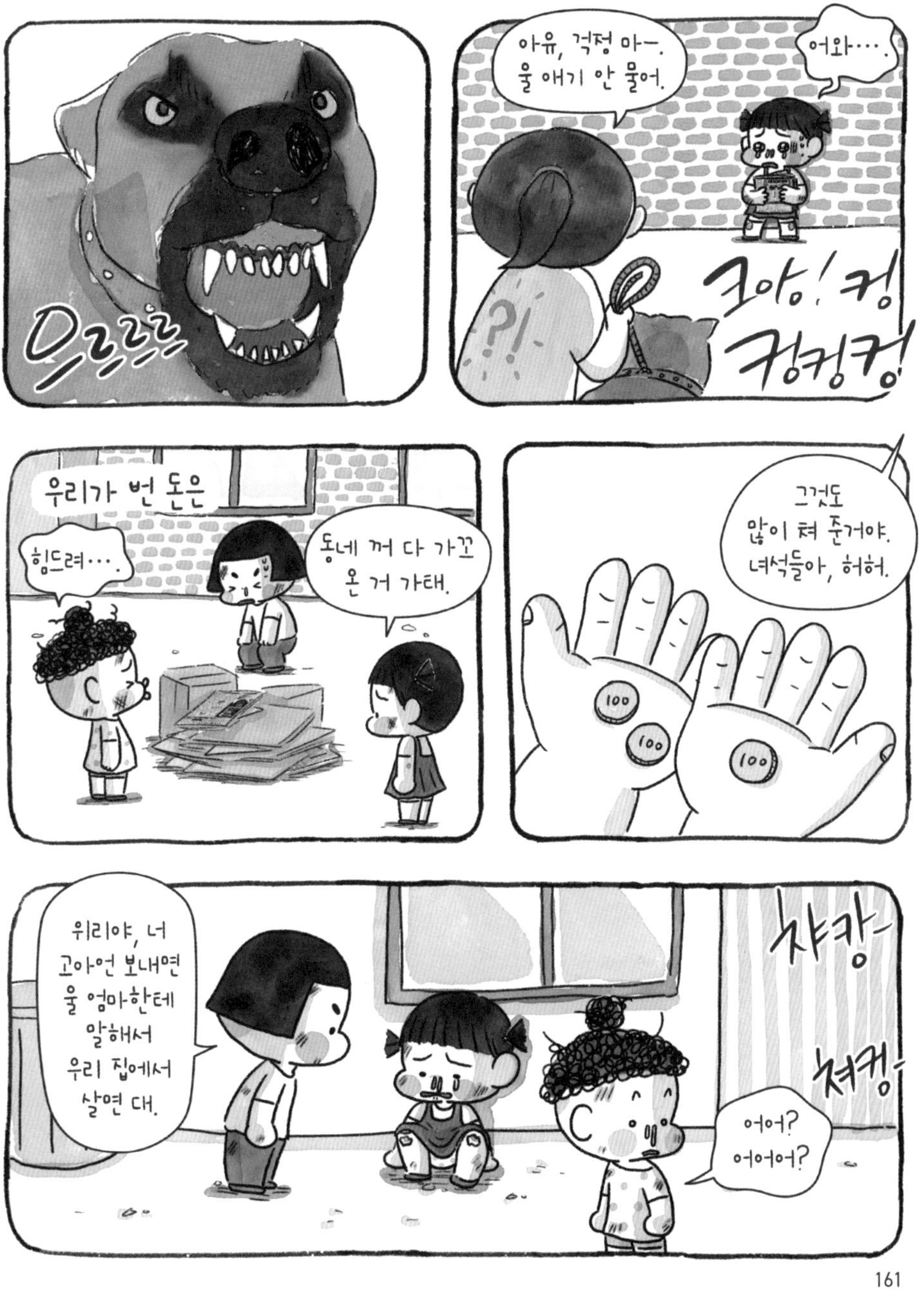
으르르르
아유, 걱정 마ー. 울 애기 안 물어.
어와….
크앙! 컹 컹컹컹!
우리가 번 돈은
힘드려….
동네 꺼 다 가꼬 온 거 가태.
그것도 많이 쳐 준거야. 녀석들아, 허허.
위리야, 너 고아언 보내면 울 엄마한테 말해서 우리 집에서 살면 대.
챠캉
쳐켕!
어어? 어어어?

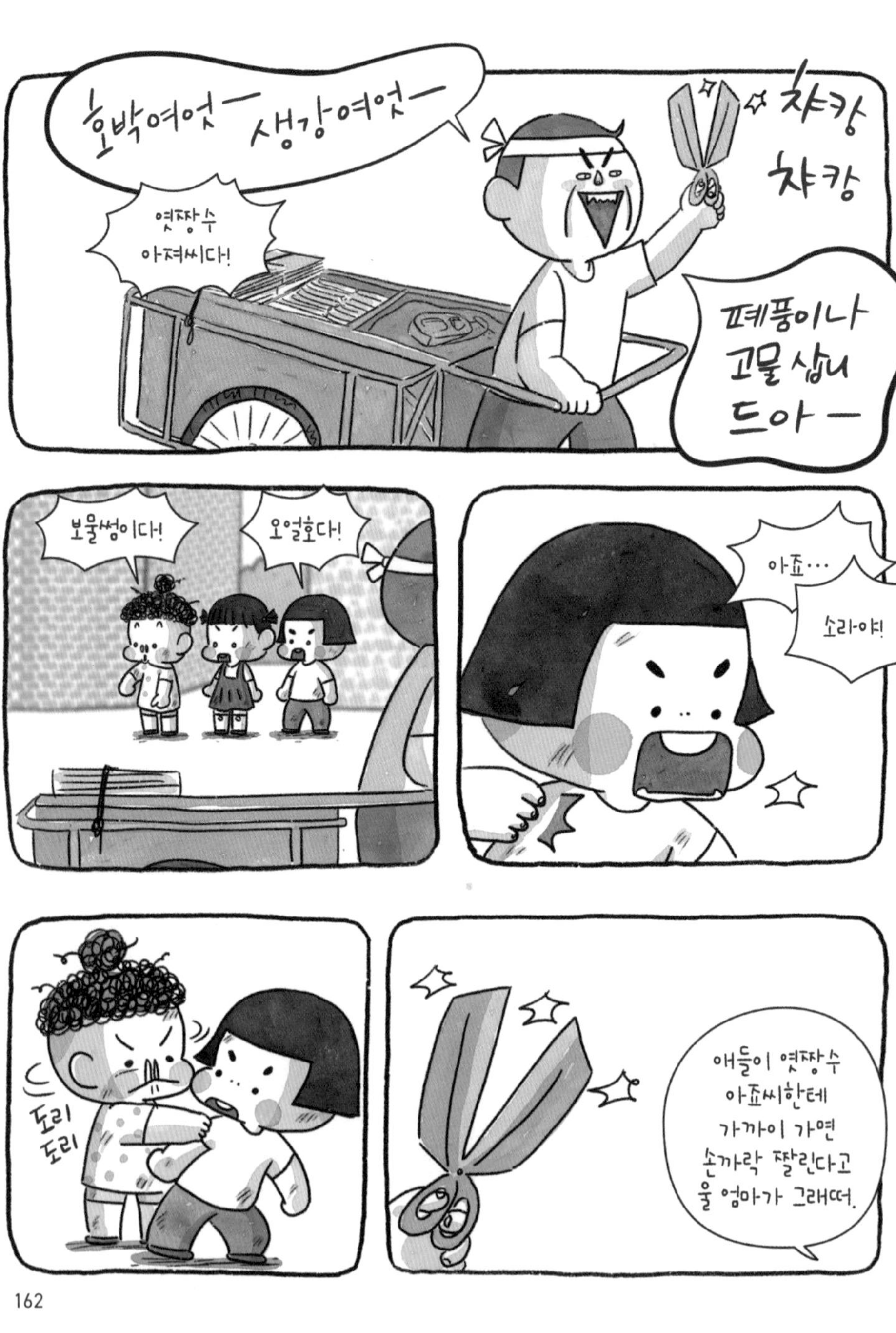
호박여엇— 생강여엇—
챠캉 챠캉
엿짱수 아쪄씨다!
폐품이나 고물삽니드아—
보물썸이다!
오얼호다!
아죠…
소리야!
도리도리
애들이 엿짱수 아죠씨한테 가까이 가면 손가락 짤린다고 울 엄마가 그래떠.

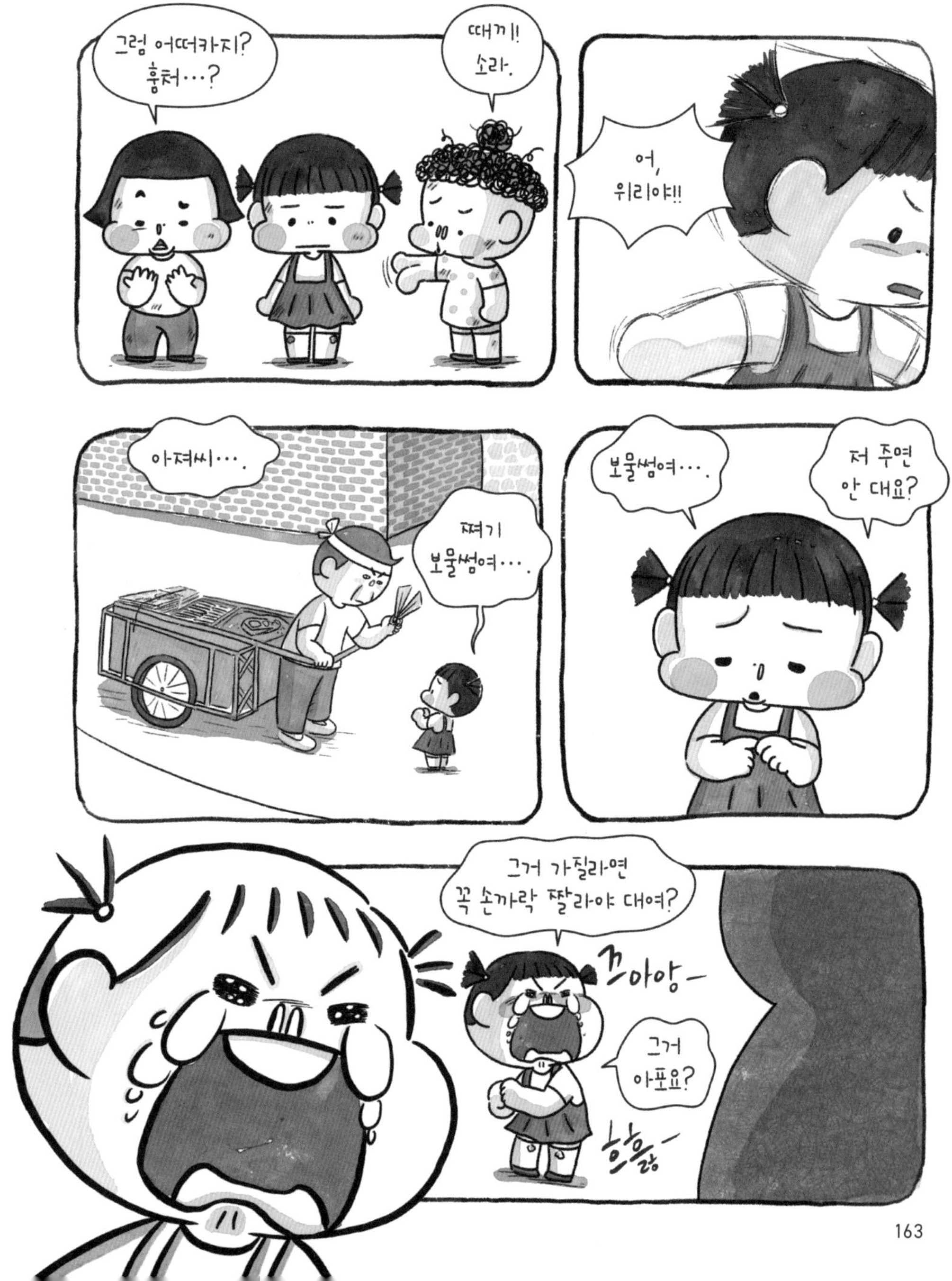
그럼 어떠카지? 훔쳐…?
때끼! 소라.
어, 위리야!!
아져씨….
쪄기 보물썸여….
보물썸여….
저 주면 안 대요?
그거 가질라면 꼭 손까락 짤라야 대여?
끄아앙―
그거 아포요?
흐흘흥―

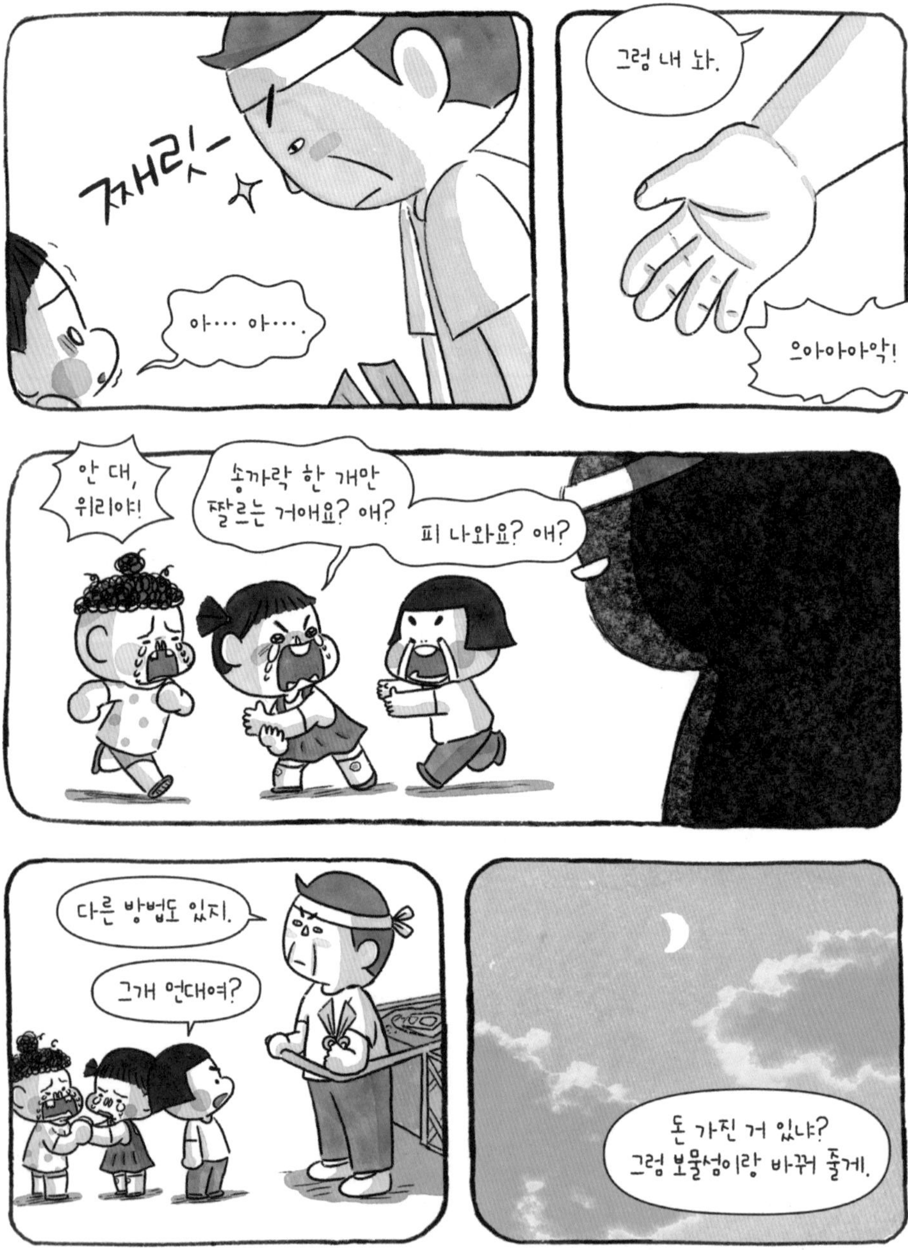
쯔재릿—
아⋯ 아⋯.
그럼 내 놔.
으아아아악!
안 대, 위리야!
송까락 한 개만 짤르는 거애요? 애?
피 나와요? 애?
다른 방법도 있지.
그개 먼대여?
돈 가진 거 있냐? 그럼 보물섬이랑 바꿔 줄게.

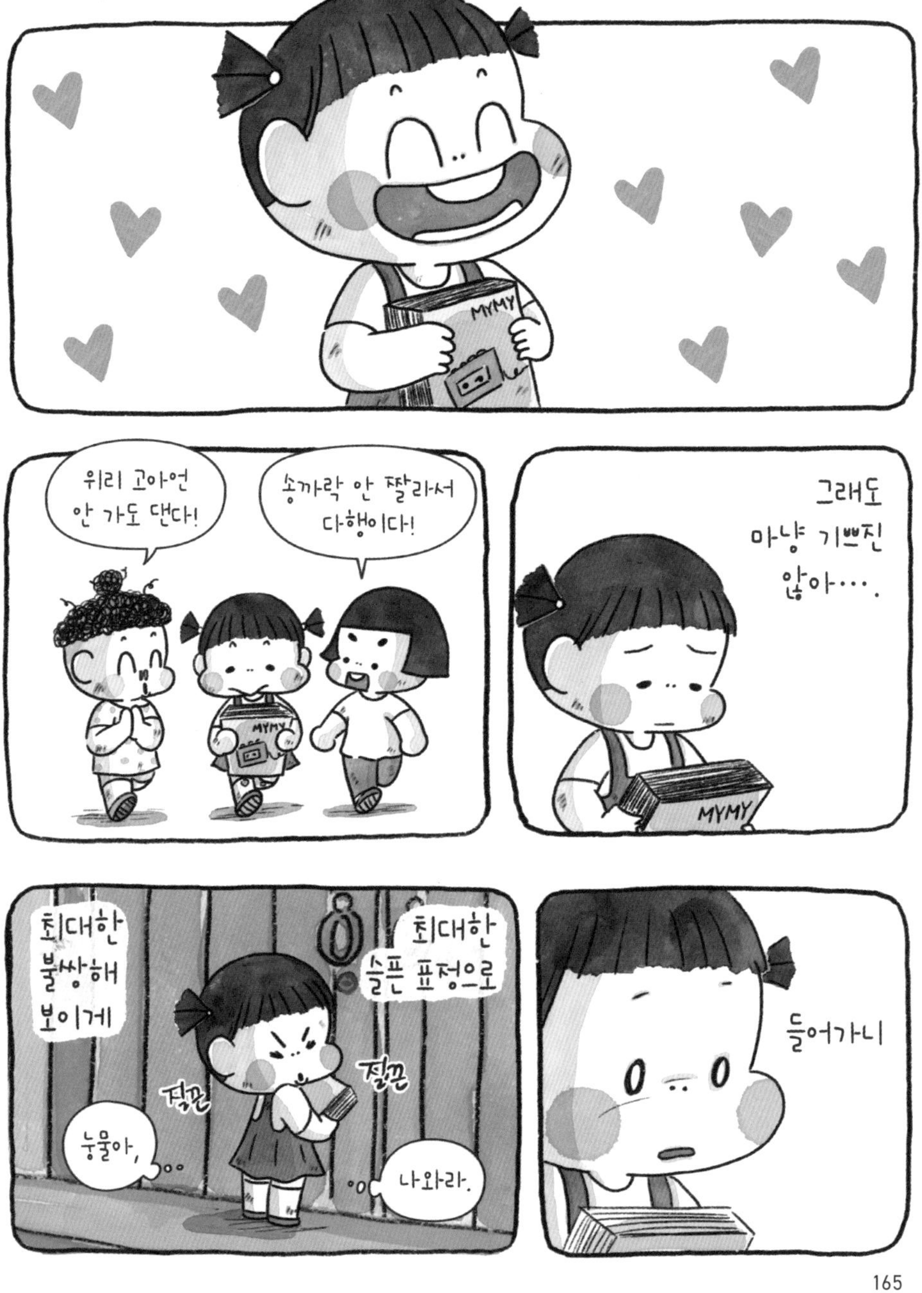

위리 고아언 안 가도 댄다!
송가락 안 짤리서 다행이다!
그래도 마냥 기쁘진 않아….
최대한 불쌍해 보이게
최대한 슬픈 표정으로
질끈
질끈
눙물아, …
…나와라.
들어가니

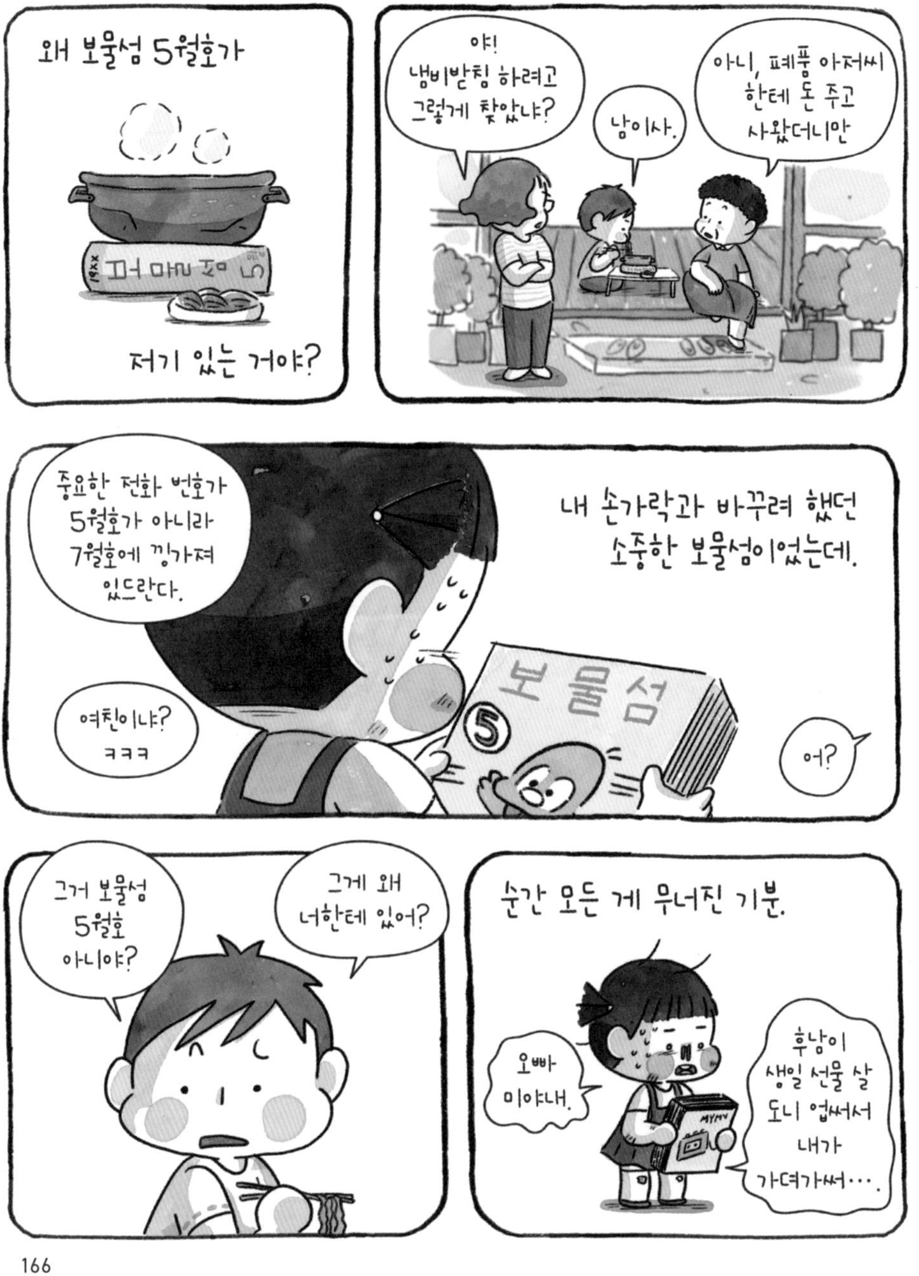
왜 보물섬 5월호가
저기 있는 거야?
야! 냄비받침 하려고 그렇게 찾았냐?
남이사.
아니, 폐품 아저씨 한테 돈 주고 사왔더니만
중요한 전화 번호가 5월호가 아니라 7월호에 낑가져 있드란다.
내 손가락과 바꾸려 했던 소중한 보물섬이었는데.
여친이냐? ㅋㅋㅋ
보물섬
5
어?
그거 보물섬 5월호 아니야?
그게 왜 너한테 있어?
순간 모든 게 무너진 기분.
오빠 미야내.
후남이 생일 선물 살 도니 업써서 내가 가뎌가써….

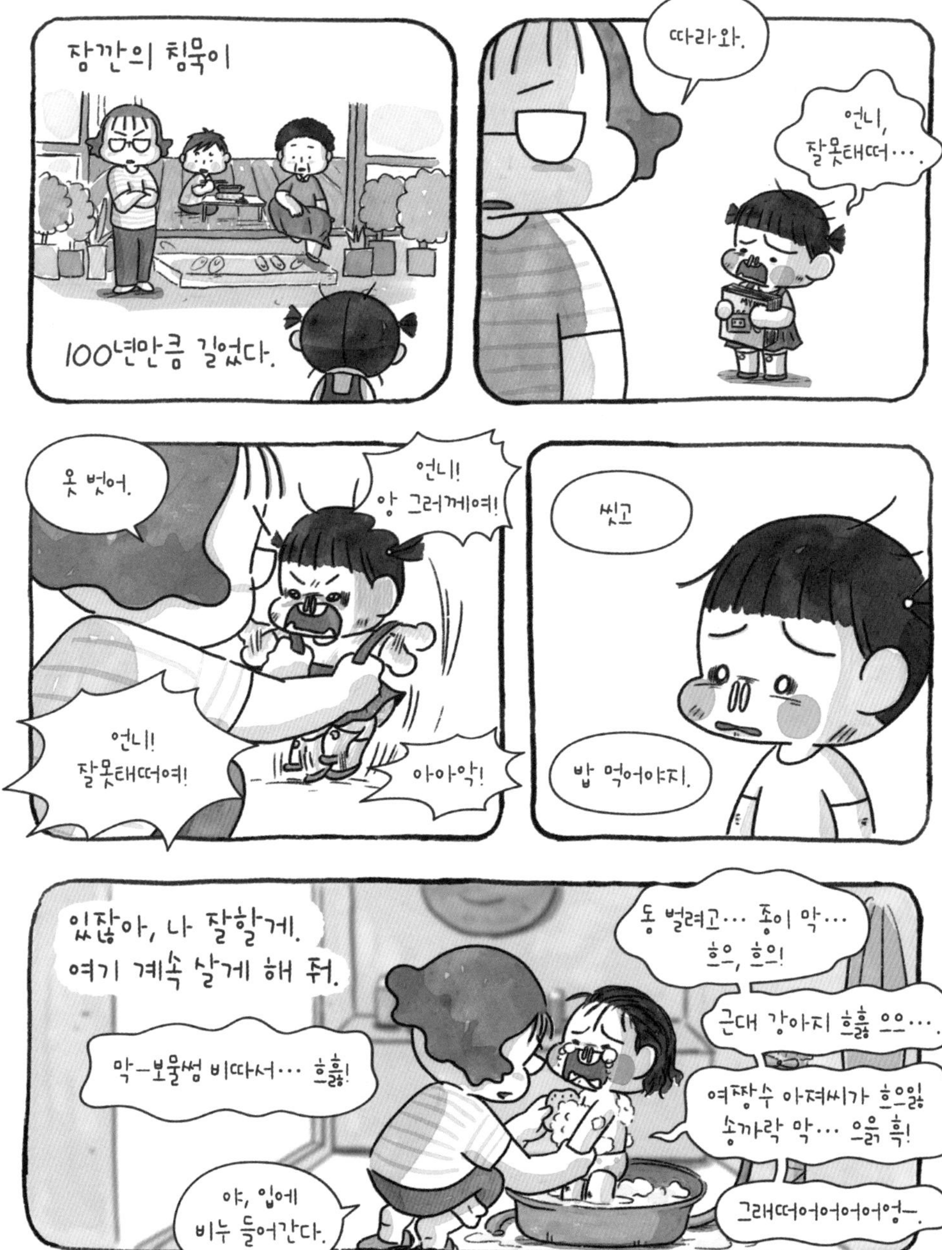

잠깐의 침묵이
100년만큼 길었다.
따라와.
언니,
잘못태떠….
옷 벗어.
언니!
앙 그러께여!
언니!
잘못태떠여!
아아악!
씻고
밥 먹어야지.
있잖아, 나 잘할게.
여기 계속 살게 해 줘.
동 벌려고… 종이 막…
흐으, 흐으!
근대 강아지 흐흙 으으….
막-보물썸 비따서… 흐흙!
여쨩수 아져씨가 흐으읅
송까락 막… 으읅 흑!
야, 입에
비누 들어간다.
그래떠어어어어엉-.

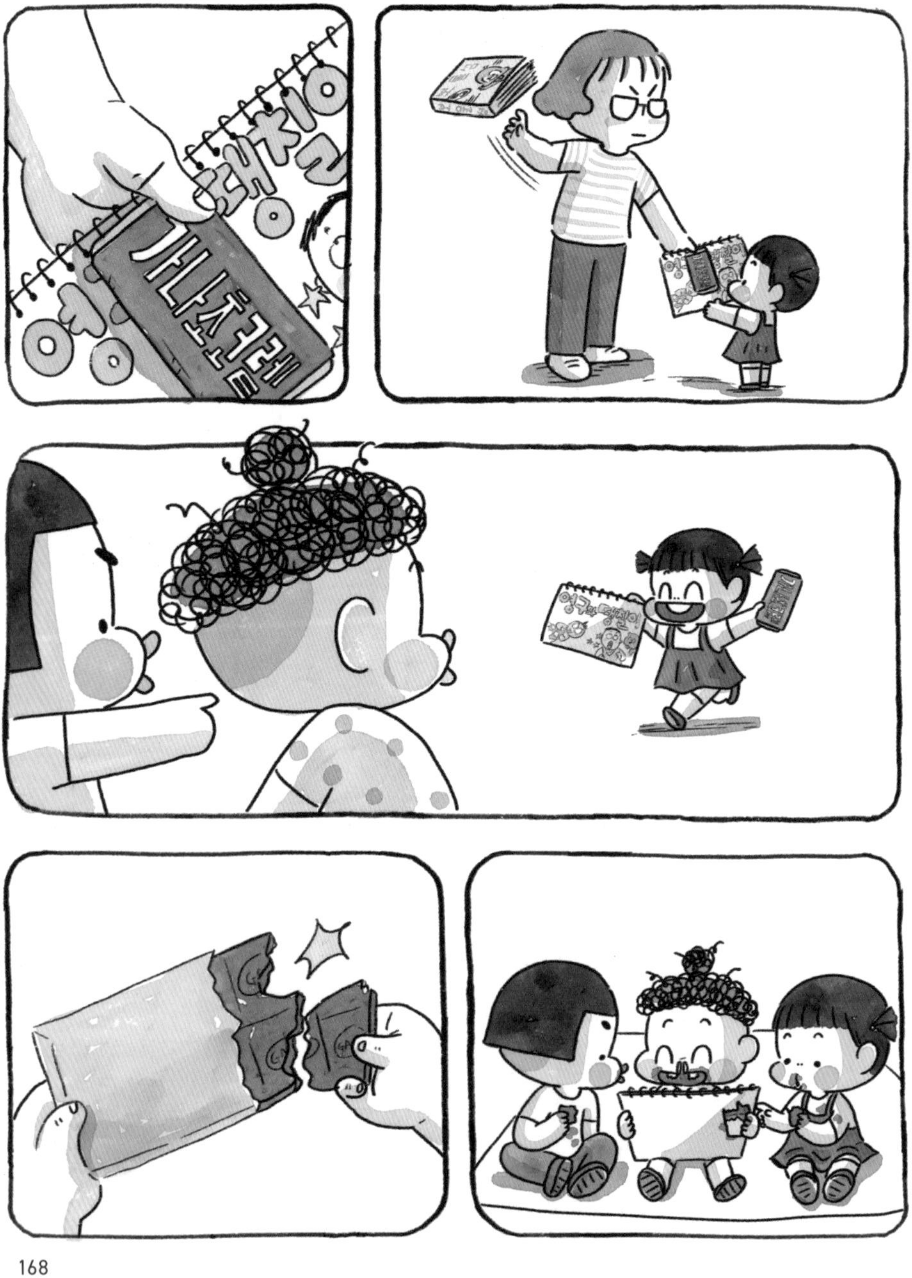

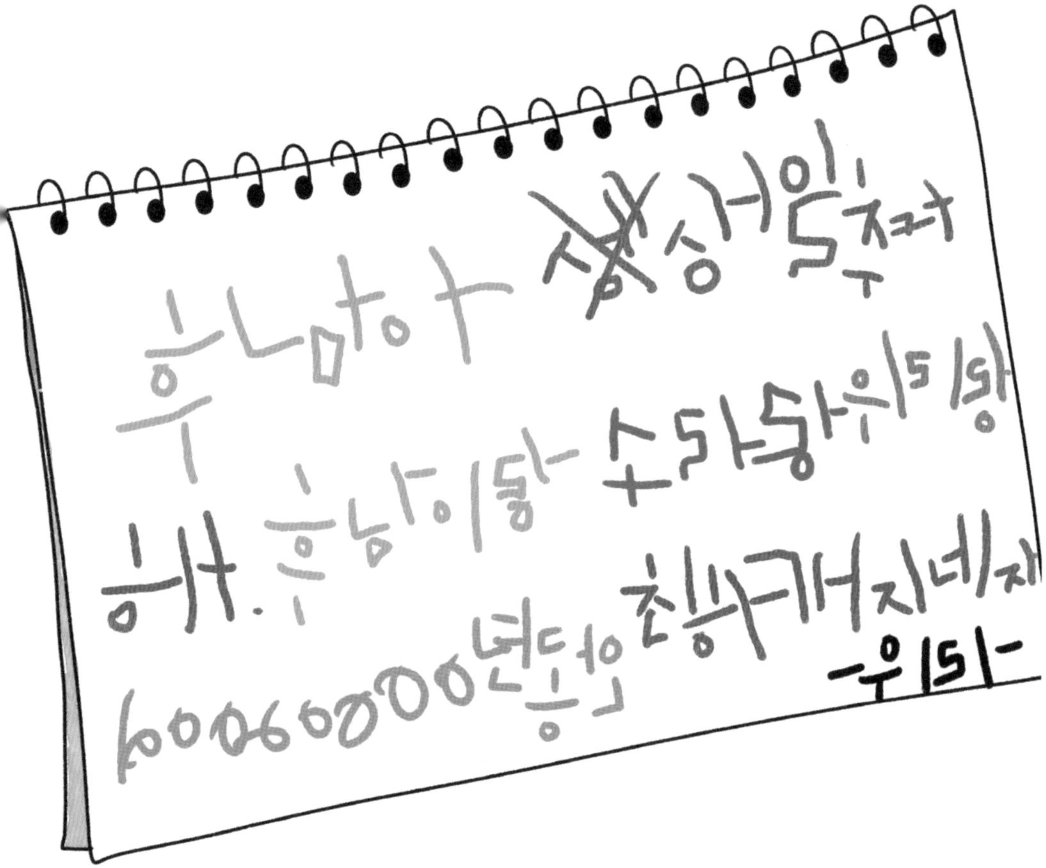

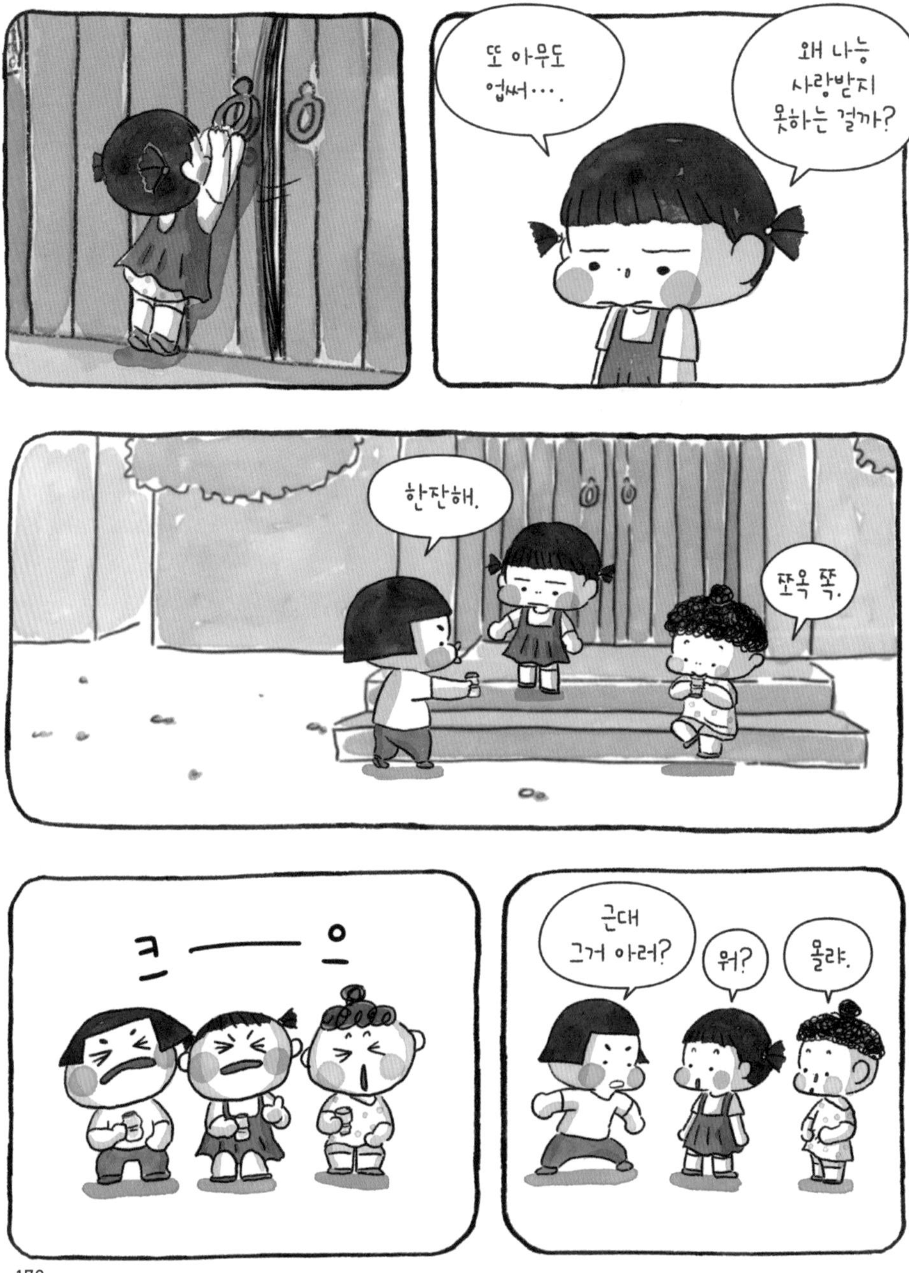

또 아무도 업써….
왜 나능 사랑받지 못하는 걸까?
한잔해.
쪼옥 쪽.
크 ——— 으
근대 그거 아러?
뭐?
몰랴.

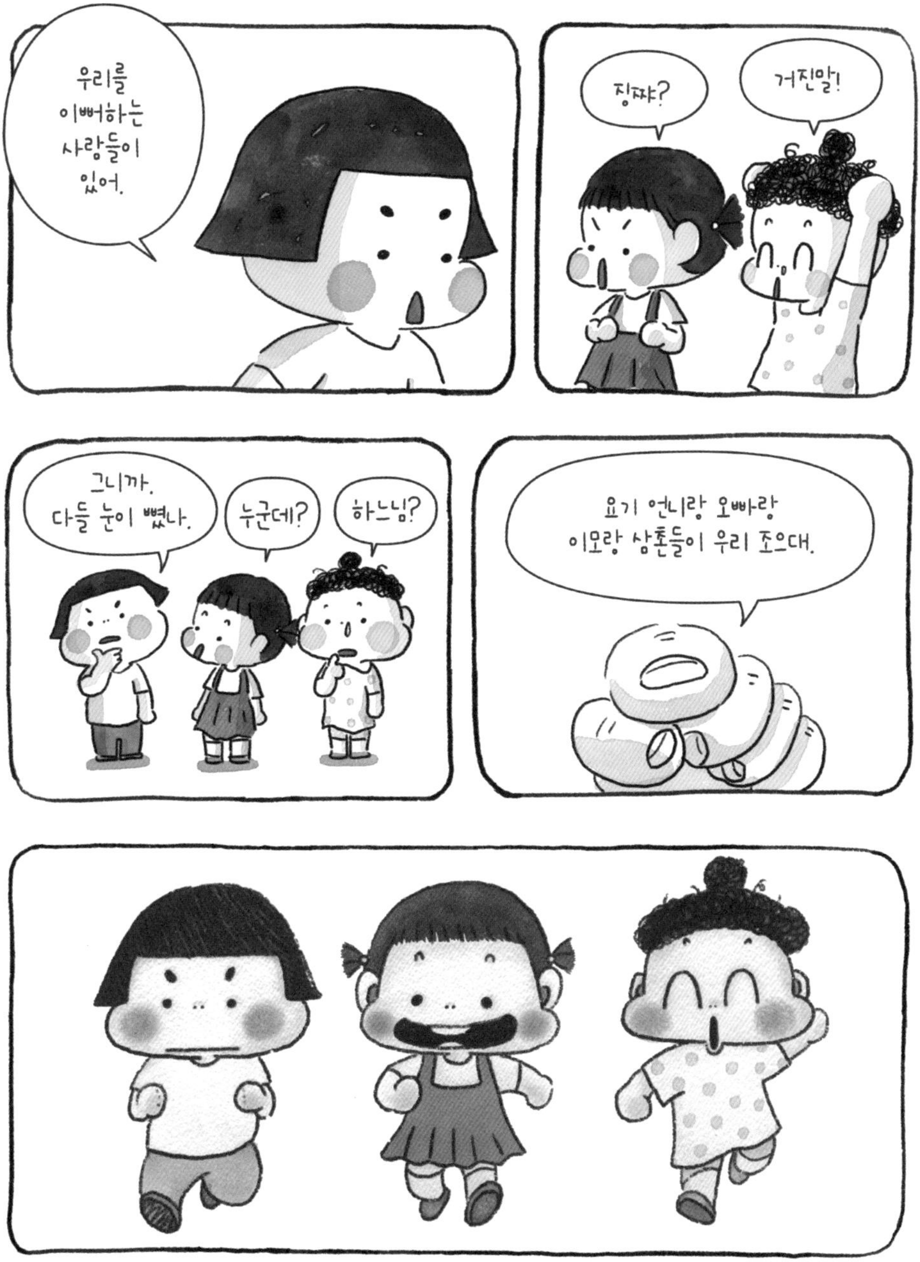

우리를 이뻐하는 사람들이 있어.
징짜?
거진말!
그니까. 다들 눈이 뼜나.
누군데?
하느님?
요기 언니랑 오빠랑 이모랑 삼촌들이 우리 조으대.

워리 이야기2

초판 1쇄 펴낸날 2023년 9월 22일

지은이 모로
펴낸이 홍지연

편집 고영완 전희선 조어진 이수진
디자인 권수아 박태연 박해연 정든해
마케팅 강점원 최은 신종연 김신애
경영지원 정상희 여주현

펴낸곳 ㈜우리학교
출판등록 제313-2009-26호(2009년 1월 5일)
주소 04029 서울시 마포구 동교로12안길 8
전화 02-6012-6094
팩스 02-6012-6092
홈페이지 www.woorischool.co.kr
이메일 woorischool@naver.com

ISBN 979-11-6755-225-9 03650

• 책값은 뒤표지에 적혀 있습니다.
• 잘못된 책은 구입한 곳에서 바꾸어 드립니다.

만든 사람들
편집 고영완
디자인 권수아